# AUMENTE O PODER DO SEU SUBCONSCIENTE

## PARA ALCANÇAR UMA VIDA MAIS PLENA E PRODUTIVA

# DR. JOSEPH MURPHY
### ORG. ARTHUR R. PELL, ph.D.

# AUMENTE O PODER DO SEU SUBCONSCIENTE

## PARA ALCANÇAR UMA VIDA MAIS PLENA E PRODUTIVA

Tradução
Evelyn Kay Massaro

1ª edição

Rio de Janeiro | 2021

CIP-BRASIL. CATALOGAÇÃO NA PUBLICAÇÃO
SINDICATO NACIONAL DOS EDITORES DE LIVROS, RJ

M96a   Murphy, Joseph, 1898-1981
Aumente o poder do seu subconsciente para alcançar uma vida mais plena e produtiva / Joseph Murphy ; organização Arthur R. Pell ; tradução Evelyn Kay Massaro. - 1. ed. - Rio de Janeiro : BestSeller, 2021.

Tradução de: Maximize your potential through the power of your subconscious mind for an enriched life
ISBN: 978-65-5712-102-3

1. Pensamento. 2. Emoções. 3. Corpo e mente. 4. Produtividade. 5. Sucesso. 6. Técnicas de autoajuda. I. Pell, Arthur R. II. Massaro, Evelyn Kay. III. Título.

21-73028

CDD: 158.1
CDU: 159.955

Camila Donis Hartmann - Bibliotecária - CRB-7/6472

Texto revisado segundo o novo Acordo Ortográfico da Língua Portuguesa.

Título original:
*Maximize Your Potential Through the Power of Your Subconscious Mind for an Enriched Life*

One of a Series of Six New Books by Joseph Murphy, DD, Ph.D.
Edited and Updated for the 21st century by Arthur R. Pell, Ph.D.

Copyright © 2005 The James A. Boyer Revocable Trust.
Exclusive worldwide rights in all languages available
only through JMW Group Inc.

Copyright da tradução © 2021 by Editora Best Seller Ltda.

Todos os direitos reservados. Proibida a reprodução,
no todo ou em parte, sem autorização prévia por escrito da editora,
sejam quais forem os meios empregados.

Direitos exclusivos de publicação em língua portuguesa para o Brasil
adquiridos pela Editora Best Seller Ltda.
Rua Argentina, 171, parte, São Cristóvão
Rio de Janeiro, RJ — 20921-380
que se reserva a propriedade literária desta tradução

Impresso no Brasil

ISBN 978-65-5712-102-3

Seja um leitor preferencial Record.
Cadastre-se no site www.record.com.br e receba informações
sobre nossos lançamentos e nossas promoções.
Atendimento e venda direta ao leitor
sac@record.com.br

# Sumário

Introdução à série......................................................7

Prefácio.................................................................23

**Capítulo 1**...........................................................27
As maravilhas do pensamento dominante

**Capítulo 2**...........................................................57
Seu amigo, o subconsciente

**Capítulo 3**...........................................................81
O incrível poder da sugestão

**Capítulo 4**..........................................................109
Meditação prática

**Capítulo 5**..........................................................135
Será que as constelações nos governam?

**Capítulo 6**..........................................................157
Falar em outras línguas: qual é o verdadeiro significado?

**Capítulo 7**..........................................................181
Um novo olhar sobre a reencarnação

**Capítulo 8**..........................................................207
Tenha uma vida inspirada

**Capítulo 9**..........................................................231
Os resultados da prece

**Capítulo 10**.........................................................247
Como pensar com autoridade

# Introdução à série

Acorde e viva! Ninguém nasceu predestinado a ser infeliz, sofrer devido ao medo e à preocupação, viver com dificuldades financeiras, ter problemas de saúde e sentir-se inferior e rejeitado. Deus criou o ser humano segundo Sua própria semelhança e nos presenteou com o poder de vencer a adversidade e alcançar felicidade, harmonia, saúde e prosperidade.

O poder que enriquecerá sua vida reside em seu próprio interior e o método para utilizá-lo na obtenção de benefícios não é nenhum mistério insondável. Afinal, vem sendo ensinado, registrado e praticado há milênios, e pode ser encontrado nos livros dos antigos filósofos e das grandes religiões. Está nas Escrituras judaicas, no Novo Testamento dos cristãos, no Corão maometano, no Bhagavad Gītā dos hindus e nos textos de Confúcio e Lao Zi. Os teólogos e psicólogos contemporâneos já escreveram centenas de livros para nos ensinar a fazer o poder interior trabalhar em nosso benefício.

Essa é a base da filosofia de Joseph Murphy, um dos maiores e mais aclamados escritores e palestrantes do século XX. Ele não foi apenas um clérigo, mas também uma figura de destaque na moderna interpretação das escrituras e de outros escritos religiosos. Como ministro-diretor da Igreja da Ciência Divina, em Los Angeles, suas palestras e sermões eram assistidos por um grande número de pessoas, entre 1.300 e 1.500, a cada domingo. Milhares de ouvintes sintonizavam seu programa diário no rádio. Ele escreveu mais de trinta livros, dentre os quais, *O poder do subconsciente*,

## AUMENTE O PODER DO SEU SUBCONSCIENTE
### PARA ALCANÇAR UMA VIDA MAIS PLENA E PRODUTIVA

que, publicado pela primeira vez em 1963, tornou-se rapidamente um best-seller, ainda hoje considerado um dos melhores manuais de autoajuda já escritos. Milhões de exemplares foram e continuam sendo vendidos no mundo inteiro.

Devido ao enorme sucesso desse livro, Murphy foi convidado a proferir palestras em vários países e, nessas ocasiões, contava como pessoas comuns haviam conseguido melhorar suas vidas aplicando os princípios ensinados por ele, além de oferecer diretrizes práticas para os interessados em aprender a enriquecer suas existências.

Joseph Murphy foi um dos precursores do movimento *New Thought* (Novo Pensamento), que surgiu no final do século XIX e início do século XX, desenvolvido por muitos filósofos e pensadores que estudaram o fenômeno e ensinaram, praticaram e escreveram sobre um modo novo de encarar a vida. Combinando uma abordagem metafísica, espiritual e pragmática com a maneira como pensamos e vivemos, descobriram o segredo da possibilidade de alcançarmos tudo o que verdadeiramente desejamos. Essa filosofia, que recebeu vários nomes, dentre eles, *New Thought* e *New Civilization* (Nova Civilização), não pretendia ser uma religião no sentido tradicional, mas se fundamentava na crença firme e incondicional da existência de um ser maior, de uma presença eterna, de Deus. Os expositores dessa filosofia pregavam um novo conceito de vida capaz de trazer métodos novos e resultados melhores. Baseavam seu pensamento na ideia de que a alma humana está conectada à mente atômica da substância universal, de que nossa vida tem uma ligação direta com o manancial infinito da abundância, e de que possuímos o poder de usá-lo em nosso benefício. Praticamente todos nós fomos ensinados que precisamos nos esforçar para atingir nossas metas e que o caminho que nos leva até elas é repleto de dores e espinhos. O fato, porém, é que só alcançaremos nossas metas sem sofrimento quando descobrirmos a lei — que aparentemente Deus nos deixou escrita em um código indecifrável — e nos dedicarmos a compreendê-la.

O conceito do Novo Pensamento pode ser resumido nas seguintes palavras:

*Você pode se transformar no que deseja ser.*

Tudo o que alcançamos ou fracassamos em alcançar é um resultado direto dos nossos pensamentos. Em um universo ordenado de modo tão ajustado, em que a perda do equilíbrio significaria a total destruição, a responsabilidade de cada pessoa tem de ser absoluta. Nossas forças e fraquezas, pureza e impureza são só nossas, de mais ninguém, e, por isso, só podem ser modificadas por nós mesmos. Toda a felicidade e todo o sofrimento têm origem no nosso interior. Somos o que pensamos; se continuarmos a pensar do mesmo jeito, nunca nos modificaremos. Existe um único modo de agir que nos permitirá crescer, conquistar e realizar. Temos de elevar nossos pensamentos. Só continuamos fracos, abjetos e miseráveis quando nos recusamos a modificar nosso modo de pensar.

Todos os feitos, tenham sido realizados no âmbito empresarial, intelectual ou espiritual, são resultado do pensamento dirigido, regidos pela mesma lei e obtidos pelo mesmo método — a única diferença está no objeto que foi alcançado. Acredita-se, porém, que os que conseguem pouco se sacrificam pouco, os que alcançam muito têm de se sacrificar muito, e os que gostariam de conquistar muito mais precisam se sacrificar além da conta.

O Novo Pensamento significa uma nova vida, um modo de viver mais saudável, mais feliz e gratificante em todos os aspectos e expressões possíveis.

Uma "nova vida" está prometida nas milenares e universais leis da mente e no modo como a infinita espiritualidade atuam dentro do coração e da mente de todos os seres humanos.

Na verdade, não existe nada atual no Novo Pensamento, porque ele é tão antigo como a criação do ser humano. Ele passa a ser novo para nós quando descobrimos as verdades da vida que nos libertam da carência, da limitação e da infelicidade. Nesse momento, o Novo Pensamento se torna uma percepção contínua e abrangente do poder criador que existe em nós — dos princípios da mente e de nosso potencial divino para sermos, fazermos e expressarmos nossas capacidades naturais e individuais, nossos talentos e habilidades muito mais amplamente.

O fundamento do princípio da mente é que novos pensamentos, ideias, atitudes e crenças criam novas condições, afinal, "recebemos de acordo com nossas crenças" — sejam elas boas, más ou indiferentes. A essência desse novo modo de pensar é a renovação contínua de nossa mente para sermos testemunhas da perfeita vontade de Deus de nos dar tudo o que é bom e saudável.

Somos a prova da perfeição de Deus quando temos conhecimento e experiência do que é bom. As verdades do Novo Pensamento são simples, fáceis de demonstrar e estão dentro das possibilidades de realização de qualquer pessoa, desde que ela queira e se disponha a colocá-las em prática.

Nada mais é necessário, senão uma mente aberta e um coração receptivo, dispostos a escutar a verdade milenar apresentada de uma maneira nova e diferente, a modificar e a abandonar velhas crenças e a aceitar novas ideias e conceitos. Ou seja, trata-se de ter uma visão mais elevada da vida e a certeza de que existe uma presença curadora no interior de todos os seres humanos.

## INTRODUÇÃO À SÉRIE

A renovação da mente é o único propósito e prática do Novo Pensamento. Sem essa renovação contínua, não pode haver mudança. Conquistar um modo novo de pensar significa ganhar uma atitude e uma consciência totalmente novas, capazes de nos inspirar e nos possibilitar entrar em uma "vida mais abundante".

Em nosso interior, temos um poder ilimitado para escolher e decidir, assim como a completa liberdade de utilizá-lo em nosso benefício. Podemos nos conformar ou transformar. Conformarmo-nos é viver de acordo com o que já assumimos ou recebemos de uma forma visível para os nossos sentidos, ideias, opiniões e crenças, e com as ordens advindas de outras pessoas. Conformar-se é viver e ser regido "pelos instáveis e passageiros modismos e condições do momento presente". A simples palavra "conformação" sugere que nosso atual ambiente tem uma forma cuja existência não devemos nem podemos negar. Estamos todos cercados de injustiças, impropriedades e desigualdades, e não é incomum nos envolvermos com elas, até porque acreditamos que devemos enfrentá-las com coragem e honestidade, e fazemos o melhor possível para resolvê-las com a integridade e a inteligência que possuímos no momento.

O mundo acredita e propaga que o ambiente é a causa da nossa condição e circunstâncias atuais, e que a reação e as tendências mais "normais" seria entrarmos em um estado de obediência e aceitação silenciosa do presente. Essa é a conformação no seu pior aspecto — a consciência do fracasso. Pior ainda, a conformação é uma atitude autoimposta e significa entregar todo o nosso poder e atenção ao exterior, ao estado manifestado. Essa entrega incontestada ao passado e ao ambiente que nos cerca, quer tenha sido feita automaticamente, quer por opção, foi causada pela falta de conhecimento da nossa faculdade mais básica e maravilhosa e de seu funcionamento. O poder criativo da mente e da imaginação

## AUMENTE O PODER DO SEU SUBCONSCIENTE
## PARA ALCANÇAR UMA VIDA MAIS PLENA E PRODUTIVA

pode ser dirigido para novas metas e aspirações. O Novo Pensamento insiste no reconhecimento de que somos os responsáveis pelo tipo de vida que levamos e de que somos capazes de reagir às supostas verdades que dirigem nossa existência atual.

Um dos mais ativos e respeitados instrutores do Novo Pensamento, o estadunidense Charles Fillmore, cofundador da Igreja da Unidade, acreditava firmemente na responsabilidade pessoal. Em seu livro, *The Revealing Word*, ele escreveu de maneira simples e direta que "nosso verdadeiro ambiente é nossa consciência. O ambiente externo sempre tem relação com a consciência".

Qualquer pessoa que esteja aberta e disposta a aceitar que é a responsável pelo ambiente em que vive já começou a dar início à transformação. Transformar é "passar de um estado ou condição para outro (muito melhor e mais satisfatório), da carência para a abundância, da solidão para o companheirismo, da limitação à inteireza, da doença para uma saúde vibrante" — tudo isso por meio do poder e da sabedoria que habitam nosso interior e devido à presença curadora que existe em nós.

Assim como não podemos modificar o movimento dos planetas, as estações do ano, as marés e as fases da lua, também é impossível mudar a mente e os pensamentos de outra pessoa. É inegável, no entanto, que temos a capacidade de mudar a nós mesmos. Quem seria capaz de impedir ou proibir a atuação de sua mente, imaginação e vontade? A resposta é evidente: nada, nem ninguém. Infelizmente, contudo, nada o impede de entregar esse poder a outra pessoa.

"Aprenda qual é a chave para uma nova vida: sua mente é um gravador, e todas as crenças, impressões, opiniões e ideias que aceitou ao longo dos anos estão registradas na sua mente mais profunda, o subconsciente. Mas você pode mudar a sua mente.

## INTRODUÇÃO À SÉRIE

Comece agora a preenchê-la com pensamentos nobres, inspirados por Deus, e alinhe-se com o espírito infinito que existe em seu interior". Pense em beleza, amor, paz, sabedoria e situações criativas, e o Infinito reagirá em conformidade, transformando sua mente, corpo e circunstâncias. Seu pensamento é a ponte que faz a ligação entre seu espírito, seu corpo e o mundo material.

A transformação começa na medida em que passamos a meditar, a refletir e a absorver, em nossa mentalidade, as qualidades que desejamos vivenciar e expressar. É nítido que o conhecimento teórico é bom e necessário, mas devemos saber o que estamos fazendo e por que o fazemos. Todavia, a verdadeira transformação depende da estimulação dos dons que existem em nosso interior, do poder espiritual, invisível e intangível, que foi ofertado em sua totalidade a cada indivíduo que vive neste mundo. É esse poder, e somente ele, que rompe e dissolve as gravações e vínculos criados pela infelicidade e pelos aborrecimentos do passado. Além disso, ele cura as feridas das mágoas e o sofrimento emocional.

Nesse sentido, todos desejamos e necessitamos de paz de espírito — a maior das dádivas — em nosso ambiente. Ela pode ser obtida pela contemplação, tanto mental quanto emocional, da paz divina enchendo nossa mente e coração, e, portanto, todo o nosso ser. "Onde entrardes, dizei primeiro: 'A paz esteja nesta casa'."

Contemplar falta de paz, desarmonia, infelicidade e discórdia e acreditar que a paz se manifestará nesse meio é o mesmo que achar que a semente de maçã dará origem a uma palmeira. É algo que não faz sentido porque viola todo o sentido de razão. Contudo, isso é o que se encontra no mundo.

Para alcançarmos o que é bom, devemos procurar meios de modificar nossa mente e, quando necessário, de nos arrepender. O resultado será a renovação e a transformação vindas como algo natural. É desejável e necessário transformarmos nossa vida, pondo fim à nossa conformação com escolher ou decidir de acordo com os eventos já formados e manifestados. Precisamos aprender a detectar a causa que existe por trás de cada evento físico — uma doutrina elaborada por pessoas, dogmas ou rituais — para entrarmos no reino do metafísico que existe em nosso interior, o verdadeiro Novo Pensamento.

A palavra "metafísica" atualmente está vinculada a vários movimentos organizados, como, por exemplo, o Nova Era. Entretanto, ela existe há muitos séculos e surgiu, pela primeira vez, nos escritos de Aristóteles. O 13º volume de suas obras, considerado o mais importante de todos, tinha *Metafísica* como título. Em um dicionário, a seguinte definição pode ser encontrada: "Além da ciência natural; a ciência do puro ser". *Meta*, do grego antigo, significa "acima, além", e "metafísica", portanto, significa "acima ou além da física" ou "acima ou além do que é físico", ou seja, do mundo da forma. *Meta* é algo que está acima do material, é o espírito da mente. Além de todas as coisas, está *meta*: a mente.

Em termos bíblicos, o espírito de Deus é bom; "Os que adoram Deus adoram o espírito ou a verdade". Quando possuímos um espírito de bondade, verdade, beleza, amor e boa vontade, é Deus que está em nós, manifestando-se por nosso intermédio. Deus, verdade, vida, energia e espírito... Podemos defini-los? E como defini-los? "Defini-lo é limitá-lo."

Em paralelo, há uma numa antiga e bela meditação: "Sou sempre o mesmo no meu eu mais interno: único, eterno, absoluto, inteiro, completo, perfeito. Sou um EU SOU indivisível, eterno, sem rosto nem figura, sem forma nem idade. Eu sou a presença silenciosa, que habita os corações de todos os seres humanos." Temos de acreditar e aceitar que tudo o que imaginamos e sentimos como verdadeiro se torna realidade, e aquilo que desejamos aos outros estamos desejando a nós mesmos.

Emerson escreveu: "Somos o que pensamos durante o dia inteiro." Em outras palavras, e explicando melhor: espírito, pensamento, mente e *meta* são expressões da presença e do poder criativos, e, tal como ocorre na natureza (leis físicas), qualquer elemento pode ser usado tanto para o bem quanto para o mal. Por exemplo, não podemos viver sem água, mas muitos se afogam nela. A eletricidade torna nossa vida mais confortável, mas também mata. Diz a Bíblia: "Eu crio a luz e as trevas; faço a paz e a guerra; Eu, o Senhor, faço todas essas coisas. Eu firo e Eu curo; Eu abençoo; Eu amaldiçoo."

Entretanto, não existe nenhuma deidade colérica decidida a nos punir ao longo de toda uma vida; somos nós que nos castigamos mediante o mau uso da mente. Seguindo o mesmo princípio, somos abençoados (beneficiados) quando tomamos conhecimento dessa presença interna, desse poder fundamental que o Criador colocou à nossa disposição.

A metafísica é, em suma, o estudo da causação (ato de causar) e não se preocupa com o efeito ou resultado que está manifestado, mas com o que está *causando* o efeito ou resultado. Ela aborda as ideias espirituais como os cientistas abordam o mundo da forma. Os metafísicos investigam a mente ou a causa a partir da qual o visível é formado ou deriva. Se a mente é modificada ou uma causa é alterada, o efeito sofre uma mudança.

A força e a beleza da metafísica é que ela não está confinada a qualquer credo particular, mas é universal. Uma pessoa pode professar a religião judaica, cristã, muçulmana ou budista e ser, ao mesmo tempo, metafísica.

Muitos poetas, cientistas e filósofos afirmam ser ateus ou agnósticos, mas são profundamente humanistas, o que significa que têm uma crença metafísica. Jesus era um mestre da metafísica — compreendia a mente e a utilizava para elevar, inspirar e curar os outros.

Quando perguntaram ao Mahatma ("grande alma") Gandhi qual era a sua religião, ele respondeu: "Sou cristão... judeu... budista... hindu... Eu sou todas essas coisas."

A expressão "Novo Pensamento" tornou-se popular e generalizada. Ela é usada em muitas igrejas, centros, grupos de oração e diferentes instituições, e hoje pode denominar um movimento metafísico que nos revela a existência da unicidade ou unidade dos seres humanos com a vida infinita e que cada indivíduo possui dignidade e valor inatos. Nesse movimento, a ênfase é colocada sobre o indivíduo e não sobre uma função ou entidade. Não há nenhuma novidade no Novo Pensamento, porque a metafísica é a mais antiga das abordagens religiosas. "eu sou e vim para trazer vida, e vida em abundância." A metafísica revela nossa identidade de "Filhos do Infinito" e afirma que somos amados e temos valor espiritual pelo simples fato de sermos partes necessárias do Todo Criador, que é uno.

A metafísica nos permite voltar à nossa Divina Fonte e nos ajuda nessa empreitada, pondo fim à sensação de separação e alienação, de vivermos vagando em um deserto estéril e hostil.

A metafísica sempre esteve à disposição dos seres humanos e espera pacientemente pelo momento em que cada um irá descobri-la e utilizá-la.

Milhares de pessoas foram apresentadas à metafísica por diferentes instrutores. Ela evoluiu pouco a pouco e, de maneira geral, considera-se que, em sua forma atual, foi introduzida por Phineas P. Quimby, que relatou suas experiências com a mente humana em um artigo fascinante da revista *New Thought Magazine*, em 1837. Depois de experimentar o mesmerismo por vários anos, Quimby

## INTRODUÇÃO À SÉRIE

concluiu que era o condicionamento da mente subconsciente, e não o hipnotismo, o responsável pelas mudanças observadas. Apesar de Quimby não ter tido grande educação formal, era um autor prolífico e publicava diários minuciosos sobre seu trabalho. Com o passar do tempo, tornou-se um ávido leitor da Bíblia e conseguiu reproduzir dois terços das curas descritas no Antigo e no Novo Testamentos. Descobriu também que havia grande confusão sobre o verdadeiro significado de muitas passagens bíblicas, confusão essa que era a responsável pela má compreensão e má interpretação dos feitos de Jesus Cristo.

Ao longo do século XX, muitos autores, instrutores, ministros de igrejas e palestrantes contribuíram para a divulgação do movimento Novo Pensamento. Charles E. Braden, da Universidade de Chicago, chamou-os de "espíritos rebeldes", porque entendeu que esses homens e mulheres estavam fomentando uma rebelião contra as religiões estabelecidas, contra o dogmatismo, os rituais, os credos e as inconsistências que só serviam para causar medo nos fiéis. O próprio Dr. Braden acabou expressando sua insatisfação com a situação existente, decidindo-se não se conformar mais com ela.

O Novo Pensamento é a prática individual das verdades da vida dentro de um processo gradual e abrangente. Podemos aprender muito pouco, a princípio, e muito mais no futuro próximo. Entretanto, jamais atingiremos um ponto em que não existirá nada mais para ser descoberto, porque o processo é infinito, ilimitado e eterno. O tempo não é impedimento, porque temos toda a eternidade para aprender. Muitos se impacientam consigo mesmos e com seus aparentes fracassos. Entretanto, ao olharmos para trás, descobrimos que houve períodos de real aprendizado e nos propomos a não repetir os mesmos erros. Se o processo está lhe parecendo lento demais, lembre-se: "Na paciência, toma posse de tua alma."

## AUMENTE O PODER DO SEU SUBCONSCIENTE
## PARA ALCANÇAR UMA VIDA MAIS PLENA E PRODUTIVA

No livro *Orar é a solução*, Murphy salienta que o Céu pode ser considerado a "consciência ou percepção", e a Terra, a manifestação. Seu novo céu é seu novo modo de encarar as situações, a nova dimensão da sua consciência que o faz ver que, no Absoluto, tudo é bênção, harmonia, amor infinito, sabedoria, paz eterna e perfeição. O processo de identificação com essas verdades vence o medo e, ao aumentar nossa fé e confiança, torna-nos mais fortes e seguros.

Os livros que constituem essa série apresentam combinações de palestras, sermões e transmissões radiofônicas em que Murphy ensinava as técnicas para elevar seu potencial ao máximo por meio do poder do subconsciente.

Como Murphy era um ministro protestante, muitos dos seus exemplos e citações são extraídos da Bíblia, mas os conceitos que ilustram não devem ser considerados sectários, porque as mensagens que transmitem são universais e encontram-se nos ensinamentos da maior parte das religiões e filosofias. Muitas vezes, Murphy repetiu que a essência do conhecimento é a lei da vida, a lei da crença. Não a crença católica, protestante, muçulmana ou hindu, mas a certeza no mandamento mais simples e puro: "Faça aos outros o que quiser que eles lhe façam."

Jean Murphy, continuou o ministério do marido depois de sua morte em 1981. Em uma palestra proferida em 1986, ela reiterou sua filosofia:

"Quero ensinar homens e mulheres sobre a Origem Divina de todos nós e sobre os poderes que reinam em nosso interior. Quero que saibam que esses poderes são internos e seus próprios salvadores, porque, ao usá-los, conseguirão alcançar sua própria salvação. Essa é a mensagem que a Bíblia nos transmite, mas poucos têm

## INTRODUÇÃO À SÉRIE

consciência dessa verdade. Vivemos mergulhados em uma confusão gerada por interpretações literais e erradas das verdades transformadoras que a Bíblia nos oferece.

Quero atingir a maioria que sofre a repressão dos seus talentos e habilidades. Quero ajudar os outros, seja qual for seu nível de consciência, a descobrir as maravilhas que guardam em seu interior."

Falando sobre o marido, Jean Murphy também disse que "ele era um místico prático, um homem abençoado pelo intelecto de um erudito, a mente de um executivo bem-sucedido, o coração de um poeta". Sua mensagem pode ser assim resumida: "Você é o rei, o governante do seu mundo, porque é uno com Deus."

Joseph Murphy acreditava firmemente que o plano de Deus era que todos os seres humanos fossem saudáveis, prósperos e felizes, e contestava os teólogos e pensadores que afirmavam que o desejo é uma coisa má e que é nosso dever tentar sufocá-lo. Ele ensinava que a extinção do desejo significa apatia, falta de sentimentos, de ação. Afirmava que o desejo é um dom de Deus; que é certo desejar e que nada é mais saudável e proveitoso que o desejo de se tornar melhor do que se era ontem. Como é possível o desejo de saúde, abundância, companheirismo e segurança ser considerado errado?

O desejo está por trás de todo progresso. Sem ele, nada seria realizado, porque o desejo é o poder criador, que pode ser canalizado de maneira construtiva. Uma pessoa em vulnerabilidade, por exemplo, tem todo o direito de desejar fortuna. Alguém com uma doença, de desejar saúde; uma pessoa sentindo solidão, de desejar companhia ou amor.

Temos de acreditar que podemos melhorar nossa vida. Uma crença qualquer, verdadeira, falsa ou apenas indiferente, acalentada por um bom período de tempo, é assimilada e incorporada em

## AUMENTE O PODER DO SEU SUBCONSCIENTE
## PARA ALCANÇAR UMA VIDA MAIS PLENA E PRODUTIVA

nossa mentalidade. Se não for contrabalançada com uma crença de natureza oposta, mais cedo ou mais tarde será expressa ou vivenciada como fato, forma, condição ou eventos cotidianos. Precisamos ter certeza de que possuímos o poder para transformar crenças negativas em positivas em nosso interior e, portanto, a capacidade de mudar nossa vida para melhor. Basta você dar a ordem, e seu subconsciente o obedecerá fielmente. A reação ou resposta da mente subconsciente virá de acordo com a natureza do pensamento que está em sua mente racional.

Os psicólogos ou psiquiatras afirmam que, quando os pensamentos são transmitidos para o subconsciente, formam-se impressões nos neurônios cerebrais. No instante em que o subconsciente aceita uma ideia qualquer, começa a colocá-la em prática por meio de associações, usando cada partícula de conhecimento que você reuniu em sua vida para dar forma a ela. Ele se alimenta do poder infinito, da energia e da sabedoria que existe em seu interior e recorre a todas as leis da natureza para conseguir seu objetivo. Às vezes, o subconsciente parece trazer uma solução imediata para suas dificuldades, mas, em outras, a resposta pode demorar dias, semanas ou mais.

O modo de pensar habitual da sua mente racional estabelece sulcos profundos no subconsciente, algo muito favorável no caso dos seus pensamentos serem harmoniosos, pacíficos e construtivos. Por outro lado, se você se entrega habitualmente ao medo, à preocupação ou a outras formas destrutivas de pensamento, a solução é reconhecer a onipotência da mente subconsciente e decretar liberdade, felicidade, saúde perfeita e prosperidade. O subconsciente, por estar diretamente ligado à sua fonte divina, começará a criar a liberdade e a felicidade que você decidiu trazer à sua vida.

## INTRODUÇÃO À SÉRIE

Agora, pela primeira vez, as palestras do Dr. Murphy foram compiladas, editadas e atualizadas em seis novos livros, que trazem seus ensinamentos para o século XXI. Para ampliar e explicar melhor os temas das palestras originais, também incorporamos material extraído das palestras da Dra. Jean Murphy e acrescentamos exemplos de pessoas cujo sucesso reflete a filosofia do Dr. Murphy.

Confira a seguir os livros que compõem a série:

• *Aumente o poder do seu subconsciente para trazer riqueza e sucesso;*
• *Aumente o poder do seu subconsciente para desenvolver a autoconfiança e a autoestima;*
• *Aumente o poder do seu subconsciente para vencer o medo e a ansiedade;*
• *Aumente o poder do seu subconsciente para ter saúde e vitalidade;*
• *Aumente o poder do seu subconsciente para alcançar uma vida mais plena e produtiva;*
• *Aumente o poder do seu subconsciente para conquistar uma vida mais espiritualizada.*

A simples leitura desses livros *não* vai melhorar sua vida. Para extrair o máximo do seu potencial, você terá de estudar atentamente esses princípios, aceitá-los no fundo do seu coração, reuni-los à sua mentalidade e aplicá-los como parte integrante da sua maneira de encarar todos os aspectos de sua vida.

Arthur R. Pell, ph.D.
Organizador
Fevereiro de 2005

# Prefácio

Uma vida mais plena e produtiva! Não é o que todos querem? Neste livro, Joseph Murphy divulga seu método para atingir essa meta universalmente desejada, apresentando instruções que há muito vêm obtendo ótimos resultados para que possamos segui-las em nossa vida pessoal.

Como acontece em todas as suas obras, Murphy usa a Bíblia como a principal fonte dos seus conceitos. Todavia, sua versão da Bíblia judaico-cristã às vezes é muito diferente da estudada pelos teólogos tradicionais. Para entendermos o raciocínio por trás da interpretação que Murphy nos oferece das Escrituras, precisamos conhecer um pouco da sua história de vida.

Joseph Murphy era um ministro da Igreja da Ciência Divina, às vezes chamada de Igreja da Ciência Religiosa. Como foi dito na Introdução, ele foi um dos proponentes do movimento Novo Pensamento, do qual faz parte a Ciência Divina. Ela ensina um modo de vida prático e razoável, tendo como base a onipresença de Deus, e nos dá uma visão extremamente positiva da vida, por meio do desejo de aceitar o que existe de bom em todas as pessoas e acontecimentos de nossa existência. A Ciência Divina afirma que Deus não é um ser físico que mora no céu e vê essa crença como sendo muito prejudicial para nossa capacidade de perceber a verdadeira natureza divina. Deus é espírito onipresente, o único Espírito que permeia e envolve todas as coisas, sejam visíveis ou invisíveis.

A Ciência Divina nega a existência de qualquer poder ou presença que possa se opor a Deus. Reconhece que existe o sofrimento e a maldade no mundo, mas os atribui à nossa ignorância e ao uso incorreto das leis da vida estabelecidas por Deus. Ela procura relacionar a religião com nossas necessidades diárias, afirmando que para cada uma dessas necessidades existe uma resposta perfeita de Deus. Seu principal livro de consulta é a Bíblia, que usa para relacionar os ensinamentos divinos à nossa vida e experiências cotidianas.

A Ciência Divina não tem mandamentos específicos, dogmas, rituais ou vestimentas eclesiásticas. Ela afirma que o bem existe em todas as religiões e as vê como raios de uma roda cujo centro é Deus. As religiões podem estar separadas por diversas variações sobre crença e cerimoniais, mas todas procuram Deus, que é o centro da roda da vida. Por isso, a Ciência Divina não nega a ninguém o direito de manter suas crenças e religião.

O propósito da Ciência Divina é servir Deus por meio da elevação e da glorificação do Espírito nos seres humanos, de maneira positiva e alegre. Não há preocupação com os pecados cometidos no passado e toda a atenção é dedicada ao bem que existe em cada indivíduo e ao que pode ser feito neste mesmo instante para transformar a pessoa e sua vida.

A Ciência Divina não tem como preocupação primordial uma "vida futura" e pretende ensinar as pessoas a viverem plenamente aqui e agora, vendo o bem em tudo que existe. Ela acredita na vida eterna e considera o instante presente parte dessa vida.

A mente, na Ciência Divina, é nosso elo com Deus, ou a Mente Divina, e a Ciência Divina nos ensina como a ação do pensamento afeta nosso corpo e nossa mente. A Ciência Divina coloca muita ênfase no poder eficaz que cada pensamento, emoção, palavra e ato exercem em nossa vida.

## PREFÁCIO

A prece é estimulada, mas não é vista como uma técnica para mudar os desígnios de Deus, e sim como um modo de expandir e transformar nossa mente, provocando uma mudança em nós mesmos.

Sendo uma denominação cristã, a Ciência Divina proclama a divindade de Jesus, mas vai adiante e garante que todos os seres humanos são filhos de Deus e possuem uma natureza divina. Jesus expressou seu potencial divino e procurou nos mostrar como expressarmos o nosso. A salvação é a compreensão progressiva da nossa divindade inata e perfeição ao longo da vida, tal como demonstrado pelo Mestre.

Muitos dos preceitos da Ciência Divina, na qual se fundamenta a obra de Murphy, são amplamente aceitos pelos não cristãos que compreendem o seu significado. De fato, encontramos ensinamentos similares nos livros sagrados budistas, no Corão dos muçulmanos, no Talmude judaico e numa infinidade de obras escritas por filósofos de muitas culturas. Joseph Murphy apenas nos pede para mantermos a mente aberta e não deixarmos que os preconceitos nos impeçam de estudar, compreender e aplicar os ensinamentos apresentados nos seus livros. Se seguirmos esse conselho, de fato, conseguiremos aumentar o poder do nosso subconsciente para termos uma vida mais plena e produtiva.

# CAPÍTULO 1
## As maravilhas do pensamento dominante

Muitas pessoas levam uma vida miserável e devastada por causa de limitações, algumas imperceptíveis e outras bem reais. Entretanto, isso não importa. Você pode ter uma vida rica e feliz, desde que se decida a melhorá-la por meio do domínio dos seus pensamentos.

Existem inúmeros exemplos sobre como os pensamentos podem ser controlados para que a ideia de doença ou depressão desapareça do seu consciente, modificando completamente a sua vida.

Testemunhei o caso de uma pessoa que há muito sofria com dificuldades de movimento devido à artrite reumática. Influenciada por uma conversa que foi capaz de absorver sua atenção, essa pessoa deixou de pensar no seu problema de saúde e aceitou uma ideia de cura, que acabou se tornando o pensamento dominante em sua mente. Algum tempo depois, conseguiu caminhar por dois ou três quarteirões sem nenhum sinal de alguma incapacidade física. A certa altura, parou subitamente e exclamou, surpresa, que se esquecera de mancar.

Meu irmão mais velho, que era sonâmbulo, tinha sofrido uma ruptura de ligamentos no tornozelo direito e mal conseguia ficar em pé. Entretanto, vi com meus próprios olhos que, quando estava em estado de sonambulismo, ele era capaz de andar normalmente pela casa e ir para onde queria. No estado de sonambulismo, meu irmão se esquecia da dor e da incapacidade física, o que significa que quando seu Eu interior e verdadeiro andava e subia escadas, seu corpo passivo o acompanhava.

A esposa de um alfaiate de Nova Hampshire, que estivera confinada ao leito por anos seguidos com uma doença então incurável, foi acordada no meio da noite sufocando com uma fumaça espessa que invadira seu quarto. A casa estava pegando fogo e não havia tempo para questionar se conseguiria ou não se levantar sozinha. O pensamento sobre o perigo se tornou dominante e apagou de sua mente a ideia de invalidez. Seu subconsciente a fez pular da cama, levando seu corpo para o meio da rua, fugindo do incêndio. Nesse caso, a cura foi permanente.

Não há milagre nessas histórias, trata-se apenas de fatos que ocorrem em harmonia com uma lei — a lei da soberania da mente sobre o corpo. Não está longe o tempo em que as pessoas serão ensinadas a usar esses poderes latentes, que "dormem" em seu interior. Muitos anos atrás, um líder político da Hungria, Lajos Kossuth, disse, durante um discurso em Nova York, que às vezes ficava acamado por causa de uma doença, mas quando recebia notícias das forças armadas, pedindo sua intervenção pessoal para a resolução de algum problema, ele recorria ao poder do pensamento positivo, que erradamente costuma ser chamado de "força de vontade", e dava ordens ao seu corpo. "Fique bom!", mandava e o seu corpo obedecia. É óbvio que isso não era apenas um comando emitido por uma vontade despótica, que seria tão inútil como dar ordens a uma mosca ou uma pedra. Era um ato de fé, a mesma fé que implantou e subjugou reinados, fez fechar a boca dos leões, abrandou a violência do fogo, escapou do fio da espada e, para resumir seus sublimes efeitos em poucas palavras, fez dos fracos criaturas fortes.

# AS MARAVILHAS DO PENSAMENTO DOMINANTE

Se a fé é um agente causal e tem poder de obter tais resultados, por que a cura de uma doença por intermédio da fé é considerada incrível ou impossível? Nessas ocasiões surge uma pergunta inúmeras vezes: "Como posso conseguir essa fé?" Essa simples pergunta já abrange um erro fundamental. Não existe uma maneira de *conseguir* fé; você está neste mundo para *usá-la*. Desejar ter fé é procurar por algo que já possuímos. Suponha que você encontrou uma pedra grande no seu caminho e precisará afastá-la para continuar sua jornada. Por acaso perguntaria como conseguir braços para levantar a pedra?

A fé é tão somente a ação da mente sobre o plano dos sentidos, no qual há falsas e enganadoras aparências. No mundo em que vivemos, tanto na matéria como na mente, existem duas camadas, uma inferior e uma superior, que se movimentam em direções opostas.

Quando você gasta energia mental, que é chamada de volição ou vontade, consegue erguer um braço ou uma perna, por exemplo. O movimento visível é a expressão externa de uma força mental invisível. Se você troca uma cadeira ou mesa de lugar, o poder que executa esse ato também não é visível. Deus, de maneira análoga, governa o universo e nossos organismos físicos. Devemos gravar em nossa mente um axioma fundamental: a matéria, em todas as suas formas, movimentos, condições ou qualidades, existente tanto no corpo humano como em tudo o que há de objetivo no mundo, não é outra coisa senão um efeito causado por uma força espiritual que a ela deu origem e a governa. A absoluta impossibilidade e inexistência de uma causa física é parte importante da crença de uma pessoa espiritualizada. O corpo jamais conseguirá afetar a mente. Essa é a mais pura verdade.

## AUMENTE O PODER DO SEU SUBCONSCIENTE
## PARA ALCANÇAR UMA VIDA MAIS PLENA E PRODUTIVA

Dizem que quando se amarra firmemente uma atadura em torno de um braço ou uma perna, ela interferirá na circulação sanguínea e impedirá o funcionamento saudável do membro. Não há dúvidas sobre essa afirmação, mas, antes de aceitar que um gesto físico é capaz de afetar a matéria, é preciso fazer uma pausa e se perguntar: a atadura se amarrou sozinha ou foi a mente e a vontade de alguém que a prendeu em torno do braço?

Atualmente, os modernos metafísicos, a Ciência da Mente e ensinamentos similares aceitam o poder da mente sobre a matéria como um fato incontestável. A ciência atual também já não contradiz essa verdade. Para ter absoluta certeza sobre qualquer coisa, você tem de ter uma crença inabalável: Deus é Deus, e é o mesmo que foi ontem e será amanhã. Esse deve ser o pensamento dominante em todas as mentes porque é imutável. A lei jamais muda.

Uma mulher que morava em Los Angeles recebeu um telefonema de um homem de Nova York avisando-a de que já estava com toda a documentação pronta e que ela deveria estar naquela cidade no dia seguinte para assinar um importante contrato. Ela, que tinha total certeza de que fecharia a transação, embarcou no primeiro voo para Nova York. Mas, no dia seguinte, ao chegar ao escritório do interessado, ficou sabendo que ele havia morrido naquela mesma madrugada enquanto dormia. Em que a mulher havia se baseado para ter convicção de que fecharia o negócio naquele mesmo dia? Não existe a predestinação, nada está escrito, como dizem alguns. Conhecendo o pensamento científico, ela lembrou a si mesma que vivemos em um universo fluido, que está em constante mutação, e que a única certeza absoluta que nele existe é que Deus é Deus e a Lei é a Lei — ontem, hoje e para sempre.

## AS MARAVILHAS DO PENSAMENTO DOMINANTE

Essa mesma mulher, em vez de amaldiçoar sua má sorte, usou a lei do pensamento dominante dizendo: "O espírito infinito me revela o plano perfeito para o desenvolvimento de minha ideia e colocará um outro contrato em minha vida." Pouco tempo depois, recebeu uma proposta muito melhor do que a primeira.

Há algum tempo estive em uma igreja de Forest Lawn para um casamento. Esperamos por mais de uma hora e o noivo nunca chegava. Então, fomos avisados de que o rapaz morrera no táxi que o estava levando para a cerimônia. A noiva, uma pessoa espiritualizada, depois de se recuperar do choque inicial, falou: "Eu estou sempre orando para receber a orientação de Deus e agir da maneira correta. Meu noivo deve ter atingido o seu ponto de travessia para outra dimensão. O amor de Deus está tomando conta da sua alma e a paz inunda a sua mente." Posteriormente, ela descobriu um fato do qual nunca tivera conhecimento: seu noivo era um alcoólatra e sofria de uma grave doença cardiovascular. A moça confiava firmemente no poder de Deus e por isso se sentia sempre envolvida por harmonia e paz. Está evidente que seu Eu Superior a protegeu, livrando-a de um futuro nebuloso, e ela ficou muito agradecida por isso. Outra mulher, enfrentando a mesma tragédia, talvez se queixaria amargamente de Deus, sem entender que estava sendo protegida contra uma vida de sofrimentos. A noiva percebeu do que se livrara, abençoou o rapaz falecido e continuou sua vida.

Suponhamos que haja três bons atores interessados em interpretar o papel de Romeu na peça de William Shakespeare. Todos têm grande experiência teatral, mas só um será escolhido. O ator que conhece a lei da mente diz: "Eu vou ganhar esse papel. Não tenho compromissos no momento e conheço meu talento. Serei um bom Romeu." E acrescenta: "Se eu não conseguir o papel, virá um maior e mais grandioso, porque esse é o desejo do meu Eu Superior." Concentrando-se nesse pensamento, fazendo dele a ideia dominante em sua mente, esse ator estará livre de tensão ou ansiedade e saberá aproveitar a oportunidade que se abriu para ele.

Se alguém pode cavar uma vala em uma hora, dez pessoas serão capazes de cavar em tempo muito menor. O medo e a ansiedade valem por dez, mas, quando você assume uma posição de divina indiferença, o trabalho transcorre sem tropeços. Indiferença, neste caso, não é apatia, desmazelo ou falta de atenção. O ator que conhece a lei não se preocupa com nada porque sabe que a divina indiferença traz resultados e que, quando há uma divina indiferença, suas preces são atendidas.

Você sabe que o Sol nasce todas as manhãs. Sabe que sementes plantadas em solo fértil irão germinar. Também deve saber que, quando você ora a Deus, suas preces serão atendidas. Com essa certeza, terá consciência de que é impossível não haver resposta para as suas preces. Há uma oração muito antiga que diz: "Isto ou algo muito maior e mais grandioso está em sua visão, ó Senhor, meu Deus." É um bom pensamento para ocupar o papel dominante em nossas mentes. Não precisaremos ficar nervosos ou preocupados com a possibilidade de conseguir ou não algo que desejamos.

Não há nenhuma certeza em condições ou circunstâncias. Tudo passa. Acredite na máxima que diz: "tendo feito tudo, eu paro e espero." Sim, é uma atitude correta. Você fez o melhor possível, tentou resolver seu problema. Conversou com colegas amigos e familiares, procurou ajuda. Tentou de todas as maneiras consertar uma situação e não conseguiu. O que fará? Ficará reclamando, correndo em círculos e se queixando da vida? Não, você precisa de paz de espírito, serenidade e tranquilidade. Relaxe,

## AS MARAVILHAS DO PENSAMENTO DOMINANTE

pare onde está e espere. Pare de querer resolver o problema com sua mente consciente. Acalme-se e conscientize-se de que você é Deus. Interrompa o movimento das engrenagens de sua mente objetiva, sabendo que você e Deus Todo-poderoso são um só. E Deus tudo sabe. Deixe o poder criativo do seu subconsciente assumir a direção e ele irá resolver a situação desde que você saia do caminho.

Emerson escreveu: "Tire sua inflada insignificância do caminho." O reino de Deus está no seu interior, o reino da inteligência, da sabedoria e do poder está dentro de sua mente subconsciente. Portanto, a resposta para qualquer coisa já está lá. Einstein tinha consciência disso e chamava o uso da mente subjetiva de "processo de incubação". Muitas vezes, tentava resolver um problema com seu intelecto, pedia sugestões aos colegas, demorava-se analisando todos os ângulos da questão, mas ainda assim acabava num beco sem saída. Então, entregava o problema para sua mente mais profunda, onde sabia estar toda a sabedoria e inteligência, e saía para dar um passeio pelos gramados da universidade, tomar uma xícara de chá com a família ou orientar seus alunos. Ele contava que às vezes, quando nem estava pensando no assunto, a solução surgia em seu consciente como se fosse uma fatia de pão saltando da torradeira. É verdade. A resposta vem das profundezas. O subconsciente aceitou a pergunta, que permaneceu na escuridão. Quando a solução foi encontrada, ela "subiu" para a mente consciente. É como eu disse anteriormente: "Tendo feito tudo, eu paro e espero." Você sente que entregou a pergunta porque se percebe cheio de fé e confiança, está relaxado, tranquilo, sem pensar em como, quando e onde. Não se preocupa com o tempo. Não ficará dizendo: "Ó, Senhor, será que vai demorar?" Não, você entregou seu pedido. Passou a incumbência para sua mente mais profunda, que tudo sabe.

## AUMENTE O PODER DO SEU SUBCONSCIENTE
## PARA ALCANÇAR UMA VIDA MAIS PLENA E PRODUTIVA

Um homem me disse: "Por que eu cometo tantos erros? Existe um monte de coisas erradas em mim." O fato é que quando alguém fala dessa maneira o subconsciente grava a afirmação como se fosse verdade, o que contribui para ele criar mais coisas erradas em sua vida. Lembre-se de que a mente mais profunda não contesta, não discute, não seleciona o que é bom ou ruim para ser gravado. Portanto, só a verdade pode livrá-lo dos erros.

Os psiquiatras dizem que o mais importante fator da natureza humana é o inconsciente, que eu chamo de subconsciente. Se o inconsciente for dirigido de maneira errada, ele acaba com a sua paz e sua eficácia neste mundo. Deus, o Espírito Vivo Todo-poderoso, o Princípio de Vida, a Fonte de Vida, mora na sua mente subconsciente. A qualquer momento você pode recorrer a Ele para se livrar dos pensamentos errados que criam modelos de fracasso. Pessoas malsucedidas abrigam em seu subconsciente um molde de fracasso. Ele gera uma sensação de culpa que as faz sentir que devem falhar, como se fossem impelidas por um impulso profundo, inconsciente. Muitos têm desejo de ferir a si mesmos, como no caso dos jogadores ou alcoólatras compulsivos. Desejam ser castigados por causa dos sentimentos de culpa. Entretanto, ninguém pretendeu castigá-los senão eles mesmos.

O Infinito Princípio de Vida não castiga ninguém, porque seus olhos são puros demais para ver o mal. "Eu não o condeno. Vá e não peques mais. Perdoa setenta vezes sete." O espírito interior nunca condena, nunca castiga. Qualquer poder de julgamento é dado ao "Filho" e ele é sua própria mente. É você quem se julga e se condena.

Quando você diz, como aquele homem: "Há muitos erros em mim", sua mente objetiva ou consciente não aceita essa afirmação como algo plausível. Ela contesta, fazendo-o entender que nem

## AS MARAVILHAS DO PENSAMENTO DOMINANTE

sempre foi assim, que já houve muitas coisas boas em sua vida, que em muitas ocasiões você agiu certo. Mas o subconsciente age de maneira irracional e se você coloca nele negatividade, ressentimento, hostilidade, rancor, ódio e certeza do fracasso. Se no seu interior houver uma profunda sensação de culpa que o faz querer se punir, o subconsciente agirá de acordo com esses parâmetros.

Na Convenção Internacional do Novo Pensamento, em Chicago, tive a oportunidade de conversar com um pastor que me contou que na sua juventude fora um farmacêutico. Ele falou:

— Eu nunca quis ser farmacêutico. Detestava química, odiava a preparação de remédios e tudo o que se relacionava com a profissão. Meu pai, porém, que era farmacêutico, insistia que eu devia seguir sua carreira porque já tinha meio caminho andado. Ele me forçou a entrar na faculdade de farmácia e sempre dizia: "Você terá de assumir nosso negócio quando eu me aposentar." Para agradar meu pai, fiz tudo o que era preciso, mas eu odiava cada minuto daquela vida.

Quando ele se formou, foi fazer um estágio em outra farmácia. Um dia estava manipulando uma receita que pedia uma pequena porção de codeína para abaixar a febre de uma menina. Por sorte, nas boas farmácias, quando se usam alguns tipos de substâncias, é obrigatório separar os vários componentes da receita para serem verificados por outro farmacêutico antes da mistura. Ele contou que o outro farmacêutico logo viu o erro grave que cometera. Em vez de colocar codeína, ele havia posto cocaína.

— Fiquei chocado com meu erro, porque teria consequências terríveis!

O homem ficou tão abalado que foi se consultar com uma psiquiatra. Ela lhe explicou o que estava acontecendo.

## AUMENTE O PODER DO SEU SUBCONSCIENTE
## PARA ALCANÇAR UMA VIDA MAIS PLENA E PRODUTIVA

— Você detesta o que faz. Seu pai o induziu a estudar farmácia e você aceitou contra sua vontade. Agora, fica dizendo constantemente que quer largar sua profissão, que odeia farmácia e deseja encontrar um modo de fugir de tudo isso. Lembre-se de que o que você ressente se apega à sua mente e o que você ama lhe dá permissão para soltar. Por isso, de uma maneira qualquer, seu subconsciente o fez cometer esse erro, que poderia ser um motivo justo para a sua demissão.

O subconsciente tem a tendência de nos ajudar. Por isso, o homem que não queria ser farmacêutico agora é um pastor evangélico muito bem-sucedido. Está fazendo o que gosta e não o que o pai queria. Não brinque com seu subconsciente. Grave nele o mais poderoso pensamento que pode existir: "Deus o está guiando; Deus o ama e o protege." Essa sim deve ser a ideia dominante em seu subconsciente. E lembre-se: quando o subconsciente está diante de diferentes ideias, ele sempre aceita a que tem o *domínio* sobre as outras.

Há alguns anos conversei com uma jovem de 19 anos. Com o falecimento de sua mãe, herdara uma grande soma de dinheiro que deveria usar no pagamento dos seus estudos. O pai, porém, queria que ela ficasse tomando conta da casa e cuidando dele. Ele dizia: "Estou velho, como vou viver sozinho? Pense em tudo o que fiz por você." O homem estava recorrendo à chantagem emocional. A moça sonhava em cursar uma faculdade, queria fazer novos amigos, se divertir, arranjar um namorado, como qualquer outra jovem da sua idade. Queria ter sua própria vida. O pai, um sujeito exigente e mimado, aparentemente não tinha noção do que é o amor e a compreensão e não desejava abrir mão do seu conforto. A filha preparava seu café da manhã, seu almoço

# AS MARAVILHAS DO PENSAMENTO DOMINANTE

e seu jantar e não tinha nenhuma atividade social. Esse trabalho a deixava com raiva. "Por quanto tempo, Senhor, terei de aguentar isso?" Não suportava mais as cobranças do pai, a ideia de que tinha de recompensá-lo pelo trabalho e despesas que havia tido na sua criação. Ela só pensava em fugir.

Essa moça sofria de um profundo sentimento de culpa porque sabia que era errado ter ódio do pai. Seu subconsciente veio em seu socorro. Um dia, ela fez um corte feio na mão, que terminou por infeccionar, obrigando-a a ficar várias semanas internada em um hospital. Fui visitá-la e depois de algum tempo de conversa, lhe expliquei a situação:

— O corte em sua mão não foi um acidente, porque eles não existem. Interiormente, você estava procurando um meio de fugir e criou um desejo de se ferir para se livrar de uma situação intolerável. Então, começou a programar seu subconsciente, pensando: "Não suporto mais esta vida. Não quero mais cozinhar, lavar e passar. Odeio tudo isto!" Sua mente subconsciente veio em seu socorro, mas da maneira errada, porque é impossível uma emoção negativa e destrutiva gerar situações construtivas.

A mente dessa jovem estava cheia de rancor, hostilidade, raiva e seu pensamento dominante era o ódio ao pai. O pensamento dominante pode ser muito destrutivo e ele estava profundamente impresso no seu subconsciente. Ela entendeu o problema e se mostrou receptiva às minhas orientações.

— De agora em diante, inunde sua mente com pensamentos positivos. Sature-a com verdades de harmonia, saúde e paz: as verdades de Deus. Em primeiro lugar, contudo, esvazie sua mente de todas as noções preconcebidas, das ideias de pecado ou inadequação. Vou lhe dar uma pequena prece que você deverá repetir muitas e muitas vezes para se libertar do negativismo. Diga:

Eu me perdoo por abrigar esses pensamentos negativos e destrutivos. Entrego meu pai a Deus. Não fui eu que o fiz, que o criou, e só sou responsável pelo que penso dele e não pelas suas atitudes. Agora eu o liberto de minha mente e lhe dou permissão para trilhar seu próprio caminho.

Pouco depois de ter iniciado suas meditações com essa prece, a jovem escreveu uma carta para o pai, dizendo: "Papai, você tem muito dinheiro. Contrate uma cozinheira e uma acompanhante. Mamãe me deixou meios suficientes para pagar meus estudos na melhor das universidades. Eu quero estudar e seguir uma carreira.

Amo você, papai, e lhe desejo todas as bênçãos da vida, mas não vou mais aceitar a frustração e a verdadeira neurose que os serviços domésticos me causam. Que Deus o abençoe."

Ela ficou completamente curada da infecção, que logo foi debelada, e criou uma prece especial que procurarei reproduzir:

> Sou um canal para o divino. A verdade flui através de mim e sei muito bem o que quero fazer. Sou divinamente guiada e tenho plena certeza de que sempre encontrarei o melhor caminho para ser bem-sucedida em minha vida. Como diz a Bíblia, eu creio e sei que Deus guia os cegos por caminhos que eles não conhecem.

Deus, então, revelou a essa moça o plano perfeito para a liberdade, a paz e o amor. Sem amargura ou rancor, ela afastou o pai dos seus pensamentos, entendendo que a chantagem emocional nada produz de útil. Convenceu-se de que se o pai a amava de verdade, ficaria feliz em vê-la estudando, tendo uma vida social,

## AS MARAVILHAS DO PENSAMENTO DOMINANTE

e aceitaria seu desejo de ter seu próprio apartamento. O amor sempre liberta; o amor jamais diria: "Sua mãe morreu e agora você tem de tomar o lugar dela. Fique em casa." Essa atitude é o avesso do amor.

No universo em que vivemos, tudo muda e não há nada que possamos fazer para impedir essa mudança. Os governos mudam. Uma manhã você poderá acordar e descobrir que há um novo presidente da República, um novo rei ou que durante a noite houve uma revolução. Tudo acontece em estado de fluidez. Nada é para sempre e tudo passa. Ninguém pode ser doente para sempre, ninguém pode ficar frustrado para sempre. Existe algo que você e eu podemos fazer sobre nossa atitude em relação a essas mudanças constantes. O importante não é o que acontece, mas o que pensamos sobre o que acontece.

O poder de criar está dentro de você. Platão disse: "A mente é Deus." O que vale é sua consciência, sua percepção. Seu pensamento é Deus porque Deus é o Verbo. A palavra é um pensamento expressado e, portanto, é o poder invisível que está no seu interior. É inefável, porque é indescritível. O pensamento é Deus porque é criativo, é o que realiza. Quando você descobre essa verdade, descobriu Deus. Existe um único poder criador e não é o que lhe acontece, é sua reação diante dessa situação.

Lisa T. veio me procurar queixando-se das suas colegas de trabalho. Eram invejosas, segundo ela. Eu então disse:

— O problema é delas, não seu. Essas pessoas estão convencidas de que você vai conseguir todas as coisas boas da vida, que provavelmente será promovida, talvez vá se casar com o presidente da companhia, que lhe dará joias e roupas de grife. O problema é delas. Você deve abençoá-las e seguir em frente.

## AUMENTE O PODER DO SEU SUBCONSCIENTE
## PARA ALCANÇAR UMA VIDA MAIS PLENA E PRODUTIVA

A inveja e o ciúme são monstros de olhos esbugalhados, são o inferno dos rejeitados, são filhos do medo. Não têm nada a ver com você. Mil mulheres podem ter inveja de você, mas e daí? Você não é responsável por esse sentimento. Veja a situação de outra maneira. Na verdade, essas pessoas estão rezando pela sua realização profissional e sucesso. São tão ignorantes que não entendem isso. "O homem é o que pensa no seu coração." Aquilo em que alguém acredita e sente como sendo verdade se concretizará como forma, função, experiência e evento.

Outra mulher me contou que alguns anos antes seus parentes próximos haviam feito certas alegações, ameaçando-a com processos judiciais porque acreditavam que ela hipnotizara seu pai para fazer um testamento deixando seus bens para ela.

— Meu pai fez o testamento porque meus irmãos e irmãs estavam muito bem de vida, casados e ricos, enquanto eu continuava trabalhando numa agência dos correios. Meu pai sabia que eu precisava de dinheiro. Não fiz nada para forçá-lo a deixar seus bens para mim. Não conheço nada sobre hipnose, não me aproveitei dele. Tudo o que eles alegam é mentira.

Uma senhora muito sábia e instruída deu a essa mulher um pensamento dominante. Sabe qual foi? "A Sua verdade será o teu escudo e broquel", uma frase extraída do Salmo 91. Deus é verdade, ontem, hoje e para sempre. "Eu sou o caminho, e a verdade e a vida." Isso é Deus em ação. Ela lhe explicou que, apesar de todas as mentiras, adiamentos, despesas e tudo o mais, precisaria apenas continuar sabendo que a verdade seria seu escudo e sua armadura contra os seus detratores. A mulher gastou US$15.000 em honorários de advogados e outras despesas. Os familiares

## AS MARAVILHAS DO PENSAMENTO DOMINANTE

inconformados levaram o processo para os tribunais de apelação, mas ele foi indeferido.

A nossa atitude, nosso modo de pensar, é a manivela com a qual dirigimos todas as condições e circunstâncias que surgem em nosso mundo pessoal. A mulher agiu da maneira certa, mantendo seu pensamento dominante como um halo de proteção. "A Sua verdade será o teu escudo e broquel." Quando nos encontramos uma segunda vez, eu lhe disse:

— Você acha que perdeu os US$15.000 que pagou aos advogados. Para perder alguma coisa é preciso aceitar a perda. Vou lhe dar outro pensamento dominante: "Estou mental e espiritualmente identificada com esses US$15.000. Eles voltarão para mim aumentados e multiplicados dentro da divina ordem, por meio do divino amor."

Ela entendeu muito bem minha explicação porque já se convencera de que o subconsciente sempre amplia o pensamento que recebe uma especial atenção.

Se, como essa mulher, você estiver envolvido em um processo judicial, não permita que ele domine seus pensamentos. Modifique seu pensamento-mestre, o mestre de todos os outros. Diante das mentiras deslavadas dos seus irmãos e seus falsos testemunhos, das acusações de que havia hipnotizado o pai para se aproveitar dele, a mulher só reforçava seu pensamento protetor, sem ligar para o que os outros diziam ou faziam: "A Sua verdade é meu escudo e broquel. Deus está em ação e, por isso, tudo à minha volta é harmonia e paz." Enquanto isso, a mente dos seus adversários aflitos e perturbados tomava mil direções diferentes.

As atitudes são a matéria-prima a partir da qual construímos equanimidade, imparcialidade, habilidades e prosperidade. Uma mudança de atitude propicia uma mudança radical no modo como

## AUMENTE O PODER DO SEU SUBCONSCIENTE
## PARA ALCANÇAR UMA VIDA MAIS PLENA E PRODUTIVA

administramos nossa vida. E qual deve ser a atitude da mente? A de abrigar pensamentos dominantes, que trarão excelentes experiências e resultados. Quem modifica a mente modifica seu corpo e as condições de sua vida, porque o corpo é o reflexo da mente. O corpo é a mente condensada e você recebe de acordo com suas crenças.

Um pensamento-mestre ou dominante é como um bom cão de pastoreio, que obedece a voz do dono e trabalha diligentemente, reunindo todas as ovelhas desgarradas, trazendo-as de volta para o ponto demarcado para elas.

Se você diz: "O Senhor é meu pastor. Nada me faltará", jamais deixará de ver provas do fato de que isso é a pura verdade, porque Ele o conduzirá por verdes pastagens e águas tranquilas, guiando-o para a abundância, segurança e paz de espírito. A bondade e a misericórdia o seguirão todos os dias de sua vida porque você habitará para sempre na casa do Senhor. Talvez não exista um melhor pensamento dominante, porque Deus é de fato um pastor e toma conta de cada uma das suas ovelhas. Ele nos ama e nos protege. Diariamente nos inspeciona, um a um, para verificar se algum espinho ficou encravado em nós e, depois de nos curar, nos leva para uma sombra acolhedora.

Se você disser mentalmente: "Deus é como um pastor que me guia, que me mostra o caminho certo, resolve meus problemas, que cuida de mim, me sustenta e fortalece", verá as maravilhas que começarão a acontecer em sua vida.

Uma vez, um homem me contou que num domingo levou um grupo de amigos para passear em seu barco. Na volta o tempo mudou e o mar ficou revolto. A chuva e as ondas ameaçavam virar a embarcação a qualquer momento. Um dos homens estava pálido, apavorado, imóvel e tremia dos pés à cabeça. Sabendo

## AS MARAVILHAS DO PENSAMENTO DOMINANTE

como o medo é contagioso, o dono do barco atirou-lhe uma corda, dizendo: "Agarre-se a ela para salvar a sua vida. Chegaremos à praia em segurança. Você só tem de segurá-la e puxar com força quando eu mandar." Apesar da tempestade, algum tempo depois eles estavam de volta à marina, sãos e salvos. Só então o homem medroso olhou para a corda que segurava com os dedos crispados. Ela não estava presa a nenhum lugar.

O que de fato aconteceu? O dono do barco deu um pensamento dominante ao homem assustado e pôs em prática a grande lei da substituição. Este só ficou pensando: "Se eu puxar na hora em que ele mandar, estaremos seguros." Assim, livrou-se do medo e manteve sua atitude até chegarem à praia.

Quando um pensamento-mestre como "O Senhor é meu pastor" ou "A verdade é meu escudo e broquel" assume a dianteira em sua vida, a mente fica focalizada e concentrada na presença de Deus e nos princípios imutáveis do universo.

Agarre-se a um pensamento dominante quando estiver agitado, preocupado ou nervoso, porque assim ficará ligado à presença de Deus no seu interior, que tudo sabe, tudo vê, que é eterna e todo-poderosa. O pensamento-mestre domina todos os pensamentos, propensões, humores, impulsos e tendências inúteis. Imagine um balde cheio de água limpa. Se puser uma colherinha de corante dentro do balde, toda a água terminará colorida. É assim que age o pensamento dominante. Você vai injetando a ideia no seu subconsciente, gota a gota, repetidamente, até ela inundar a sua mente. Ela então se tornará automática. Quando um pensamento-mestre, como: "Deus é meu guia, meu conselheiro, meu condutor", passa a ser automático, você não se deixa abalar por ideias negativas nem pela propaganda desenfreada que perturba o mundo moderno.

## AUMENTE O PODER DO SEU SUBCONSCIENTE
## PARA ALCANÇAR UMA VIDA MAIS PLENA E PRODUTIVA

Você sabe quais são suas compulsões? Sabe como lidar com suas preocupações, seus medos e sua ansiedade? Seus pensamentos de paz e tranquilidade são passageiros? Você é um daqueles que dizem: "Eu leio os Salmos, mas eles não significam nada para mim. Continuo a pensar no meu problema. Fico apenas lendo em voz alta, sem encontrar nenhum consolo."

Está em suas mãos o poder de modificar essa situação. Você conseguirá se pensar que é possível conseguir. Pode fazer qualquer coisa por meio da Presença Divina, que o fortalece. Todos sabem como é difícil lutar contra um pensamento ou emoção negativa dominante, mas agora você será vencedor. Quando a ideia negativa vier, seja medo, rancor, complexo de culpa, condenação, ódio, seja lá o que for, lide com ela imediatamente. Corte-a ao meio, decapite-a. Não permita que cresça e se torne forte e perigosa, capaz de desafiar seu domínio e vencê-lo, criando doenças, tumores, fracassos etc. Não deixe que ela venha a colorir tudo o que você faz, fala e pensa, e suas reações também. Não conceda ao mal um único minuto, nem mesmo trinta segundos para crescer. Substitua qualquer ideia negativa por um pensamento positivo, que irá expulsá-la de sua mente sem demora.

Um hábito é um grupo de pensamentos. Um hábito negativo é um grupo de ideias negativas que se repetem com frequência até conseguirem penetrar na mente mais profunda e se tornarem automáticas. A preocupação constante é um hábito. Se você fica remoendo pensamentos negativos, acaba estabelecendo um modelo no seu subconsciente que mais cedo ou mais tarde irá se manifestar. O medo é um hábito. A pobreza também é um hábito. Da mesma forma como estabeleceu um mau hábito, você pode se

## AS MARAVILHAS DO PENSAMENTO DOMINANTE

livrar dele. De maneira consciente e deliberada, escolha pensar em algo construtivo. Procure se envolver em algum tipo de atividade que lhe dê prazer, cultive uma atitude que tirará sua atenção do problema, atraia sua mente para situações positivas.

Suponhamos que você se envolveu numa ação judicial que vem se prolongando devido a contínuas petições, agravos de instrumento, recursos a tribunais superiores etc., gerando uma grande frustração. As despesas com advogados vão aumentando e parece que nunca terão fim. Imagine que você está saindo do fórum. Ao voltar para casa, em vez de pensar nas protelações e dificuldades, repita muitas vezes algumas frases do Salmo 91. Não é preciso decorá-lo. Diga, por exemplo, "O Senhor é minha luz" e mais: "Eu habito no refúgio do Altíssimo. Eu descanso sob a sombra do Todo-poderoso." Durante todo o seu trajeto, pense: "Direi do Senhor, ele é meu refúgio, minha fortaleza. Meu Deus, em quem confio. Ele me cobre com suas penas como a ave cobre seus filhotes para protegê-los."

Você está morando no refúgio de Deus. Está sintonizado com o infinito e tem consciência da soberania do Espírito e de que nenhum mal poderá alcançá-lo. Nenhuma praga o atingirá durante a noite. Os anjos o guiam, trazendo-lhe inteligência, sabedoria e ideias criativas para não o deixar tropeçar nas pedras do seu caminho. Você pisará o leão e a serpente — o obstáculo aparentemente intransponível — as pessoas que tentam prejudicá-lo em segredo, fazendo calúnias e falsos juramentos. Se pensar: "O amor de Deus satura minha alma. A paz de Deus inunda minha mente", vencerá todos os obstáculos porque a Presença Divina neutralizará e eliminará todos os padrões negativos.

Então, o que aconteceu com o medo, ansiedade e preocupação? Você os venceu e pode transformar isso em um hábito. Sempre que lhe ocorrerem pensamentos negativos, introduza uma ideia construtiva para substituí-los e medite sobre o que é certo, bom e verdadeiro. Não se preocupe em lidar com o mal, porque ele desaparecerá sozinho, como a nuvem que se dissipa sob o calor do sol, dando lugar para a luz de Deus.

Sim, o "Filho de Deus" virá transportando a cura em suas asas. O "Filho" significa a expressão de Deus. Se você disse: "Mas não consigo me impedir de pensar; essas emoções negativas estão me perturbando, me sufocando. Sou escravizado por elas." Não é verdade, porque você pode eliminá-las com um simples pensamento. "O Senhor é meu pastor" ou "O Senhor é minha luz e salvação". Diga mentalmente: "Deus é luz, a inteligência suprema, a solução para todos os problemas. O Senhor é a força da minha vida, o poder do Altíssimo é eterno. O que temerei? Ele me acolhe no seu templo e ficamos juntos no seu tabernáculo, que é meu coração."

A presença de Deus vive no seu interior e atua como se fosse o piloto automático de um avião. Ela sempre tenta curar, restaurar e renovar. As emoções indisciplinadas são como um estouro da boiada ou uma manada de elefantes selvagens. Destroem a nossa paz, prejudicam nossa saúde e destroem nosso futuro. Diz a Bíblia que Adão pôs todos os animais em fila para lhes dar nomes. Esses animais são as emoções, os estados animados da mente. Você quer se sentir feliz? Quer se sentir triste? Quer se sentir deprimido? Quer se sentir alegre? Quer se sentir próspero? Escolha qualquer estado de espírito porque a infinita enciclopédia de Deus está no seu interior. Você pode escolher ser colérico ou alegre, egoísta ou generoso. Depende de você. Chame qualquer animal que quiser e lhe dê um nome. O nome é a natureza da emoção.

Naturalmente, quando as emoções são negativas, geram resultados destrutivos. Quando são positivas, elas curam, abençoam e inspiram. Quando todas suas emoções estiverem controladas

AS MARAVILHAS DO PENSAMENTO DOMINANTE

pelo Divino amor, Divina harmonia e Divina paz, o lobo deitará ao lado do cordeiro, o leopardo deitará ao lado da corça. O leão comerá grama como uma vaca e os animais não destruirão nada do que existe na sua montanha sagrada, porque a Terra estará inundada pelo conhecimento do Senhor, que a cobrirá como os oceanos cobrem as profundezas da crosta terrestre.

Essas verdades são as mesmas, ontem, hoje e serão para sempre. São impermeáveis como a rocha mais dura e tão modernas como um satélite espacial. Por isso, a paz virá a você por meio da atuação do pensamento dominante. Diga: "O rio da paz que vem de Deus flui por todo o meu ser." O que é um pensamento-mestre em termos da Bíblia, em termos da verdade eterna, em termos da sabedoria infinita que chegaram a nós através dos milênios? O conhecimento do Senhor. E o Senhor é o poder maior. "O Senhor, Ele é Deus", como diz o salmista. Existe um único Poder, não dois, três ou mil. É o EU SOU dentro de você, o Princípio Vital, O Espírito Vivo Todo-poderoso. Você não consegue ver, mas Ele está aí. Os livros sagrados das várias religiões do mundo o chamam de Ohm ou o Absoluto, significando a perfeita percepção, a consciência não condicionada.

Esses são nomes dados para a força executiva de tudo o que é vivo. A Bíblia o chama de "Senhor", porque está escrito nela que ninguém jamais deve pronunciar o nome de Deus. "Senhor" pode ser definido como um governante ou patrão. Na Inglaterra, a palavra *lord* é usada para designar todos os membros da realeza e aristocracia. Antigamente, havia os senhores feudais e seus servos e vassalos lhes obedeciam, porque eles possuíam o poder de vida ou morte.

Atualmente, não é incomum vermos pessoas se prostrando nas igrejas e templos, o que pode ser considerado um vestígio dos tempos medievais. Na Índia, são usados títulos como rajá ou marajá, que designam um chefe de região ou província, que as pessoas consideram como seu patrão, chefe, soberano ou rei. É óbvio que os reis modernos são só figuras de fachada, mas, no passado, o imperador, czar, califa, rajá ou marajá era um monarca com poderes absolutos.

Hoje, porém, o Senhor é o poder governante em uma mente. Às vezes, o Senhor é o medo que domina milhões de pessoas que professam uma religião, regendo todos os pensamentos, emoções, sentimentos, propensões etc. Infelizmente, a imensa maioria das criaturas tem como ideia dominante a existência de um Deus cruel, sempre pronto a castigá-las porque não agiram de acordo com Seus preceitos. Todavia, Ele deveria ser um Deus de amor, porque Deus é tão imensamente maior do que nós que não julga nem pune. A vida nos perdoa. A vida nos perdoa constantemente. Somos nós que nos castigamos.

Suponhamos que um homem está desconfiando da sua esposa porque ela chegou do trabalho quinze minutos depois que o habitual. Começa uma discussão. Ele está vendo a esposa com os olhos ardilosos da suspeita porque a suspeita é o pensamento dominante em sua mente e o impede de ver a realidade. E a suspeita é medo, lógico. Algumas pessoas acreditam que sua artrite, hipertensão, diabetes e todos os tipos de problema que enfrentam são castigos de Deus. Têm muito medo do julgamento no dia do juízo final e temem especialmente os pecados relacionados com o sexo. Elas sofrem devido a uma falsa crença, porque Deus, em sua mente, é um velho barbudo, vingativo e cruel. Que triste pensamento dominante!

Quando se fala em um Senhor, em Deus ou poder supremo, é errado pensar em uma pessoa, porque Deus é um espírito. Não

## AS MARAVILHAS DO PENSAMENTO DOMINANTE

existe um indivíduo. Os que o adoram devem adorá-lo em espírito e verdade. E a capacidade do espírito é pensar. Deus pensa e os mundos aparecem. Você, sendo uma criação de Deus, também pensa e seu pensamento é criativo.

Como o espírito é Deus, a primeira causa, a única causa, pessoas, condições, circunstâncias, eventos, estrelas, planetas, o Sol, a Lua, maçãs, laranjas, gatos e cachorros — tudo o que existe são efeitos, não causas. Só uma pessoa muito tola ou desavisada pode imaginar que um efeito é uma causa.

Quem diz: "Aquele sujeito está me prejudicando no trabalho", está acreditando em outros deuses. Quem afirma: "Meu marido é minha felicidade" ou "Meu sogro só cria problemas em minha vida e está estragando meu casamento", está transformando pessoas em criaturas maiores e mais poderosas do que Deus. Dizer que alguém ou alguma coisa é a causa da harmonia ou desarmonia é uma declaração absurda e vai contra o principal mandamento: "Não terás outros deuses diante de mim."

O mais importante dos pensamentos dominantes é: "Deus é meu guia e conselheiro. Deus me ama e cuida de mim. Ele me protege como um pastor protege suas ovelhas." Sim, então você será levado para verdes pastagens e águas tranquilas. Encontrará paz em um mundo que está em constante mutação.

Depois de me ouvir numa palestra sobre esse assunto, uma mulher me perguntou:

— Como posso me livrar da raiva que sinto do meu sogro, que agora vive conosco? Ele é antipático, implicante. Vive me criticando, falando mal da minha comida, do modo como cuido da casa, da educação dos meus filhos. Antes havia alegria em minha família, agora estamos sempre irritados, discutindo...

## AUMENTE O PODER DO SEU SUBCONSCIENTE
## PARA ALCANÇAR UMA VIDA MAIS PLENA E PRODUTIVA

Segundo o que ensino, a explicação é o primeiro passo para cura. Eu lhe respondi:

— Seu sogro mora em sua casa, mas não é Deus. Você está me dizendo que esse homem tem poder de criar em você crises de enxaqueca, pressão alta, dores no corpo devido à tensão resultante da raiva reprimida? Ao ficar amargurada e ressentida, está corroendo a sua alma. Olhe para seus olhos, olhe para o seu rosto. Sua atitude é a maneira mais rápida de envelhecer e ficar cheia de rugas. Nenhuma plástica do mundo será capaz de modificar seu aspecto. Pare de corroer sua alma, pare de transformar seu sogro em Deus. Ele não é Deus, ele não tem poder para lhe dar indigestão ou dor de cabeça. Lembre-se continuamente de que seu corpo está aqui e que por algum tempo você, como qualquer criatura, terá de viver nele. Pense que você vive em sua casa dentro da divina ordem, por meio do divino amor, e que a presença de Deus está no seu lar, no seu marido e nos seus filhos. Pense que só o divino amor entra pela porta e só o divino amor sai por ela. A presença de Deus em sua casa é harmonia, beleza, amor e paz. Seu sogro não pertence a esse lar. Deixe de pensar nele, deixe-o sair de você, liberte-se dele.

A mulher mostrou uma expressão de dúvida. Eu continuei:

— Lembre-se de que você está neste mundo apenas temporariamente. Não se deixe hipnotizar por ninguém. O que a ajuda ou prejudica é o movimento de sua mente. Quando você fica irritada com seu sogro é possível que sua primeira reação seja ferver de raiva e ter vontade de responder com alguns desaforos. Essa reação não lhe traz nada de bom. Agindo assim, você está descendo para um nível muito inferior, onde vivem a raiva e o rancor. Não, recuse-se a se rebaixar. Como o espírito mora no seu interior, seu pensamento é livre e você pode ir para onde quiser em sua contemplação.

## AS MARAVILHAS DO PENSAMENTO DOMINANTE

Pense nas grandes verdades. Quer esteja preparando o jantar ou limpando a casa com o aspirador, diga: "Deus é meu guia. Ele me protege, me ama e cuida de mim. Ele é o meu pastor e me leva para pastagens verdejantes e águas mansas. Deus pensa, fala e age em mim. A paz de Deus reina suprema nesta casa."

Minha interlocutora parecia um tanto perplexa.

— Onde está sua mente? Sua mente está com Deus. Você está no refúgio do Altíssimo, onde anda e conversa com o infinito. Ninguém mais pode entrar nessa fortaleza porque ela é inexpugnável. Os que são por nós são muito maiores do que os que estão contra nós. Você, junto com Deus, já constitui uma maioria. O príncipe do mundo vem e não encontra nada em você. Quem é esse "príncipe do mundo"? Ele é o conjunto das emoções negativas, como medo ou rancor. Portanto, quando você contempla as verdades da vida está subindo muito acima do seu sogro em mente e espírito e recusando-se terminantemente a lhe entregar qualquer tipo de poder. Diga mentalmente: "Olhe aqui, seu velho, você não tem nenhum poder capaz de me perturbar. Não me importo com suas críticas nem com seu mau humor. Eu agora o solto de minha vida e você pode ir para onde quiser. Que Deus o proteja."

— Será que vou conseguir? Afinal, ele é meu sogro.

— É óbvio que vai conseguir! Basta lembrar-se de que seu sogro não é Deus e por isso não pode causar ou criar problemas em sua vida. Não lhe entregue seu poder. Não entregue seu poder a ele nem a ninguém. Tenha bem firme em sua mente a certeza de que a única causa criativa é você, que tudo o que lhe acontece é causado pelo movimento dos seus pensamentos. Cabe a você amaldiçoar ou abençoar. Agindo dessa maneira, seu sogro vai largar do seu pé e você poderá criar um quadro mental onde se verá vivendo

## AUMENTE O PODER DO SEU SUBCONSCIENTE
## PARA ALCANÇAR UMA VIDA MAIS PLENA E PRODUTIVA

pacificamente em sua própria casa, com seus filhos e seu marido, envolvidos pelo amor divino, que reina supremo.

Todos os que vivem num lar pacífico contribuem para sua harmonia, tranquilidade e clima espiritual. Isso significa que ninguém que pensa de maneira diferente pode ficar nessa casa. Pouco depois, a mulher entendeu que não tinha nenhum problema insolúvel em sua vida. O sogro resolveu ir para outro lugar porque ela o soltou de sua mente e recusou-se a lhe dar qualquer poder. Ele não combinava mais com a atmosfera espiritualizada daquela casa.

Devemos enviar pensamentos elevados a todos que nos cercam. "Em verdade, envio meu mensageiro diante do teu rosto para preparar o caminho." Esse mensageiro traz paz, harmonia, alegria, amor e benevolência. Recorra sempre aos seus mensageiros porque eles estão sempre à sua disposição e prepararão o seu caminho, criando circunstâncias que se harmonizam com seus pensamentos. Você repousa à sombra do Senhor porque tem certeza de que o amor de Deus o envolve e o guia para um caminho reto, belo e alegre. O Senhor, o poder espiritual, é soberano e supremo, é o único poder e a única causa que existem no universo. Pare de entregar o seu poder a paus e pedras ou a qualquer pessoa. Eles não têm nenhum poder capaz de afetá-lo.

O Senhor é soberano e supremo, e responde aos seus pensamentos. Portanto, Ele é seu refúgio e fortaleza. E, se Deus está com você, quem poderá estar contra você? "Nada será tirado daquele que segue retamente a lei."

O poder espiritual inspira, cura, fortalece e renova sua mente e seu corpo. Ele é o poder gentil e amoroso que chamamos de Deus. Ele é o Espírito interior que criou seus órgãos, seus batimentos cardíacos, que faz crescer suas unhas e cabelos, que controla to-

## AS MARAVILHAS DO PENSAMENTO DOMINANTE

das as suas forças vitais. É o Deus no seu interior. Ele conhece todas as respostas. Confie plenamente Nele e receberá como resposta misericórdia, amor, inspiração e beleza.

Esse poder divino o cobre com suas asas, constituídas de penas de amor, luz, verdade e beleza. Rejeite por completo os pensamentos negativos do mundo, que no Salmo 91 são chamados de flechas durante o dia, e conscientize-se de que o amor de Deus dissolve os padrões de medo que se ocultam no seu subconsciente — o terror da noite. Tenha certeza de que você está nas mãos invisíveis do Infinito, vibre sempre em sintonia com a mente de Deus e nada será capaz de prejudicá-lo. Você estará imunizado contra o mal porque recebeu o maior e mais potente dos anticorpos: a presença de Deus em seu coração. Os milhões e milhões de pensamentos e sugestões negativos do mundo serão automaticamente destruídos por Ela.

Como você está sempre na companhia de Deus, vive na alegre expectativa do melhor. Nenhum mal o atingirá porque Deus e seus anjos, que são os impulsos, ideias e intuições, estão sempre o protegendo, guiando-o para a boa saúde, atividades adequadas e poder de expressão em todas as fases de sua vida. Sua salvação lhe é revelada porque você está sempre fazendo a pergunta: "como é estar com Deus no paraíso?" E a resposta vem do fundo do seu ser: tudo é bem-aventurança, harmonia, paz, abundância, alegria e segurança, porque a paz é o poder do coração de Deus.

Ó Deus, Tu és meu Deus. Não existe nenhum outro. Do nascer do Sol até a chegada da noite, és sempre o único. Tu me disseste: Eu sou, este é Meu nome, Eu sou o Senhor. Não darás a mais ninguém Minha glória, Meu louvor. Eu sou o Senhor que trouxe a grandeza para a terra do Egito. Não terás outros deuses além de Mim. Eu, o Senhor, sou um Deus ciumento. (O termo ciumento, neste contexto, é usado no sentido de que não devemos conceder poder a nenhum outro.)

Quando você chegar à conclusão de que existe um único poder, uma única inteligência infinita que o está guiando neste mesmo momento, seu subconsciente agirá de acordo com ele e lhe trará bênçãos incontáveis.

# Resumo do capítulo

- Sabendo que é impossível sua prece fracassar, você não fica tenso ou ansioso esperando pelo resultado. Tenha certeza de que se ela não for atendida, você receberá algo maior ou mais grandioso. Diz uma antiga prece: "Isto ou algo maior e mais grandioso em sua visão, Ó Senhor, meu Deus." Esse deve ser o pensamento mais forte, o pensamento dominante, que supera todos os outros que estão em sua mente.
- Pessoas que experimentam fracassos constantemente têm em sua mente mais profunda um modelo que os leva a falhar em diferentes circunstâncias. Muitas sentem que fracassam porque são culpadas de alguma coisa e desejam se castigar pelos seus erros ou remorsos. Muitas chegam a se punir com vícios ou comportamentos prejudiciais. Todavia, Deus não castiga ninguém. São elas que se castigam.

## AS MARAVILHAS DO PENSAMENTO DOMINANTE

- Tudo o que existe neste mundo está em constante estado de fluidez. Tudo passa e qualquer problema que o esteja perturbando no momento também passará. Ninguém pode ficar doente para sempre. Ninguém pode ficar frustrado para sempre. Há algo, contudo, que você e eu podemos fazer sobre nossa atitude diante dessas modificações constantes. O que importa não é o que acontece, mas o que pensamos sobre o que está acontecendo.

- As atitudes são a matéria-prima invisível com a qual construímos nossas capacidades, tranquilidade e prosperidade. Suas atitudes mentais são os pensamentos-mestres, patrões ou dominantes e eles podem lhe trazer experiências e resultados magníficos. Quando você modifica sua mente está modificando seu corpo, porque ele é o reflexo do seu modo de pensar. Você cria, concretiza, aquilo em que acredita. Seu corpo é sua mente condensada.

- O pensamento dominante supera todos os pensamentos cotidianos, estados de espírito, propensões, impulsos e tendências. Ele controla todos os outros. Seu pensamento-mestre deve ser que Deus é o seu pastor, seu guia, seu conselheiro, o fornecedor que supre todas as suas necessidades, que Ele é a única presença, poder e causa, a fonte de tudo o que lhe acontece, tanto em termos mentais, espirituais como físicos. Agindo assim você está injetando essa ideia em seu subconsciente e ela se tornará automática.

- Um hábito é um grupo de pensamentos, positivos ou negativos, que são repetidos com tal frequência que acabam ficando gravados no subconsciente. Eles acabam se tornando

## AUMENTE O PODER DO SEU SUBCONSCIENTE
### PARA ALCANÇAR UMA VIDA MAIS PLENA E PRODUTIVA

automáticos. A preocupação é um hábito, o medo também. A pobreza é um hábito. O fracasso é um hábito. Esses pensamentos podem ser mudados para que não exerçam uma dominação emocional. Você pode, conscientemente, escolher pensar em coisas construtivas. Envolva-se em alguma atividade ou atitude que afastarão sua ideia do problema. Seduza sua mente para que ela saia da situação negativa.

- Quem é seu Senhor esta manhã? Qual é sua ideia dominante? Diga: "Deus é a fonte dos meus recursos e todas minhas necessidades são atendidas."

- "Deus me ama e cuida de mim. Ele é meu pai, minha mãe, meu tudo." Que excelente pensamento dominante. Se ele estiver sempre acima dos outros, nada lhe faltará em todos os dias de sua vida.

- Outro ótimo pensamento-mestre é: "Deus é meu guia e meu conselheiro. Ele me protege como um pastor protege as suas ovelhas." Sim, um pastor defende suas ovelhas contra os invasores, leva-as em direção a pastos verdejantes para beber em águas tranquilas.

# CAPÍTULO 2
## Seu amigo, o subconsciente

Há uma única mente e nela existem apenas duas esferas de atividade. Apesar de falarmos em mente consciente e mente subconsciente, não há duas mentes separadas. A mente consciente ou objetiva é o aspecto que raciocina, que escolhe, pondera, disseca, analisa, investiga, escrutina e chega a conclusões e decisões. É com ela, por exemplo, que você escolhe sua carreira, sua casa e seu parceiro de vida.

Por outro lado, sem qualquer escolha consciente de sua parte, seu coração é mantido em constante funcionamento e os processos orgânicos, como digestão, respiração e circulação são executados pela sua mente subconsciente por meio de uma atuação independente do seu controle consciente. Ela não analisa nem discute, apenas atende às instruções que foram gravadas nela pela mente objetiva, e pode-se dizer que é uma via de mão única.

O subconsciente é como o solo, que aceita qualquer tipo de semente, seja ela boa ou ruim, de uma erva daninha ou de uma árvore frutífera, por exemplo. Seus pensamentos são ativos e possuem em seu interior o poder de germinar, motivo pelo qual são comparados com as sementes. Ideias negativas e destrutivas plantadas no subconsciente continuam atuando segundo sua natureza e no momento certo virão à superfície sob a forma de uma experiência ou situação correspondente a elas. O problema é que

AUMENTE O PODER DO SEU SUBCONSCIENTE
PARA ALCANÇAR UMA VIDA MAIS PLENA E PRODUTIVA

o subconsciente, ou mente profunda, não se interessa em avaliar se seus pensamentos são bons ou maus, falsos ou verdadeiros.

Por exemplo, se conscientemente você aceita uma crença como verdadeira, mesmo que seja falsa, o subconsciente a receberá sem contestar e começará a agir para trazer os resultados que obrigatoriamente tem de manifestar. Portanto, se você lhe der ordens ou sugestões erradas, elas acabarão sendo concretizadas sob a forma de eventos, experiências e condições desagradáveis. O subconsciente também pode ser chamado de mente subjetiva em contraste com a mente consciente ou objetiva, e toma conhecimento do mundo externo por meios independentes dos cinco sentidos.

A mente subjetiva percebe por intuição. Ela é a sede das emoções e o depósito da memória, e desempenha suas funções mais elevadas quando os sentidos objetivos estão em repouso, ou seja, quando o consciente está em um estado de relaxamento ou sonolência, ou suspenso de outra maneira. O subconsciente vê sem os órgãos naturais da visão e tem a capacidade de clarividência e clariaudiência. Ele pode sair do seu corpo, viajar a terras distantes e trazer informações objetivas e exatas para beneficiar sua vida. Por meio da mente subconsciente você consegue ler o conteúdo de um envelope lacrado, ver o que há dentro de um cofre e ler os pensamentos de outras pessoas sem o uso dos meios de comunicação habituais.

É de vital importância compreender a interação entre a mente objetiva e subjetiva para aprender a verdadeira arte de orar. Quando elas funcionam de maneira harmoniosa e pacífica, o resultado é saúde, tranquilidade, alegria e felicidade. Todo o mal, dor, sofrimento, miséria, guerras, crimes e doenças do mundo são devidos ao relacionamento desequilibrado entre elas. E, acima de tudo, você tem de lembrar que o subconsciente é impessoal e não seletivo.

## SEU AMIGO, O SUBCONSCIENTE

Na Bíblia, está escrito que o marido é a cabeça da mulher. O uso bíblico dos termos "marido" e "mulher" não deve ser levado ao pé da letra. O marido representa a mente consciente; a mulher, a mente subconsciente, e a afirmação é uma metáfora para explicar uma verdade psicológica. Como o subconsciente é controlado pela mente consciente, a mulher (o subconsciente) está subordinada ao marido (o consciente) em todas as questões. Graças a essa interpretação errada das Escrituras, por milhares de anos os teólogos mantiveram as mulheres em um estado de submissão e análoga à escravidão aos desígnios dos pais e maridos.

Tudo o que sua mente objetiva sente ser verdade, o subconsciente aceita sem discutir. O que lhe dá poder sobre toda a criação é sua capacidade de escolher a ideia que pretende pôr em prática. Não perca tempo pensando nas imperfeições, defeitos, vulnerabilidade ou fragilidade dos outros, porque o que você acha ou sente em relação a outra pessoa você cria em sua própria mente, corpo e circunstâncias. Pergunte a si próprio: "Eu gostaria de viver com o que estou pensando e desejando para o outro?" Se a resposta for afirmativa, você está no caminho certo.

Lembre-se de que seu pensamento é criativo e o que você pensa sobre seu próximo está criando em todas as fases da sua própria vida. Daí a grande instrução: "Não faça aos outros o que não queres que te façam." A sorte ou o acaso não é responsável pelas coisas que lhe acontecem e o destino não é o responsável pela sua sorte ou azar. Não existe a predestinação porque você pode selecionar apenas ideias de verdade, beleza, nobreza e outras, similares aos pensamentos de Deus, que seu subconsciente reproduzirá fielmente.

A Bíblia também diz: "Tudo o que pedires em oração, acredite que já o tens e o receberás." Essa também é uma lei psicológica.

## AUMENTE O PODER DO SEU SUBCONSCIENTE
## PARA ALCANÇAR UMA VIDA MAIS PLENA E PRODUTIVA

Faça sua prece acreditando que já possui o que você está pedindo. Assuma o estado de espírito que teria se conseguisse ver seu desejo realizado. Essa é a lei da transformação inversa. Por exemplo, se a venda da sua casa lhe trará satisfação, alegria e tranquilidade financeira, você pode antecipar esse estado de espírito antes de vendê-la. Em outras palavras, o estado mental criado pela sua imaginação e emoções resultará na venda da casa. Imagine qual seria a sensação de receber o cheque da mão do corretor, depositá-lo no banco e começar a fazer o que pretende com o dinheiro. Mantenha esse quadro mental em sua mente consciente e essa atitude produzirá o que você deseja.

Thomas Edison descobriu, ou sabia intuitivamente, que o som da voz causava movimento de correntes na atmosfera. Raciocinando sobre o assunto, chegou à conclusão: "Então, o movimento dessas correntes de ar pode reproduzir a voz." Foi com base nessa ideia que ele inventou o fonógrafo. Gravando o desenho das vibrações da voz em um cilindro por meio de uma agulha, mais tarde foi capaz de ouvir novamente a voz quando a agulha voltou a acompanhar os sulcos gravados no cilindro. Ele pôs a lei da transformação inversa em ação.

Edison também sabia que a eletricidade é produzida pela fricção e, pela lei da inversão, a fricção produz eletricidade. Ele conhecia bem o princípio da transformação das forças: Uma transformação de força é sempre reversível. O princípio da causa e efeito, e ação e reação, é cósmico e universal.

O subconsciente é seu amigo e procura sempre ajudá-lo, curá-lo e orientá-lo. Suponhamos que alguém esteja lhe propondo um negócio que conscientemente você não sabe que é fraudulento. A mente subjetiva lhe envia sinais por meio de intuições, impulsos, sensações, insistindo para que seja mais cauteloso. Ela sempre quer

SEU AMIGO, O SUBCONSCIENTE

o seu melhor. Se você se ferir ou se queimar, ela atua para diminuir o inchaço e acelerar a cicatrização, dando-lhe novos tecidos e nova pele. Se você está cuidando de um doente e precisa dar uma dose do remédio às duas da madrugada, por exemplo, por mais cansado e exausto que esteja, se antes de dormir você pedir ao subconsciente para acordá-lo na hora exata, ele o obedecerá, despertando-o às duas horas. A tendência do subconsciente é sempre atuar em favor da vida e do progresso.

Um rapaz que sonhava em frequentar certa universidade veio conversar comigo depois de ter sido rejeitado por não alcançar a pontuação necessária no seu histórico escolar que permitisse o seu ingresso. Eu lhe disse:

— Você já me ouviu falar da lei da transformação inversa e tenho certeza de que a entendeu. Então, como se sentiria se a universidade reconsiderasse e aceitasse a sua inscrição? Imagine que foi chamado pelo diretor do departamento de admissão que o rejeitou e ele está lhe dizendo: "Fizemos uma segunda análise das suas qualificações e mudamos de ideia. Você está admitido." Qual seria sua atitude?

— Nossa! Eu ficaria muito feliz! Ligaria para o meu pai. Ele daria uma festa para comemorar!

— Então, à noite, antes de dormir, imagine e sinta que eu estou lhe dando parabéns pela sua admissão e pela sua escolha de universidade. Imagine que está dizendo ao seu pai que foi aceito. Visualize o funcionário do setor escrevendo a carta que você receberá comunicando que agora é oficialmente um aluno dessa instituição. Crie em sua mente a alegria e satisfação que sentiria com essa grande notícia.

O jovem seguiu minhas instruções e foi admitido, mostrando mais uma vez que a sensação de prece atendida, se for vivenciada e sustentada, concretiza a resposta à oração.

Esse é o significado da frase: "Ele chamou coisas que não eram o que eram e o invisível tornou-se visível." Se um fato físico pode produzir um estado psicológico, o estado psicológico pode produzir o fato físico. A pergunta é: "Como você consegue acreditar que já possui o que pediu em sua prece?" Seu desejo é uma ideia, uma imagem em sua mente. Portanto você pode aceitar o quadro mental, dramatizá-lo e sentir sua realidade. Rejubile-se com a ideia. Acredite na lei do crescimento, sabendo que a semente que você planta no solo germinará se receber os cuidados adequados como rega e adubação.

Sua consciência é a soma total de todas as suas impressões e percepções, tanto objetivas como subjetivas. Sua mente dá abrigo a elas, mesmo que nem todas sejam boas ou construtivas. Você precisa aprender a abri-la apenas para ideias capazes de curar, abençoar, inspirar, elevar e dignificar sua alma. Ideias geram emoções e o motivo de haver tanta miséria e sofrimento no mundo são as ideias completamente falsas que muitas pessoas têm em sua mente. As emoções produzidas por elas lotam o subconsciente e ficam emaranhadas nele e terminam por procurar uma válvula de escape. Se as emoções são prejudiciais, o resultado dessa vazão só pode ser negativo.

Quando a mãe de James Watt, o inventor da máquina a vapor, estava fervendo água para fazer chá, ele teve sua atenção despertada para a tampa do bule, que era forçada a se levantar pelo vapor resultante da fervura. Então, começou a pensar sobre o que aconteceria se a força do vapor pudesse ser aproveitada. O

## SEU AMIGO, O SUBCONSCIENTE

que Watt teve foi uma ideia. Ele começou a analisá-la por todos os ângulos e mais tarde outra ideia veio do seu subconsciente: a de forçar o vapor a entrar em um cilindro que continha um êmbolo ou pistão. A expansão do vapor empurraria o êmbolo e esse movimento acionaria uma roda. Foi esse o capítulo inicial da máquina a vapor, que revolucionou a indústria no mundo inteiro.

Quando você afirma que uma coisa qualquer não pode ser feita porque isso nunca aconteceu ou é totalmente impossível, lembre-se da história da mamangaba. A ciência da aerodinâmica afirma que um inseto grande como a mamangaba não tem capacidade de voar porque suas asas são muito curtas e seu peso é grande demais. Mas, como a mamangaba não lê livros nem pensa em projetos aerodinâmicos, ela continua a voar, como sempre fez. Por isso, quando alguém disser que algo é impossível de ser feito, use o poder da sua imaginação e diga e repita muitas vezes: "Eu vou fazer isso. Isso pode ser feito e eu vou conseguir." Seu subconsciente aceitará sua afirmação positiva e responderá de uma maneira maravilhosa.

Na sua mente subjetiva existe uma inteligência e sabedoria que virá ao seu auxílio em emergências, atendendo a uma demanda direta. São centenas os casos em que cientistas, por exemplo, receberam respostas às suas preces e meditações que não haviam conseguido com seu trabalho. Nikola Tesla, um brilhante engenheiro eletricista que inventou o motor elétrico e trouxe ao mundo as mais impressionantes inovações, contou que quando uma ideia para uma invenção vinha à sua mente, ele a construía em sua imaginação, porque sabia que seu subconsciente, impregnado com a ideia, iria dar-lhe forma e revelar ao seu consciente todas as peças que seriam necessárias para fabricá-la. Apesar de se interessar na melhoria constante dos seus inventos, Tesla não perdia tempo

## AUMENTE O PODER DO SEU SUBCONSCIENTE
## PARA ALCANÇAR UMA VIDA MAIS PLENA E PRODUTIVA

corrigindo defeitos e entregava aos seus técnicos um desenho perfeito do produto de sua mente. Ele disse: "Invariavelmente meus aparelhos funcionavam como imaginei que iriam funcionar. Em vinte anos, não houve uma única exceção." Isso mostra que seu subconsciente lhe dava todas as respostas.

Um famoso químico alemão do século XIX, Friedrich August Kekulé von Stradonitz, foi acudido pelo seu subconsciente na resolução de um problema que há muito o preocupava. Ele estivera trabalhando intensamente na tentativa de entender a posição dos seis átomos de carvão e seis de hidrogênio na fórmula do benzeno, mas nunca era bem-sucedido. Exausto, em certo dia resolveu esquecer tudo aquilo (ou seja, entregou o problema para o seu subconsciente) e foi cuidar de outras coisas. Pouco tempo depois, estava caminhando pela rua quando sua mente subjetiva presenteou seu consciente com uma súbita imagem mental de uma cobra mordendo o próprio rabo e girando como um redemoinho. Esse lampejo lhe deu a resposta que tanto procurava: os átomos de carbono e hidrogênio formam um círculo, que atualmente é chamado de anel do benzeno, a estrutura fundamental da química orgânica.

Um número imenso de invenções e soluções surgiu dessa maneira. A Bíblia diz: "Eu, o Senhor (que é sua mente subconsciente), me farei conhecido para ti numa visão e falarei contigo em sonhos." Quero lembrar que quando uso o termo "mente subconsciente", estou falando sobre a grande mente universal e não me fixando na mente estreita do ponto de vista freudiano, que só lida com um repositório de repressões sexuais, frustrações, inibições e complexos. Eu estou me referindo ao Pai interior que realiza todas as obras. Você pode chamá-lo de Deus, Jeová, Alá, Brahma, Absoluto, Inteligência Infinita, Espírito Eterno ou Princí-

## SEU AMIGO, O SUBCONSCIENTE

pio Vital. Também pode chamá-lo de mente supranormal, mente superconsciente, mente subliminar, a escolha é sua.

Essa sabedoria e inteligência interna que controla todos os seus processos vitais, mesmo enquanto você dorme, às vezes atende a suas preces por meio de um sonho, uma visão ou um lampejo de entendimento. O subconsciente se mantém ativo 24 horas por dia e está sempre pronto a ajudá-lo no momento necessário. A Bíblia e muitos outros livros sagrados fazem inúmeras referências a revelações e avisos dados às pessoas durante o sono. É bem conhecida a passagem que fala sobre José e sua capacidade de analisar os sonhos do faraó. Sua perspicácia e sagacidade de prever o futuro por meio da interpretação dos sonhos lhe trouxeram honra, louvor e o reconhecimento do monarca.

Os sonhos têm cativado cientistas, eruditos, místicos e filósofos ao longo dos milênios. Muitas respostas aos nossos mais graves problemas foram dadas em sonhos. Freud, Jung, Adler e muitos expoentes da psiquiatria e psicologia estudaram os símbolos surgidos em sonhos e, ao interpretar seus significados para a mente consciente dos seus pacientes, conseguiram descobrir e eliminar fobias, fixações e outros complexos mentais ocultos.

Os sonhos, de fato, são projeções do conteúdo da sua mente subjetiva e em muitos casos o ajudam a resolver problemas e o alertam em questões relacionadas com os altos e baixos da vida cotidiana, como casamento, finanças, viagens etc. O sonho é uma dramatização do que existe em seu subconsciente e não deve ser interpretado ao pé da letra. Você molda seu próprio destino por meio dos pensamentos e emoções, e, por isso, tudo o que há na mente mais profunda pode ser modificado. Quando você conhece as leis da mente, adquire a capacidade de prever seu próprio futuro, porque sabe que está em seu poder encher seu subconsciente com as verdades eternas que expulsarão dele tudo o que é diferente dos desígnios de Deus.

Uma vez recebi um telefonema de uma mulher de Nova York contando que seu marido lhe dissera um pouco antes de morrer que planejava tirar uma grande soma de dinheiro do seu cofre particular para investi-lo em um país estrangeiro com a intenção de obter maiores lucros. Ele sofreu um infarto fulminante e faleceu sem dar nenhuma informação sobre seus negócios. Quando o cofre pessoal foi aberto, não havia nenhum dinheiro, mas na documentação do banco estava registrado que o homem entrara na caixa-forte dois dias antes de sua morte. Uma inspeção minuciosa no seu escritório não revelou nenhum recibo de corretora ou qualquer indício sobre um investimento tão grande.

Sugeri a essa mulher que ela pedisse informações ao seu subconsciente, que sabia a resposta e a traria à sua própria maneira. Dei-lhe a seguinte prece:

> Minha mente subconsciente sabe onde meu marido guardou o dinheiro e acredito plenamente que a resposta virá à minha mente de maneira clara e inconfundível. Eu aceito essa ajuda com prazer e alegria.

A mulher repetiu muitas vezes essa afirmação e meditou sobre suas palavras para aprofundá-las na sua mente subjetiva, ativando sua resposta.

Alguns dias depois teve um sonho muito nítido em que viu uma caixa preta embutida atrás de um quadro do presidente Lincoln que ficava no escritório do marido. Foi-lhe mostrado como acionar um botão secreto, que não podia ser visto facilmente. Ao acordar, a mulher correu para o escritório e tirou o retrato de Lincoln, encontrando a caixa preta. Apertou o botão como revelado no seu

## SEU AMIGO, O SUBCONSCIENTE

sonho e a portinha se abriu, mostrando vários maços de notas. Havia US$50.000 no total.

Essa mulher descobriu que tinha um grande amigo no seu interior, um amigo que tudo sabe e tudo vê, um guardião de um enorme tesouro de conhecimento, que ele sabe como transformar em realidade. Você pode imitar essa senhora, pedindo ao seu subconsciente para dar respostas às suas preces.

Uma moça de San Francisco teve o mesmo sonho por quatro noites seguidas. Nele, seu noivo, que morava em Los Angeles, surgia de repente, separado dela por uma montanha muito alta, cujo cume estava encoberto por nuvens carregadas. A cena criava nela um grande choque e lhe causava uma enorme frustração. Ao acordar, tinha sempre a impressão de que havia algo de muito errado e obscuro em sua vida.

Perguntei-lhe o que aquela montanha significava para ela, porque os sonhos, para serem interpretados adequadamente, têm de coincidir com a percepção interior e emoções do sonhador. Além disso, como eram recorrentes, deviam conter uma mensagem de extrema importância e o subconsciente parecia insistir em dizer: "Pare, olhe, fique atenta!" Conversando mais um pouco, a moça chegou à conclusão de que, para ela, uma montanha significava um obstáculo intransponível.

Sugeri a ela contar os sonhos ao seu noivo e conseguir dele uma garantia de que não havia nada escondido entre eles que poderia prejudicar seu futuro casamento. A moça seguiu meus conselhos e voou para Los Angeles com a intenção de falar pessoalmente com o noivo. Contou-lhe sobre os sonhos e, depois de uma conversa franca, o homem finalmente confessou-lhe que era gay e que lhe havia proposto casamento para que seus clientes, muito religiosos, não suspeitassem de nada.

## AUMENTE O PODER DO SEU SUBCONSCIENTE
## PARA ALCANÇAR UMA VIDA MAIS PLENA E PRODUTIVA

O sonho da moça impediu-a de passar por uma experiência gravíssima. Você também pode ter uma premonição analisando os acontecimentos recorrentes em seus sonhos. Eles, contudo, são extremamente variados. Alguns são devidos a frustrações ou repressão sexual, outros revelam um enorme tumulto emocional, mau funcionamento do organismo, medos e tabus religiosos, e outros ainda são apenas a reprodução ou dramatização de eventos passados ou das atividades cotidianas.

Há pessoas que têm sonhos premonitórios, onde assistem a eventos antes de acontecerem. Também não é incomum a pessoa receber instruções detalhadas por meio do sonho sobre como agir em uma determinada circunstância.

A verdade é que existe um maravilhoso poder no seu interior, uma sabedoria e uma inteligência subconscientes que podem ser utilizadas por você. Não importa se você é religioso, agnóstico ou ateu. O inconsciente responderá se você pedir seu auxílio, porque é impessoal e não discrimina. Como eu disse anteriormente, você pode chamá-lo de inteligência supranormal, mente subliminar, mente subjetiva, Ohm, como na Índia, ou o Eu sou.

O mais importante é você ter a certeza de que existe essa presença do infinito no fundo do seu ser. Ela está aí para ser usada e nunca descansa. Sua mente racional precisa de sono para se afastar dos acontecimentos do dia-a-dia, mas seu organismo continua funcionando normalmente porque é o subconsciente que preside os processos vitais.

Habitue-se a ir dormir com a sensação de que você é uma pessoa bem-sucedida, importante, que se destaca em todas as atividades. Se estiver lidando com algum problema, contemple a solução, dizendo: "A infinita inteligência me dará a resposta. Aceito sua orientação e sei que ela virá dentro da divina ordem."

## SEU AMIGO, O SUBCONSCIENTE

Seu subconsciente corrigirá os erros cometidos durante o dia e prenderá seu pensamento na Suprema Inteligência interior. Enquanto dormimos, um fluxo de correntes de cura é liberado. Os antigos gregos diziam que participamos da sabedoria e conhecimento dos deuses quando estamos profundamente adormecidos. A Bíblia afirma: "Ele concede bênçãos ao Seu amado durante o sono. Deito-me em paz para dormir, pois Tu, Senhor, me fazes repousar em segurança."

Quando Arthur Rohr, um grande industrial, precisava participar de uma reunião onde seria tomada uma decisão de grande importância para os seus negócios, ele fechava os olhos, relaxava a musculatura e seus gerentes o imitavam. Ficavam todos calados e imóveis. Então começavam a pensar que havia uma inteligência infinita em seu interior que sabia o que era melhor para a organização e tinha a solução certa para o caso em questão. Devido ao silêncio e estado de relaxamento, a sabedoria da mente mais profunda emergia com maior facilidade para o consciente. Rohr afirmava que esse seu modo de agir lhe trazia excelentes resultados. Quando todos abriam os olhos, já tinham uma boa ideia de qual seria a melhor decisão a tomar.

Lembre-se de que quando a motivação é correta, haverá uma resposta correta que o levará a tomar a melhor decisão. Se sua motivação for errada, tudo dará errado. Portanto, quando for necessário tomar uma decisão importante, pergunte- se primeiro qual é a sua motivação. Se ela lhe parecer boa, faça sua prece, pedindo que a infinita inteligência o oriente, dando- lhe a melhor direção para tomar, e lhe revele a resposta. Então, tudo o que fizer dará certo, porque será a ação correta para o seu caso.

Robert Coleman, que atualmente mora em Albuquerque, no Novo México, conhece muitos curandeiros indígenas da região e me contou um caso muito interessante sobre uma mulher de uma

AUMENTE O PODER DO SEU SUBCONSCIENTE
PARA ALCANÇAR UMA VIDA MAIS PLENA E PRODUTIVA

nação indígena que estava muito doente. Os xamãs do local não conseguiram fazer nada por ela e por isso convocaram um homem especial. Quando esse sacerdote chegou, os indígenas já tinham colocado um caldeirão de água para ferver. O recém-chegado teria de se submeter a um teste para provar sua capacidade: pôr a mão dentro da água fervente por dez minutos e tirá-la sem nenhum sinal de queimadura ou inflamação. Terminado o teste, o xamã colocou alguns cobertores sobre a mulher e começou a entoar encantamentos, orações e cânticos sagrados baseados nas crenças indígenas. Em seguida, deitou-se ao lado da mulher e adormeceu, chamando pelo Grande Espírito.

Quando o xamã acordou, falou que "nosso amigo a curou". O amigo era o Grande Espírito, o nome que esse povo em particular dá a Deus. A mulher mostrou uma melhora notável. O que aconteceu? Bem, o homem chegou acreditando que seria capaz de curá-la e começou a cantar em tons monocórdios e repetitivos. A enferma conhecia os cânticos e estava receptiva. Tinha plena fé e confiança na vitalidade, inteligência e poder curador do sacerdote e abriu-se a eles em sua mente mais profunda. O xamã conseguiu comunicar sua própria fé ao subconsciente da mulher, que efetuou a cura. Isso é o que chamamos de terapia da prece ou tratamento espiritual. Nada mais é do que confiar totalmente no espírito infinito e no poder interior.

"Eu sou o Senhor que te cura. Sou o Senhor, o teu Deus. Eu virei e te salvarei. Restaurarei tua saúde e curarei tuas feridas, disse o Senhor." Qualquer tipo de cura vem do Altíssimo, porque existe uma única presença curadora. Se você orar pela saúde de uma pessoa, imite o curandeiro indígena, que não ficou pensando em sintomas, condição do organismo, febre, dor etc. Concentre-se na inteligência, sabedoria, vitalidade, plenitude, beleza e perfeição

## SEU AMIGO, O SUBCONSCIENTE

do Infinito, que está restaurando, revigorando e fortalecendo o doente, fazendo a Presença de Deus ressuscitar nessa pessoa. Essa é a base de todas as curas.

A Dra. Elsie McCoy, que escreveu um artigo para meu livro chamado *Sua Força Interior*, mostrou nitidamente o que o pensamento construtivo é capaz de criar. Ela estudou em universidades da Europa e Ásia e sempre se interessou pelo poder do subconsciente. Quando era jovem, estava noiva de um renomado cirurgião de Chicago, mas morava a milhares de quilômetros dessa cidade, em Beverly Hills.

Desde os 18 anos, a Dra. McCoy adquirira o hábito de afirmar várias vezes por dia: "Em minha vida tudo acontece dentro da divina ordem e tudo o que preciso saber me é revelado instantaneamente pela infinita inteligência que habita dentro de mim." A repetição constante dessas verdades criara uma forte impressão no seu subconsciente e ele respondia de acordo.

Uma noite, quando a Dra. Elsie estava profundamente adormecida, ela teve um sonho em que viu e ouviu nitidamente seu noivo conversando com uma enfermeira, convidando-a para passarem um fim de semana juntos. Ele dizia: "Você sabe que sou noivo, mas ela está no outro canto do país e não vai ficar sabendo de nada." No dia seguinte, telefonou para o noivo e, rindo muito, lhe contou sobre o sonho tolo que tivera naquela noite. O homem ficou furioso e a acusou de ter contratado um detetive para espioná-lo. Ela acabou desmanchando o noivado e os eventos subsequentes lhe mostraram a sabedoria do seu subconsciente que a protegera contra um casamento infeliz.

Sua mente subjetiva está sempre pronta a protegê-lo, desde que você esteja disposto a escutá-la. Há pessoas que não dão nenhuma importância aos sonhos, mas por meio deles pode haver a

## AUMENTE O PODER DO SEU SUBCONSCIENTE
## PARA ALCANÇAR UMA VIDA MAIS PLENA E PRODUTIVA

precognição — a previsão de um acontecimento futuro. E mais, se você sonhar com uma situação negativa, mesmo para outra pessoa, será capaz de modificá-la por meio da prece e afirmações positivas. Muitos anos atrás, Louise Wright, que faz parte do meu quadro de funcionários, foi informada por um ortopedista que a única maneira de eliminar as dores que sentia no pé esquerdo seria se submeter a uma cirurgia. Mas havia um problema: ela teria de engessar toda a perna e ficaria no mínimo dois meses andando de muletas. Louise orou para a infinita inteligência no seu subconsciente sabendo que ele a guiaria para tomar a decisão correta. Ela fazia a prece à noite, antes de dormir. No quarto dia, sonhou que estava fazendo uma consulta com um médico conhecido de sua família, dizendo-lhe que não precisava de cirurgia. No dia seguinte foi consultá-lo. Ao examinar o pé, o médico disse que poderia eliminar as dores por meio de um alinhamento dos ossos por manipulação e fisioterapia. Louise foi persistente nos exercícios e pouco depois estava perfeitamente curada. Seu subconsciente falou com ela em sonho, revelando o médico que deveria procurar.

Para uma prece impressionar o subconsciente, ela deve ser repetida muitas vezes, mas é preciso fazê-lo com muita dedicação, não apenas recitando palavras, mas entendendo o seu significado. A tranquila contemplação do desejo como um fato já concretizado é necessária para haver um melhor efeito. A sensação de prazer e serenidade ao prever a realização do seu desejo também contribui para a obtenção de uma resposta. O processo é mais ou menos análogo ao trabalho de um jardineiro. Quando ele quer que uma semente germine, não a guarda no bolso, mas a planta no solo e cuida dela, dando-lhe água e adubo. Ao vê-la começar a crescer, pensa nela dando flores e frutos. Da mesma forma, um pensamento deve ser regado com fé, expectativa positiva e confiança.

## SEU AMIGO, O SUBCONSCIENTE

Um pensamento é a força mais poderosa do universo. Sua palavra é um pensamento expressado. Se você ocupa uma posição de autoridade, um pensamento ou palavra sua poderá dirigir mísseis intercontinentais ou dar permissão para o uso de armas atômicas ou termonucleares. Sim, seus pensamentos podem dirigir o curso da sua vida. Sua mente subconsciente atua de acordo com as ordens dadas pela mente objetiva e pode ser comparada com um iceberg, porque noventa por cento dela fica abaixo da superfície. O que você pensa com a mente consciente você produz com o subconsciente.

Agora gostaria de contar uma história interessante sobre o Dr. Arthur Thomas, que atualmente é ministro da Igreja da Ciência Religiosa em Pasadena, na Califórnia, e me deu permissão para publicá-la nos meus livros. O Dr. Thomas teve uma vida agitada. Serviu na marinha inglesa como capitão e depois, por muito tempo, foi pastor de uma igreja em Reno, no estado de Nevada. Mais recentemente foi empresário do setor atacadista e proprietário de uma imobiliária em Los Angeles.

Cerca de dez anos atrás, o Dr. Thomas começou a assistir às palestras que dou em todas as manhãs de domingo.

— De repente — disse ele —, percebi que meu pensamento era o único poder criativo à minha disposição e resolvi que eu iria criar o que realmente queria em minha vida.

Entusiasmado, ele começou a afirmar com frequência e regularidade: "Eu agora sou um ministro de igreja. Estou ensinando as verdades da vida para meus congregados." Todas as noites o Dr. Thomas imaginava que estava falando sobre o poder criativo da mente para um simpático grupo de homens e mulheres em uma igreja.

Ele fez as afirmações por mais de um mês e sentiu vontade de fazer o curso de ministro no Instituto de Ciência Religiosa de Los Angeles. Confiante no resultado final que já havia imaginado

## AUMENTE O PODER DO SEU SUBCONSCIENTE
## PARA ALCANÇAR UMA VIDA MAIS PLENA E PRODUTIVA

e sentindo a realidade do desejo que havia expressado, estudou com afinco e passou em todos os testes e exames dentro da divina ordem e, logo após de terminar o seminário, recebeu um convite para dirigir uma igreja. Atualmente está fazendo exatamente o que decretou em seu pensamento, porque sabia que seu subconsciente o guiaria para alcançar o seu desejo. "Tudo o que pedirdes com fé, na oração, vós o recebereis." É a pura verdade.

Durante uma visita ao México, fui conhecer as famosas pirâmides e, no ônibus que nos levou até o local das ruínas, me apresentaram a um ministro evangélico que tinha um forte tique facial, que lhe causava um grande constrangimento. Já tentara uma série de tratamentos e o último, que incluía injeções com uma solução alcoólica para paralisar o nervo, fora bem-sucedido por alguns meses, mas agora o problema estava voltando. O ministro contou-me que o problema aumentava quando ele falava diante da sua congregação e outras reuniões sociais. Chegara a ponto de pensar em se aposentar por causa dos comentários dos outros e sua própria humilhação. Disse-me em um tom desanimado que o tique afetava só o olho direito e muitas pessoas se distraíam com ele durante os seus sermões. O pior era que algumas mulheres imaginavam que as piscadelas eram dirigidas a elas. Depois de uma longa conversa, falei ao ministro que eu tinha uma sensação interna muito forte de que ele abrigava em si uma profunda mágoa, talvez um complexo de culpa, que não queria enfrentar tanto em termos objetivos como subjetivos. O tique afetava especialmente seu olho direito, o que talvez simbolizasse algo que não queria ver em seu lar ou escritório.

Tinha de haver um motivo para seu subconsciente estar escolhendo o lado direito do seu rosto e o olho como bode expiatório.

## SEU AMIGO, O SUBCONSCIENTE

Expliquei que a situação precisava ser investigada por meio da percepção psíquica para encontrarmos um modo de lidar com ela.

O ministro admitiu sem grande hesitação que não acreditava mais no que ensinava aos seus paroquianos e talvez fosse essa a causa do complexo de culpa. Além disso, tinha medo de pedir demissão porque imaginava que não conseguiria ganhar a vida fora do ministério. Falou também que não suportava mais os membros da junta diretiva da igreja, que o criticavam acerbamente sempre que se desviava das diretrizes rígidas e ortodoxas adotadas por ela. Percebi que a situação exercia uma grande pressão sobre ele e que o subconsciente estava convertendo isso em um tique. Esse problema era como uma mórbida compensação pela sua falta de franqueza e sinceridade para contar à sua congregação que não acreditava mais nas diretivas e dogmas da sua igreja. O ministro concordou comigo e pediu-me uma sugestão para resolver o caso. Eu lhe disse que, no primeiro domingo depois de sua volta das férias, ele deveria subir ao púlpito e informar a sua congregação que estava pedindo demissão porque não acreditava mais nas pregações que fazia. Expliquei-lhe que ensinar uma coisa e acreditar em outra criava um poderoso conflito negativo no subconsciente, resultando em distúrbios físicos e mentais.

O ministro, como contou posteriormente, falou com seus congregados do fundo do coração e depois pediu demissão do cargo. Na carta que me escreveu, disse: "Senti um alívio imenso e fui envolvido por uma grande sensação de paz. Comecei a fazer afirmações positivas e a mais constante era: 'Tu me mostrarás o caminho da minha vida.' Pouco tempo depois, um dos mais antigos membros da igreja me ofereceu o cargo de chefe do pessoal em sua empresa, onde estou muito feliz." Uma observação final dizia: "Tudo o que você disse é verdade e, de fato, muitas vezes a explicação é a cura." E é mesmo.

75

## AUMENTE O PODER DO SEU SUBCONSCIENTE
## PARA ALCANÇAR UMA VIDA MAIS PLENA E PRODUTIVA

Se você tem um problema, seja físico, mental ou emocional, pergunte-se: "Do que estou querendo fugir? O que não estou querendo enfrentar? Será que estou escondendo uma raiva ou mágoa de alguém dentro de mim?" Enfrente o problema, resolva-o com o conhecimento que existe em sua mente mais profunda, com a certeza de que o Princípio Vital sempre procura curar ou restaurar. "Ele restaura minha alma." O Princípio jamais condena e nunca castiga. Ele também não julga. O poder de julgar pertence ao "filho", que é nossa própria mente. Somos nós que nos julgamos por meio do nosso modo de pensar e a conclusão, veredicto e punição cabem unicamente ao subconsciente. Nunca se esqueça de que o Princípio Vital não pode castigá-lo e de que é você que molda seu destino, porque sua vida reflete o que você pensa em seu coração, o subconsciente.

Conscientize-se de uma vez por todas que pensamentos são coisas; o que você sente, você atrai; o que imagina ser você é o que se torna. Com esse conhecimento, maravilhas acontecem em sua vida, porque existe um único poder e o poder está no seu interior. Você é o capitão do navio, é quem dá as ordens; o subconsciente aceita as ordens sob forma de uma impressão e as faz se tornarem realidade, sejam verdadeiras ou não.

Alguns anos atrás, quando eu estava em Honolulu, tive uma conversa muito interessante com um bom amigo que conheci quando eu morava na Índia. Vou chamá-lo de Harry. Ele é praticante de yoga e meditação, e desenvolveu as faculdades de clarividência e viagens astrais. Sua filha estava estudando em Honolulu, no Havaí, e teve uma doença muito grave, que a levou a uma hospitalização, porque corria perigo de vida. Um médico enviou um telegrama para Calcutá, onde Harry morava, avisando-o do grave problema de saúde de sua filha. Logo depois de lê-lo,

## SEU AMIGO, O SUBCONSCIENTE

ele assumiu uma postura de yoga, fechou os olhos e acalmou sua mente até entrar em um estado de espírito passivo e receptivo. Em seguida, visualizou seu corpo astral ou quadridimensional saindo pelo alto de sua cabeça, mantendo suas faculdades intactas. Então decretou com firmeza e absoluta convicção: "Quero aparecer para minha filha agora e rezar com ela."

Creio que devo fazer uma interrupção no relato do meu amigo para dizer que a viagem astral ou entrada na quarta dimensão é algo que acontece desde os primórdios da espécie humana. Sim, é possível continuarmos vivos fora do nosso corpo físico e a moderna ciência não tem dúvidas quanto a isso. O problema é que no que diz respeito aos poderes da mente o homem comum ainda está vivendo na Idade Média e nem desconfia que é possível ver, ouvir, sentir, cheirar e se movimentar pelo espaço desligado do corpo físico. A natureza não favorece uma criatura em detrimento de outra nem comete erros. Qualquer pessoa pode usar as faculdades espirituais para transcender o mundo material.

Então, Harry disse que queria estar ao lado de sua filha e repetiu essa ordem seis vezes antes de cair em um sono profundo. Imediatamente, viu-se ao lado do leito da jovem. Ela estava dormindo, mas acordou no mesmo instante e exclamou:

— Papai, por que não me avisou que viria? Me ajude!

Harry pôs as mãos sobre o corpo da filha e entoou uma série de frases religiosas. Terminado o tratamento, disse à jovem:

— Você vai acordar daqui a algumas horas e estará completamente curada.

A moça teve uma cura maravilhosa. A febre sumiu e, ao despertar, ela gritou para a enfermeira:

— Estou curada! Estou ótima! Meu pai esteve aqui e me curou.

A enfermeira pensou que era mais um delírio da enferma, mas o médico de plantão confirmou que a temperatura estava normal e que não havia mais sinal da doença. Entretanto, ambos riram ao ouvir a história de uma visita do pai que morava na Índia. A enfermeira não escondeu sua incredulidade:

— Como seu pai ou outra pessoa poderia ter entrado no hospital e subir até aqui atravessando portas trancadas? E eu não vi ninguém entrando no seu quarto!

— Meu pai esteve aqui em seu corpo astral. Impôs suas mãos em mim e rezou comigo.

— Ah, não acredito em fantasmas, aparições ou coisas do tipo — desdenhou a enfermeira.

A moça logo percebeu que seria inútil dar mais explicações.

Harry me contou que se manteve totalmente consciente o tempo todo e, ao consultar o relógio, viu que estivera fora do corpo por apenas dez minutos, apesar da enorme distância física que separa Calcutá de Honolulu. Ele é médico, tem uma grande fé na cura espiritual e está familiarizado com os muitos tipos de terapia alternativa. Tinha plena consciência de que sua presença fizera uma grande transfusão de fé, confiança e coragem em sua filha, que havia impregnado seu subconsciente e, conforme sua crença e a crença da moça, a cura fora realizada. Essas são algumas das maravilhas que seu amigo interior pode fazer.

# Resumo do capítulo

- Seu subconsciente aceita tudo em que você acredita conscientemente e seus pensamentos ficam gravados nele. O subconsciente não raciocina nem discute. Ele é uma via de mão única e não entra em controvérsias.

# SEU AMIGO, O SUBCONSCIENTE

- O subconsciente não se preocupa com a verdade ou falsidade do que você sente conscientemente ou acredita ser verdade. Escolha somente o que é verdadeiro, belo, nobre e semelhante a Deus e seu subconsciente o reproduzirá de acordo com esse modelo.
- Ore acreditando que você já possui o que pediu na prece e, sem dúvida, o receberá.
- Sempre vá dormir com a sensação de que você é um sucesso, uma pessoa extraordinária, cheia de qualidades. Se estiver lidando com um problema, contemple a solução e diga: "A Infinita Inteligência me dá a solução. Eu aceito a resposta e ela vem a mim na divina ordem." Essa atitude faz com que o eu subjetivo corrija os erros do dia e prenda seu pensamento à Suprema Inteligência no seu interior.
- Um pensamento é a mais poderosa força do universo. Sua palavra é um pensamento expressado. Seus pensamentos dirigem a operação de sua vida. O subconsciente pode ser comparado com um iceberg: noventa por cento dele fica abaixo da superfície. Sua mente mais profunda executa o trabalho de acordo com as ordens vindas da mente consciente. O que você pensa com o consciente você produz com o subconsciente.
- Se você tem um problema mental, físico ou emocional, pergunte-se: "Do que estou fugindo? O que não quero enfrentar? Estou escondendo dentro de mim uma mágoa ou hostilidade contra alguém?" Enfrente o problema. Resolva-o com o conhecimento que existe em sua mente mais profunda, na certeza de que o Princípio Vital sempre procura curar e restaurar.
- Pensamentos são coisas; o que você sente, você atrai; o que você imagina ser é o que se torna. Maravilhas acontecerão

## AUMENTE O PODER DO SEU SUBCONSCIENTE
## PARA ALCANÇAR UMA VIDA MAIS PLENA E PRODUTIVA

em sua vida se você aprender essas verdades, porque existe um único poder e esse poder habita no seu interior. Você é o capitão do navio, é quem dá as ordens. Seu subconsciente obedece suas ordens, que ficam gravadas nele, sejam verdadeiras ou não, e as realiza. Portanto, pense apenas em coisas boas e verdadeiras.

# CAPÍTULO 3
## O incrível poder da sugestão

Se começarem a chamá-lo de "burro", "ignorante" e "imbecil", e você aceitar as ofensas, seu subconsciente reagirá de acordo. Uma campanha de difamação contra um político,

contando mentiras sobre seu caráter e atuação, fará muitas pessoas aumentarem essas mentiras, criando um clima de desprezo, hostilidade e animosidade.

Um dia, quando eu estava em uma loja de departamentos fazendo compras, fui atendido por uma moça muito simpática e graciosa e lhe fiz um elogio:

— Você é muito bonita, tem olhos lindos.

— Não sou, não. Isso é gentileza sua. Não tenho nada de beleza.

— O que a faz dizer isso? — fiquei surpreso com a afirmação.

— Minha mãe nunca me enganou. Sempre falou que sou feiosa e sem graça.

A moça acreditava nessas mentiras e percebi que havia amargura e ressentimento no seu coração. Provavelmente, sua mãe competia com ela e tinha ciúme, porque a filha era charmosa, eficiente e falava com grande desenvoltura. Eu lhe expliquei que nós somos o que imaginamos e fiz uma rápida preleção sobre o poder do subconsciente. Peguei uma folha de papel e escrevi algumas afirmações, que ela deveria repetir várias vezes por dia:

## AUMENTE O PODER DO SEU SUBCONSCIENTE
## PARA ALCANÇAR UMA VIDA MAIS PLENA E PRODUTIVA

Sou uma filha amada de Deus, sou filha do infinito. Sou iluminada e inspirada. Sou feliz, alegre e livre. Se um somado com Deus já constitui uma maioria e se Deus é por mim, quem, neste mundo, poderá ser contra mim?

Procurei acompanhar o progresso da moça e descobri que ela se modificou e deixou de se menosprezar. Atualmente exalta Deus em seu interior, o Espírito Vivo Todo-poderoso que a criou e criou todo o universo.

O juiz Troward, um dos líderes do movimento Novo Pensamento, declarou:

— No instante em que você admite que há um poder de qualquer tipo fora do seu ser, por mais benéfico que ele lhe possa parecer, está plantando uma semente que mais cedo ou mais tarde frutificará em forma de medo, que só serve para estragar a vida, amor e liberdade. Nós somos o próprio Princípio de Vida e a diferença entre nós e Ele é a que existe entre o genérico e o específico de uma mesma substância. Deixe essa ideia ser o grande alicerce de sua vida. Jamais admita, nem que seja por um instante, um pensamento que se oponha a essa verdade básica e incontestável.

Eu saliento: *No instante em que você admite que há um poder de qualquer tipo* [e esse poder é um pensamento] *fora do seu ser, por mais benéfico que ele lhe possa parecer, está plantando uma semente que mais cedo ou mais tarde frutificará em forma de medo, que só serve para estragar a vida, amor e liberdade.* Essas palavras devem se tornar uma parte integrante do seu ser, devem ficar em seu sangue e sua carne. Escreva-as de maneira indelével em seu coração e pense nelas milhares, milhões de vezes por dia.

Quando seus pensamentos são similares aos pensamentos de Deus, o poder divino está neles. Esse é o significado da frase: "Se

# O INCRÍVEL PODER DA SUGESTÃO

um mais Deus já constitui uma maioria, quem, neste mundo, poderá ser contra você?" Aprenda que as sugestões dos outros não têm poder para criar as coisas que elas sugerem. O único movimento criativo está no seu próprio pensamento. "No início era a palavra e a palavra estava com Deus. E a palavra (que é um pensamento) era Deus."

O único poder não material que conhecemos é o pensamento. Portanto, seu pensamento é o poder. Os pensamentos dos outros só se transformam em poder quando você os aceita. Então, o pensamento que foi aceito torna-se um movimento do seu próprio subconsciente.

O Dr. Paul Tournier, um renomado psiquiatra europeu, dizia que os médicos deveriam ter cuidado com o que falavam aos pacientes, principalmente no que se referia a sugestões negativas, porque as pessoas os veem como figuras de autoridade. Se alguém aceitar a afirmação: "Daqui a um ano você estará surdo", quando se passar um ano, ficará realmente surdo. Se um médico disser: "Você vai perder a vista no olho direito" e você acreditar nas suas palavras, ficará mesmo cego do olho direito. Esse é o motivo pelo qual o Dr. Tournier afirmava: "Precisamos evitar fazer sugestões negativas mesmo que estejam baseadas em provas científicas."

Muitas religiões são regidas por pensamentos, sugestões e poderes externos. Um velho pregador costumava dizer: "Quem bebe demais, vive na farra e trai a esposa, morrerá e irá para o inferno, onde há fogo e ranger de dentes." Um idoso mais sensato, que estava no fundo da igreja, levantou o braço e falou: "Pastor, eu não tenho mais dentes." O pregador não se deu por vencido e acrescentou: "Meu filho, Deus lhe dará dentes quando você morrer." Esse diálogo talvez não seja verdadeiro, mas mostra com nitidez como são ridículas as sugestões negativas sobre Deus, a vida e o universo.

## AUMENTE O PODER DO SEU SUBCONSCIENTE
## PARA ALCANÇAR UMA VIDA MAIS PLENA E PRODUTIVA

Nossas mentes estão lotadas de falsas crenças, ideias e opiniões e tornam-se opacas por causa dessas bobagens. Sugestões de medo dadas a uma pessoa com grande fé e confiança em Deus não produzem nenhum efeito, porque encontram uma mente límpida fortalecida pela certeza no princípio do sucesso, que reforça o conceito de que o infinito jamais erra. Sugestões de fracasso acabam resultando em uma maior confiança nos seus próprios poderes interiores.

As sugestões que nos afetam são aquelas que encontram um campo fértil para germinarem em nosso interior. O Dr. Brandt, chefe do Movimento da Ciência Religiosa na África do Sul, me contou sobre a crença de uma maldição de um povo nativo. Então fomos visitar uma mina que empregava mais de nove mil trabalhadores. Conversei com alguns médicos que trabalhavam nesse lugar e eles confirmaram que estavam habituados com estranhos acontecimentos.

— A maldição é verdade. Se um dos homens quebrar o código de comportamento do seu povo, recebe um bilhete com o desenho da caveira e ossos cruzados trazidos por um mensageiro vindo do seu vilarejo. Dessa forma, o infeliz fica sabendo que há uma maldição sobre ele. Às vezes o bilhete diz: "Você morrerá às seis da noite" e o sujeito, que sabemos ser um exemplo de saúde perfeita, senta-se no chão no final do dia e morre às seis horas. Como médico, a única coisa que posso dizer é que esses homens são mortos pelo seu próprio medo.

Os missionários que se instalaram na região estão sempre recebendo bilhetes ameaçadores, enviados por "bruxos" que não querem que pessoas de seu povo frequentem as igrejas. Todavia, como não há nada no subconsciente dos missionários que possa acolher o medo da maldição, eles caçoam das ameaças e riem diante da figura da caveira. Os nativos, porém, foram criados com

O INCRÍVEL PODER DA SUGESTÃO

a crença de que o bruxo do seu vilarejo tem um grande poder e consegue conjurar espíritos maus para castigarem os que vão contra os costumes aceitos pela sua comunidade. Portanto, as sugestões vindas do feiticeiro têm poder sobre eles, que desistiram do seu próprio poder.

Entenda que o poder está no movimento de seu próprio pensamento. Ninguém tem poder para feri-lo ou prejudicá-lo, só você é capaz disso. E quem será capaz de magoá-lo se você é um seguidor de crenças boas e construtivas?

Nenhum mal cairá sobre o justo; nenhuma praga entrará em sua morada. Nada será recusado ao que anda reto na lei. "Nenhum mal temerei, pois estás junto a mim; teu bastão e teu cajado me tranquilizam." Eu habito no esconderijo do Altíssimo, eu pernoito à sombra do Todo-poderoso. Direi do Senhor: "Ele é meu refúgio, minha fortaleza, meu Deus em quem confio. Ele me esconde com suas penas, sob suas asas encontro abrigo. A verdade de Deus é meu escudo e broquel." Dizem a mim: "Não temerás o terror da noite nem a flecha que voa de dia, nem a peste que caminha nas trevas. Em teu favor ele ordenou aos seus anjos que te levem em suas mãos para que teus pés não tropecem em uma pedra."

Identifique-se com essas grandes e eternas verdades e você criará uma imunidade ao mal, um divino anticorpo. Se estiver saturado de confiança em Deus, você caminhará pela terra totalmente protegido, com palavras de louvor eterno nos lábios.

O Dr. Bayles, médico formado em Londres e professor universitário, contou-nos, em uma reunião do grupo do Novo Pensamento, que no seu último ano como interno, ele e seus colegas frequentemente davam placebos aos pacientes do ambulatório. O placebo é uma pílula feita apenas de leite e açúcar. No final da consulta, eles diziam aos pacientes: "Vou lhe receitar esta droga nova, um remédio especial que acabará com sua enxaqueca" (curará suas úlceras ou tirará as dores). O mais interessante era que esses pacientes voltavam na semana seguinte dizendo que o remédio era maravilhoso, que tinha resolvido completamente seus problemas e pediam uma nova receita.

Como explicou o Dr. Bayles, a sugestão liberou o poder curador existente no interior do paciente. Ele também falou sobre o efeito da hipnose. A pessoa hipnotizada aceita as sugestões do médico e pode até ser operada sem anestesia, porque o hipnotizador lhe dá a sugestão de que ficará completamente insensível à dor.

A Dra. Elsie McCoy muitas vezes teve de lidar com pacientes recém-operados que gritavam de dor no meio da noite e queriam morfina. Ela contou: "Em algumas ocasiões, eu colocava meio centímetro cúbico de água destilada numa seringa e a mostrava para o paciente, dizendo-lhe que ia lhe aplicar uma injeção de morfina por via subcutânea. Depois da aplicação ele dormia por cerca de doze horas. A dor sumia."

Qual é a explicação? De fato, essas pessoas aceitavam a sugestão da médica e, acreditando que tomavam morfina, agiam como a pessoa hipnotizada que recebe ordens para não sentir dor. O subconsciente respondia de acordo com sua crença. Esse é o poder da mente, um poder maravilhoso. Portanto, comece a pensar na enorme força espiritual que existe em seu interior.

O Dr. David Seabury, um profundo conhecedor das técnicas curativas de Phineas Quimby, contou-me que quando era jovem resolveu fazer uma experiência com um sujeito desocupado muito conhecido na cidadezinha de Paradise, no norte da Califórnia. Esse homem tinha o hábito de ir ao correio todas as manhãs, depois passava na cafeteria e dali ia para o bar. O Dr. Seabury e alguns amigos dessa pessoa deram gorjetas ao funcionário dos correios, à garçonete da cafeteria e ao dono do bar, pedindo-lhes para no dia seguinte atenderem o homem, dizendo: "Nossa, você não parece nada bem hoje. Está com os olhos amarelos e o rosto vermelho como fogo. Já foi consultar um médico? Acho que seria melhor você voltar para a cama." No dia seguinte, quando ele entrou nos correios, o funcionário repetiu essas afirmações. O homem fez uma leve careta e depois se dirigiu para a cafeteria. A garçonete falou: "O senhor está se sentindo mal? Essa vermelhidão no seu rosto... Não seria melhor consultar um médico para medir sua pressão?" O homem tomou seu café sem dizer nada e saiu, tomando a direção do bar. Quando entrou lá, o dono olhou espantado para ele e perguntou: "Meu amigo, você está muito abatido. Seus olhos estão amarelos. Creio que seria bom você voltar para casa e chamar um médico." O homem, aparentemente assustado, girou nos calcanhares e voltou para a sua casa, onde caiu de cama, muito doente. Ao saber do acontecido, o Dr. Seabury foi visitá-lo e lhe contou que aquilo tudo fora uma brincadeira, pedindo-lhe desculpas pela experiência que fizera com ele.

As sugestões foram feitas por brincadeira, mas o homem ficou doente porque aceitou as sugestões. O subconsciente grava os pensamentos em que você conscientemente acredita. Ele não discute nem avalia, porque é como o solo, que faz germinar qualquer tipo de semente, boa ou má. Seus pensamentos são ativos e podem ser comparados com sementes. As sugestões negativas e destrutivas continuam atuando na sua mente mais profunda e mais cedo ou mais tarde surgirão em sua vida em uma forma correspondente a elas.

Lembre-se: seu subconsciente não tem como determinar se seus pensamentos são bons ou maus, verdadeiros ou falsos, mas sua reação varia segundo a natureza desses pensamentos. Ele os

AUMENTE O PODER DO SEU SUBCONSCIENTE
PARA ALCANÇAR UMA VIDA MAIS PLENA E PRODUTIVA

aceita como uma verdade absoluta e começa a agir para trazer resultados moldados nesses pensamentos.

Inúmeros psiquiatras, psicólogos e terapeutas fizeram experiências com pessoas em estado de hipnose e provaram que o subconsciente é incapaz de fazer escolhas e comparações, que são essenciais para o processo do raciocínio. Se uma pessoa com grande prática na hipnose lhe sugerir que você é Napoleão ou até mesmo um cachorro ou gato, você agirá exatamente como imagina que eles fariam. Poderá latir ou miar ou beber leite de um prato. É possível a hipnose perdurar depois da sessão. Antes de você acordar, o terapeuta pode lhe dar, por exemplo, a sugestão de que no dia seguinte, às três da tarde, você vai pular três vezes e cantar alguns versos de uma canção infantil. Naquela exata hora, mesmo que você esteja sentado à sua escrivaninha, repentinamente levantará e dará os três pulinhos enquanto canta.

É por esse motivo que a palavra se transformou em carne. Seu pensamento se concretiza e você o vê diante dos seus olhos. Sua personalidade muda conforme a sugestão recebida.

Esses simples exemplos retratam com toda a clareza a diferença entre a mente consciente ou racional e o subconsciente, que é impessoal, não seletivo e aceita como verdade qualquer coisa que você acredite ser verdadeira. Daí a importância de escolher pensamentos, ideias, situações e ambientes que abençoem, curem, inspirem e encham sua alma de alegria.

Seu modo habitual de pensar cria uma gravação com sulcos profundos no seu subconsciente, que pode ser comparado com um disco. Tudo o que se passou em sua vida foi baseado em pensamentos que estão impressos em sua mente mais profunda.

É importante você entender que a mente consciente atua como se fosse uma sentinela no portão e sua principal função é proteger o

## O INCRÍVEL PODER DA SUGESTÃO

subconsciente de falsas gravações. Agora você já conhece bem outra das leis básicas da mente: o subconsciente é sensível às sugestões. Também é importante ter ciência de que ele não faz comparações nem contrastes porque não tem a capacidade de raciocinar, que é privilégio da mente consciente, que tem capacidade de escolher o que é bom e o que é ruim para você.

Diferentes pessoas reagem de maneiras diferentes a uma mesma sugestão devido ao seu condicionamento ou crença subconsciente. Por exemplo, suponha que estou em um transatlântico navegando no oceano. Se me aproximar de uma passageira visivelmente assustada e lhe disser algo como: "A senhora não me parece bem, está muito pálida. É enjoo por causa do balanço do navio, não? Acho que logo vai começar a sentir uma náusea muito forte. Quer que eu a acompanhe até sua cabine?" A passageira fica pálida como cera. A sugestão de que ela está mareada se associou aos seus próprios medos e crenças. A mulher aceita seu oferecimento para acompanhá-la até sua cabine e, ao chegar, agradece rapidamente dizendo que vai deitar-se porque está com tontura e enjoo. Todavia, se eu fizer a mesma sugestão a um marinheiro, dizendo: "Meu rapaz, você está muito pálido e abatido. Está se sentido bem? Será que vai ficar mareado por causa do balanço do navio", ele, com certeza, olhará para mim com espanto e desconfiança.

Nesse caso, minha sugestão caiu em ouvidos moucos porque o marinheiro não tem em seu subconsciente um receio ou preocupação relacionada com a navegação e sente-se seguro no navio. O dicionário diz que sugestão é o ato de colocar algo na mente de uma outra pessoa; o processo mental pelo qual um pensamento ou ideia sugerida é acolhida, aceita ou colocada em prática. É importante notar que uma sugestão não pode impor nada ao subconsciente que vá contra a vontade da mente racional. Por isso, você tem poder de rejeitar qualquer sugestão negativa.

## AUMENTE O PODER DO SEU SUBCONSCIENTE
## PARA ALCANÇAR UMA VIDA MAIS PLENA E PRODUTIVA

Cada um de nós tem seus próprios temores, crenças e opiniões, e essas hipóteses internas criam e governam nossa vida. Se a passageira assustada tivesse conhecimento disso, ela poderia dizer: "Eu já estou me acostumando com o balanço. Entrei neste navio decidida a ter férias inesquecíveis e pretendo aproveitar cada instante delas." Assim, estaria neutralizando a sugestão negativa.

A sugestão em si não tem nenhum poder. Ela só fará efeito se for mentalmente aceita. O que tem poder é o seu pensamento, jamais se esqueça disso.

A cada dois ou três anos eu costumava dar uma série de palestras no London Truth Forum, que era presidido pela Dra. Evelyn Fleet, uma renomada psicóloga. Ela me contou sobre um artigo publicado nos jornais ingleses, falando sobre o poder da sugestão. Um homem deu uma sugestão ao seu subconsciente por dois anos seguidos. Ele dizia: "Eu daria meu braço direito para ver minha filha curada." A garota sofria de artrite deformante e tinha um grave problema de pele, considerado incurável. Os tratamentos não conseguiam aliviar nenhuma das condições e o pai estava entrando em desespero.

Segundo o jornal, certo dia a família passeava de automóvel e houve uma colisão muito grave com outro veículo. O braço do pai, o motorista do carro, precisou ser amputado. Logo depois, a artrite e a doença dermatológica da filha desapareceram. Que preço terrível pago por uma cura! O subconsciente não brinca e leva as sugestões ao pé da letra, por isso é melhor parar de lhe dar ordens erradas.

Preste atenção para dar à sua mente mais profunda apenas ideias e sugestões que curem, abençoem, ele vem e o inspirem a escolher o melhor para sua vida. Como já expliquei tantas vezes, o subconsciente aceita sua palavra como sendo verdadeira e leva

# O INCRÍVEL PODER DA SUGESTÃO

suas sugestões ao pé da letra. Não fique fazendo afirmações tolas, como: "Não há cura para mim. Tudo o que eu ganho eu gasto, parece que nunca saio do lugar."

Uma jovem cantora foi convidada para um teste, mas havia sido reprovada em três entrevistas anteriores e estava apavorada. Tinha uma boa voz, mas era insegura e vivia dizendo para si mesma: "Acho que não vão gostar da minha voz. Quando fico nervosa, minha garganta fecha e não consigo alcançar todas as notas. Sei que vou fracassar de novo." Seu subconsciente aceitava essas afirmações como uma ordem e as transformava em realidade. A moça fazia uma autossugestão involuntária.

Entenda que seu pensamento é sua prece. Como é possível orar corretamente se você não conhece os processos da sua mente? Essa cantora foi capaz de vencer seus temores e sua insegurança usando a seguinte técnica: três vezes por dia ela se isolava em seu quarto, sentava-se numa poltrona confortável, relaxava a musculatura e fechava os olhos. Visualizava um xale de tecido muito fino caído no chão e dizia a si mesma que estava tão solta como ele. Agindo dessa forma, acalmava profundamente sua mente e seu corpo. A inércia física favorece a placidez mental e faz com que a mente fique mais receptível a ideias e sugestões. Ela contrabalançou suas antigas sugestões, o medo e insegurança dizendo a si mesma: "Deus é o grande cantor. Ele é o grande musicista que vive em mim, o Espírito Vivo Todo-poderoso. Eu sou forte, tranquila e confiante e meu canto é sempre belo e perfeito. Sou calma e serena nas audições e sei que tenho um grande futuro na arte." A moça repetia essas afirmações lenta e calmamente, pondo emoção em cada palavra, por cinco ou dez minutos em cada sessão de meditação, sabendo agora que nós nos tornamos tudo o que ligamos ao Eu sou. Ela fazia a última sessão de meditação pouco antes

## AUMENTE O PODER DO SEU SUBCONSCIENTE
## PARA ALCANÇAR UMA VIDA MAIS PLENA E PRODUTIVA

de dormir. Depois de uma semana, estava plenamente confiante. Quando chegou o dia do teste, foi aprovada por unanimidade.

Entenda, a lei do seu subconsciente é compulsiva; e você é compelido a dar uma interpretação maravilhosa.

Uma mulher de 75 anos tinha o hábito de dizer a si mesma: "Sei que estou perdendo a memória." Ora, ninguém perde a mente ou a memória. Tudo o que aprendemos, mesmo quando ainda estávamos no ventre de nossas mães, é registrado fielmente no subconsciente, que é o depósito da memória. A maioria das pessoas precisa aprender a limpar a memória, porque só ficam se lembrando de velhas mágoas, implicâncias e projetos fracassados. Estão sempre falando de perdas nos negócios, no jogo e na vida em geral. Elas deviam esquecer essas coisas, mas não se esforçam para isso.

A velha senhora resolveu usar o caminho inverso. Ela começou a afirmar: "Minha memória melhora a cada dia. Sempre me lembro do que é importante para mim e as lembranças me vêm com grande nitidez. Gravarei novas informações em minha memória com facilidade e tudo o que me interessa lembrar se apresentará na sua forma correta em minha mente. Estou melhorando diariamente e muito breve minha memória estará bem melhor do que era na minha juventude."

No final de três semanas de prática regular, a senhora percebeu que sua memória voltara ao normal, o que a deixou extremamente satisfeita. Durante o processo de cura ela colocou novas impressões na sua mente mais profunda, que se concretizaram como forma, função, experiência e evento.

Como a autossugestão, a heterossugestão também influencia seu subconsciente. Heterossugestões são as sugestões vindas de outra pessoa. Há milênios, o poder da sugestão vem desempenhando um papel importante na vida e pensamento dos seres humanos. Em muitas regiões do mundo ela é o poder controlador da religião, com a constante reiteração de mensagens como: "você é um pecador", "o Diabo virá te buscar" ou, ainda, "quando você morrer, vai direto para o inferno" e outras afirmações dessa natureza. Muitos vivem em constante estado de pavor por causa dessas frases ignorantes.

Muitos membros do clero e pessoas leigas afirmam que Deus falou com eles e fazem profecias infundadas. Um deles afirmou que o Senhor iria castigar a cidade de Los Angeles porque era um antro de pecadores e em menos de um mês toda a região seria sacudida por um violento terremoto que causaria muitas mortes e faria toda a Califórnia afundar no mar. Em confusão, centenas ou até milhares de pessoas fugiram para os estados de Mississippi e Arizona. Naturalmente, o tal terremoto não aconteceu.

Não seja um profeta da tristeza ou destruição. Seja um profeta do bem, um profeta de Deus. Quando algumas pessoas vieram falar comigo sobre o terremoto, eu brinquei com elas:

— Vocês sabem nadar?

— É lógico!

— Então não há motivos para preocupação. Quando a Califórnia afundar, vocês irão nadando, nadando, até encontrar terra firme.

Como são tolas essas sugestões hipnóticas! Entretanto, elas são diabólicas quando assustam as pessoas a ponto de elas venderem suas casas, abandonarem seus empregos e fugirem desesperadas de algum lugar.

De novo, lembre-se: "Quem habita na proteção do Altíssimo pernoita à sombra do Senhor, dizendo: Ele é meu refúgio, minha fortaleza, meu Deus, em quem confio!" Sim, sempre ponha sua confiança na Presença de Deus que habita no seu interior.

## AUMENTE O PODER DO SEU SUBCONSCIENTE
## PARA ALCANÇAR UMA VIDA MAIS PLENA E PRODUTIVA

As sugestões podem ser usadas para disciplinar e controlar as pessoas que não conhecem as leis da mente. Ninguém é mais habituado a fazê-las do que os políticos. Infelizmente, a grande maioria deles as usa de maneira negativa e apela para os desvios e preconceitos dos eleitores. Aproveitam-se da ingenuidade dos outros para conseguir votos e praticamente os hipnotizam e fazem neles uma lavagem cerebral com suas promessas mirabolantes. Quem tem noção de que é altamente sugestionável precisa estar sempre alerta para não ser enganado.

Desde o nascimento todos nós recebemos muitas sugestões negativas e as mais destrutivas são as que criam modelos mentais que resultam em guerra, miséria, sofrimento, preconceitos raciais e religiosos, e todos os tipos de desastre. Os grandes ditadores, déspotas e tiranos conhecem muito bem o poder da sugestão. Stalin e Hitler usaram esse poder no passado e mais recentemente outros, como por exemplo, Osama Bin Laden, continuam a usá-lo. Com a força da sua oratória eles despertam os preconceitos das pessoas e, quando conseguem levá-las a um estado de intensa emoção e desligamento da mente consciente, plantam sugestões repetindo milhares de vezes certas frases criadas para causar uma revolta popular.

Então, desde a infância, a maioria de nós recebeu muitas sugestões negativas e, como não tínhamos condições de saber que deveríamos evitá-las, nós as aceitamos sem contestar. Estas são as mais comuns: "você não pode"; "você nunca vai ser nada"; "você não deve"; "você não dá para isso"; "você vai fracassar"; "isso não é para você"; "você está completamente errado"; "não adianta tentar"; "o mundo está indo para o fundo do poço"; "o que importa não é o que você sabe, mas quem você conhece"; "você está velho demais para isso"; "as coisas pioram a cada dia"; "a vida é dura";

## O INCRÍVEL PODER DA SUGESTÃO

"ninguém pode vencer sempre"; "amor é coisa de novela"; "você vai acabar sem um tostão"; "não se pode confiar em ninguém".

Essas afirmações são ordens para o seu subconsciente e, por causa delas, sua vida será um inferno. Você será uma pessoa frustrada, inibida e neurótica, e acabará frequentando consultórios de psiquiatras e psicólogos porque continua dando essas sugestões destrutivas para o seu subconsciente.

Se, em adulto, você não fizer uma terapia de recondicionamento, ou seja, se não puser em prática um programa de preces construtivas, as impressões do passado continuarão a causar modelos de comportamento que trarão o fracasso à sua vida pessoal. Também é preciso se precaver contra as notícias de jornais e programas de televisão que plantam as sementes da futilidade, consumismo, preocupação, ansiedade, medo do futuro, e assim por diante. Se essas ideias forem aceitas, você poderá chegar a ponto de perder o desejo de viver.

Aprenda a contrabalançar essas mensagens destrutivas fornecendo ao seu subconsciente um modelo produtivo criado pela prece, como ler alguns Salmos antes de dormir. Você não é obrigado a se deixar influenciar por heterossugestões prejudiciais. Se olhar para o passado, recordará facilmente como pais, parentes, professores, amigos, sacerdotes e ministros contribuíram para lotar seu subconsciente de sugestões negativas. Analise as coisas que lhe disseram e descobrirá que grande parte delas era pura propaganda, com o propósito de controlá-lo e enchê-lo de medos e preconceitos.

As heterossugestões continuam atuando em todas as casas, escritórios, fábricas, clubes, escolas, lojas etc. Se você prestar atenção nelas, verá que seu objetivo é fazê-lo pensar, sentir e agir conforme o desejo de outras pessoas, o que, para eles, se traduz em algum tipo de vantagem.

Um parente meu foi consultar uma mulher que afirmava ver o futuro em uma bola de cristal. Ela lhe disse que seu coração era fraco e previu que ele morreria na próxima lua nova. O homem contou à família sobre as previsões e decidiu cuidar do seu testamento. A sugestão negativa entrou no seu subconsciente porque ele aceitou-a sem discutir. Alguém da família me contou que esse parente também acreditava que a vidente tinha poderes ocultos e a capacidade de ajudar ou prejudicar qualquer pessoa. O infeliz faleceu na época prevista, mas sem saber que ele foi a causa da sua própria morte. A necropsia mostrou que não havia nada de errado no seu coração. Creio que muitas pessoas já ouviram relatos igualmente estúpidos, ridículos e supersticiosos.

Vamos analisar esse caso sob a luz de nosso conhecimento sobre o modo como o subconsciente atua. Ele aceita e age de acordo com o que a mente consciente acredita. Meu parente era um homem razoavelmente feliz, saudável e vigoroso quando inventou de consultar a vidente, que lhe deu uma sugestão negativa, aceita por ele. O homem ficou apavorado e passou a pensar apenas no fato de que *iria morrer* na próxima Lua nova. Além disso, contou a previsão para todos e fez preparativos para o seu fim. Toda essa atividade aconteceu em sua própria mente e um pensamento em especial foi a causa. Ele atraiu a morte, isto é, a destruição do seu corpo físico, com o medo e a expectativa de um breve falecimento, e a tal vidente, na verdade, não tinha mais poder do que qualquer folha de papel ou ramo de árvore caído no chão. Sua sugestão, de maneira nenhuma, seria capaz de criar ou atrair o final que previu. Se esse meu parente conhecesse melhor as leis da mente, ele teria rejeitado a sugestão negativa, dizendo algo como: "Minha vida é a vida de Deus; eu sou eterno." Agindo assim, saberia no fundo do seu coração que era guiado e controlado pelos seus próprios sentimentos e emoções.

# O INCRÍVEL PODER DA SUGESTÃO

As sugestões das outras pessoas não têm nenhum poder sobre você e só serão aceitas pelo seu subconsciente se houver permissão para isso, por meio da repetição constante, até elas se transformarem em seus pensamentos. Jamais esqueça que você tem capacidade de escolher e só você pode escolher o que é belo e harmonioso.

Muito antes da descoberta da anestesia e do uso do éter ou clorofórmio, o Dr. James L. Dale tinha em seu currículo de cirurgião mais de 400 operações importantes, como amputações e remoção de tumores ou cânceres, além de olhos, ouvidos e garganta, realizadas sob o que ele chamava de anestesia mental, ou seja, sugestões dadas aos pacientes em estado de transe. Em sua clínica, o Dr. Dale tinha uma percentagem de óbitos que mal alcançava dois por cento. Ele mesmo treinava ajudantes de enfermagem a hipnotizar os pacientes, dar passes magnéticos e os instruía a dizer a eles logo depois da cirurgia: "você não tem nenhuma infecção. Seu corte vai fechar sem problemas. Logo você estará completamente curado." E, de fato, as infecções eram reduzidas a um mínimo. Esse é um exemplo marcante das maravilhas que qualquer pessoa pode realizar por meio das sugestões construtivas.

Há pouco tempo, recebi uma carta de um garçom de Honolulu que fiquei conhecendo nas minhas hospedagens no hotel em que ele trabalhava. Ele dizia que sua vida estava uma bagunça e que a causa só podia ser atribuída a um trabalho de ocultismo feito por algum kahuna. Os kahunas são os sacerdotes da filosofia Huna, que é muito praticada no Havaí. Naturalmente, há bons e maus kahunas. O rapaz me dava o nome do homem que, em sua opinião, queria prejudicá-lo com "feitiçaria".

Lembre-se de que palavras como bruxaria, ocultismo, satanismo e muitas palavras semelhantes não passam de desculpas para disfarçar alguma ignorância das pessoas. Quando se usa o poder da

AUMENTE O PODER DO SEU SUBCONSCIENTE
PARA ALCANÇAR UMA VIDA MAIS PLENA E PRODUTIVA

sugestão negativa, o resultado costuma ser chamado de maldição, feitiçaria etc. Mas ela tem poder, não o PODER. O poder é Eu sou, a Presença de Deus que habita no seu interior e se movimenta em você como se ambos constituíssem uma unidade. Esse Poder Divino é supremo e onipotente. Nada é capaz de se opor a ele, de desviá-lo ou impedir seu crescimento e expansão. É por isso que sempre insisto: "Você, junto com Deus, constitui uma maioria."

Escrevi uma longa carta ao rapaz havaiano dando-lhe uma orientação e salientando que toda a água do oceano é incapaz de afundar um navio se não tiver a possibilidade de entrar dentro dele. Da mesma forma, os pensamentos dos outros só podem entrar em nós se abrirmos a porta da nossa mente. Somos unos com Deus e essa unidade funciona como as duas extremidades de uma bengala. O universal fica numa extremidade e o individual na outra, mas a bengala é uma coisa só, não existe separação entre as pontas. Portanto, o poder de Deus é o mesmo que existe em você.

Eu lhe disse que há uma verdade indiscutível e eterna. Deus é tudo o que existe. Ele é a absoluta verdade, o infindável amor, a eterna vida, a absoluta harmonia e a infinita satisfação. Também expliquei que quando seus pensamentos são similares aos pensamentos de Deus, o Poder está neles, o que os faz ser criativos; quando pensamos no amor de Deus, na paz, harmonia e alegria, ficamos automaticamente protegidos e imunes aos miasmas tóxicos da mente das massas. Insisti que quando pensamos nas verdades eternas, é Deus que está pensando através de nós e quando Deus pensa o resultado só pode ser bom e ocorrer dentro da divina lei e da divina ordem.

Dei ao garçom a receita milenar, cuja origem está perdida na antiguidade: Ele deveria sentar-se em um lugar tranquilo duas ou três vezes ao dia e por alguns minutos imaginar que estava cercado

## O INCRÍVEL PODER DA SUGESTÃO

por um círculo sagrado formado pela luz de Deus. Com a prática, chegaria a visualizar essa luz curadora à sua volta. Essa luz é uma emanação vinda da Presença de Deus em seu interior e o tornaria imune a qualquer tipo de mal. Durante a meditação, ele deveria ficar pensando que agora estava invulnerável e completamente isolado dos pensamentos de medo e sugestões negativas dos outros. Disse-lhe que, sempre que pensasse no feiticeiro, devia apenas afirmar: "O amor de Deus inunda minha alma. Eu liberto essa pessoa de mim e deixo-a seguir o seu caminho sem me prejudicar. O amor de Deus também inunda a sua alma."

Entenda que se você não der, não pode receber. Se é incapaz de odiar uma pessoa, não receberá o ódio de ninguém. Se nunca pensou em espalhar sugestões negativas, desejando o fracasso para os outros, jamais receberá ideias destrutivas. Portanto, esteja sempre feliz por dar amor, boa vontade, paz e harmonia e deseje às pessoas que o cercam todas as bênçãos do mundo. Agindo dessa forma, mesmo que esteja recebendo milhares de sugestões destrutivas dos outros, elas voltarão para seus desafetos como bumerangues. Não conseguirá recebê-las porque é incapaz de dá-las. Esse é um ensinamento muito simples, que qualquer criança pode compreender.

A sequência dos acontecimentos foi muito interessante. O garçom persistiu nas meditações e, passada uma semana, leu nos jornais que o tal feiticeiro tinha caído morto na rua, possivelmente por causa de um enfarte fulminante. A explicação é simples. Os pensamentos e imprecações negativas lançadas sobre o rapaz não encontraram um lugar para ir, porque sua mente havia se fechado a eles. Além disso, enviava constantemente bênçãos e preces benéficas. Aconteceu o famoso bate e volta, ou efeito ricochete. Os pensamentos e emoções negativas engendradas pelo feiticeiro

AUMENTE O PODER DO SEU SUBCONSCIENTE
PARA ALCANÇAR UMA VIDA MAIS PLENA E PRODUTIVA

voltaram em dobro para ele próprio e pode-se dizer que o homem matou a si mesmo.

Ora, se você está desejando a morte de alguém, está pensando em morte e sentindo a morte em sua própria mente e, se não for capaz de influenciar a mente dessa pessoa, seus pensamentos e emoções prejudiciais ficarão retidos no seu coração. Você pode estar com ódio de alguém, mas, se essa pessoa estiver cheia de amor e boa vontade, não será afetada e seu ódio voltará em dobro para sua mente.

Nunca se esqueça de que você é o único pensador que existe no seu universo interior. Como os pensamentos são criativos, o que você está pensando sobre outro ser humano está sendo inicialmente criado em sua mente. É por isso que a Regra de Ouro é considerada a maior das leis. "Não faça aos outros o que não quer que lhe façam." Pensar e desejar o mal para outro ser humano é matar o amor, harmonia, paz, beleza e alegria dentro de você. Repito, esses pensamentos geram emoções e as emoções podem matar ou curar. Pensamentos negativos somados com as emoções subconscientes geradas por eles se acumulam na sua mente mais profunda, resultando no sentimento de autodestruição, que é capaz de dar origem a uma doença grave e fatal. Também, alguma outra pessoa poderá ser o instrumento pelo qual você encontrará a morte, porque todos os homicídios são, na verdade, autoassassinatos. Então você dirá: "Por que isso aconteceu comigo?" Ou então: "Houve uma conjunção maléfica de alguns astros."

Agora quero falar algo sobre astros e estrelas e mapas astrais. Temos de acreditar em Deus, que fez as estrelas e não nelas, que são coisas criadas. Isso é adorar deuses estranhos, como diz a Bíblia. Estamos conferindo poder a uma coisa em vez de dá-lo ao Espírito, que é Onipotente e supremo, ao Todo-poderoso, ao Onisciente.

Vou contar um caso sobre dois médicos, gêmeos idênticos, nascidos praticamente no mesmo segundo. Um deles estudava

O INCRÍVEL PODER DA SUGESTÃO

com afinco a Ciência da Mente, praticava meditação, preces construtivas e visualização positiva. O outro havia se apaixonado pela astrologia e numerologia, e acreditava piamente nelas, porque não sabia que essas coisas não têm poder próprio e só adquirem poder se você acredita nelas. Se a mente das massas acredita nessas supostas ciências e você as aceita sem discutir, elas, sem dúvida, criarão a sua realidade. Lembre-se de que recebemos de acordo com nossa crença.

Bem, esse segundo médico foi informado de que Netuno estava em quadratura com o Sol, que Saturno entrara na sua casa natal ou coisa parecida. A conjunção era a pior possível e ele foi alertado a esperar perda, carência e limitação. Corria perigo de sofrer um acidente, doença grave e muito mais. Ora, esse médico que acreditava nessas combinações diabólicas, em um único ano, foi vítima de um terrível acidente, houve um incêndio em sua casa, um dos seus filhos tomou uma overdose de uma droga qualquer e se suicidou, ele foi processado por um cliente e sofreu uma punição do Conselho Nacional de Medicina. O outro irmão — lembre-se de que os dois são gêmeos idênticos — prosperou na carreira, recebeu prêmios internacionais e afirmou que aquele ano tinha sido o mais maravilhoso de sua vida. Sim, esse irmão acreditava no poder da prece e da mente, o outro acreditava na astrologia, nas estrelas.

Acredite em Deus, que fez as estrelas, e não nelas, disse Shakespeare, que conhecia profundamente a Bíblia. "Nós, nós mesmos, não passamos de serviçais." Todas as suas obras são permeadas e coloridas por textos das escrituras.

Recebi a visita de uma jovem que estava emocionalmente abalada por causa de uma quiromante que havia previsto que ela sofreria um grave acidente por volta da data do seu vigésimo primeiro aniversário. De novo, vemos a ação da sugestão negativa. A moça a aceitara e, por causa dela, estava com medo de

## AUMENTE O PODER DO SEU SUBCONSCIENTE
## PARA ALCANÇAR UMA VIDA MAIS PLENA E PRODUTIVA

andar de carro, trem ou avião. Vivia em um temor perpétuo e assim estava gravando em seu subconsciente a crença em um acidente. Precisava aprender, sem perder tempo, uma maneira de neutralizar a ideia destrutiva. Eu ensinei-lhe o que deveria fazer, dando-lhe a seguinte prece:

> Sempre que ando a pé, de ônibus, metrô, trem ou avião ou uso qualquer outro meio de transporte, aceito, sei e acredito na verdade de que o divino amor vai à minha frente, abrindo meu caminho com alegria, glória e felicidade. Sei que a infinita inteligência constantemente me guia e me dirige, e estou sempre no centro sagrado do eterno amor de Deus. A brilhante couraça de Deus está sempre me protegendo e Ele é o único que controla meus caminhos e viagens. Todas as jornadas, grandes ou pequenas, se tornam uma *larga estrada* para o meu Senhor.

A moça começou a afirmar essas verdades três vezes por dia, de manhã, à tarde e à noite, antes de dormir, sabendo que essas vibrações espirituais expulsariam do seu subconsciente a sugestão negativa, carregada de medo. Essa jovem agora tem 23 anos de idade e afirma que o dia mais feliz da sua vida foi aquele em que completou 21 anos. Há pouco tempo ela se casou com um amigo de infância e vivem extremamente felizes.

Se forem profecias, elas falharão. Se forem línguas, elas cessarão. Sim, tudo o que pedirdes em oração, acreditando que já o conseguistes, recebereis. Essa é a verdade. Não são as estrelas ou sua posição no firmamento, não é a bola de cristal, não são as linhas da palma da mão, não é o fato de alguém ter nascido envolto no saco amniótico ou "empelicado", como diziam no passado. Não é sua carga genética. Tudo acontece por causa do molde que está no seu subconsciente. Você forma e esculpe o seu próprio destino. O real problema é a crença errada que está embutida na mente das massas. Quando milhões de pessoas acreditam que quando você nasce sob o signo de Leão terá certas características, é a crença dos outros que o está impressionando. Se nasceu em Áries, está sempre querendo subir na vida e conquistar postos de comando. Se foi em Touro, é uma pessoa que ama o dinheiro e suas posses e tem tendência para ser um banqueiro. Ora, todas essas qualidades são qualidades de Deus, que está no seu interior.

Existem inúmeras crenças infundadas e tolas que são transmitidas de geração em geração e acabam sendo aceitas como verdade. A grande maioria dos irlandeses, por exemplo, acredita que escuta o grito de uma *banshee* ou fada quando algum parente está para morrer e, não há dúvida, eles realmente ouvem o lamento. Outras pessoas não escutam nada porque seus familiares não lhes deram esse ensinamento quando eram crianças. O lamento vem do próprio subconsciente dos que acreditam nessa tradição. Seria tolice dizer a eles que não existe o grito da *banshee*. Eu mesmo já o ouvi quando era menino; minhas irmãs também. Como aprendemos que ele existe de verdade, é assim que fica gravado em nossa mente. Esses são os poderes maravilhosos da mente subconsciente, por isso digo que o poder que move o mundo está no seu coração. É você que cria, que molda o seu destino.

Diz o Livro dos Provérbios: "Jogue fora a boca atrevida e a língua perversa." Precisamos nos precaver contra as sugestões negativas. O ciúme, por exemplo, é chamado de "monstro de olhos verdes" ou de "o inferno dos amantes rejeitados". Ele, como a inveja e a raiva, cria em seu interior uma onda de frequência negativa. Nós envenenamos o banquete e quando formos comer a comida, iremos envenenar a nós mesmos. Todas as vibrações negativas atuam primeiro em você, como já expliquei. Quando ficamos com raiva, nos tornamos altamente sugestionáveis e, nesse estado, nossa mente é manipulada com facilidade e pessoas mal-intencionadas podem se aproveitar de nós. Quem vive dentro de uma frequência destrutiva, está se sintonizando com vibrações que nos trarão problemas e confusão.

Os fanáticos religiosos também são profundamente sugestionáveis. Na ânsia de saber mais do que os outros, não percebem que cada verdade é uma meia verdade e que temos sempre de analisar os dois lados de uma questão.

Se você está sempre irritado e vive fazendo críticas severas sobre seu próximo, se o despreza e condena, mais cedo ou mais tarde vai ficar subjetivamente envolvido com as coisas que mais detesta e censura. De certa forma, será moldado segundo a imagem e semelhança do que mais o aborrece e perturba, porque essas mensagens estão gravadas no seu subconsciente. É da natureza do ódio e também da natureza do amor nos moldar à semelhança do que contemplamos. Por isso, jogue fora a boca atrevida e a língua perversa.

Conscientize-se de que o amor divino está sempre indo à sua frente para endireitar e alegrar seus caminhos. Por isso, não olhe nem para a direita nem para a esquerda, mantendo seu olhar voltado para o futuro. Outro Provérbio da Bíblia diz: "Quem põe seus olhos e pálpebras em Deus, não encontra empecilhos em sua jornada. O Senhor manterá em perfeita paz aquele cuja mente está sempre Nele, porque Ele confia em ti."

Não se acomode diante dos problemas, dizendo que essa é a cruz que você tem de carregar ou o fardo que lhe coube nesta vida. Não. Insista na harmonia, saúde, paz e abundância. Deus o fez muito rico e cheio de boas qualidades. Então, por que você não é rico? Porque está sempre pensando em frases como: "Não há cura para mim. Não tenho esperança. É inútil querer me livrar

O INCRÍVEL PODER DA SUGESTÃO

do meu problema. Tenho de aguentar minha artrite, hérnia de disco, gastrite..." Se isso é o que você está dizendo à sua mente mais profunda, nem os milhares de preces existentes neste mundo serão capazes de ajudá-lo, porque você se conformou com a situação. Não faça isso. Mantenha o desejo de melhorar, porque a vontade de Deus para você é que tenha uma vida saudável e produtiva, amor, beleza e verdade. Deus o criou de acordo com um projeto no qual havia muita paz e alegria. Deus o fez rico. Por que, então, você é pobre? Conscientize-se de que o desejo de Deus para você é algo que transcende seus sonhos mais grandiosos.

A tendência da vida, do Princípio Vital, é curar. Se você se queima ou sofre um hematoma, ele reduz o inchaço. Se você se corta, ele começa a fabricar a trombina para iniciar a cicatrização. Esses fatos revelam que Deus está procurando se expressar através de você, dizendo: "Suba mais alto. Eu preciso de você", porque você é o ponto focal do divino. Você é o receptáculo sagrado de Deus, é filho de Deus. Você é Deus manifestado. "Eu Sou o Deus que te cura. Sou o Senhor, o teu Deus; eu virei e te curarei. Virei para restaurar tua saúde e curar tuas feridas, disse o Senhor."

Você deve insistir para obter uma cura. Não se impaciente, não fique com raiva, não se condene pela demora e, principalmente, não se acomode. Diga frequentemente: "Existe uma solução. Existe uma saída para mim e eu jamais descansarei enquanto não obtiver harmonia, paz, amor e plenitude em minha vida." Todavia, não fale com raiva ou violência, porque essa atitude só piorará a situação. Nem tanto ao mar nem tanto à terra; procure o caminho do meio, o equilíbrio. Lembre-se de que está falando consigo mesmo e não dê atenção aos fenômenos chamados "sobrenaturais" que, na maioria das vezes, significam que é seu subconsciente que está conversando com você. Para quem acredita em entidades malignas e coisas parecidas, o subconsciente desempenha o papel de

## AUMENTE O PODER DO SEU SUBCONSCIENTE
## PARA ALCANÇAR UMA VIDA MAIS PLENA E PRODUTIVA

entidade maligna e, acredite ou não, muitas pessoas enlouquecem por causa disso.

Acorde, pelo amor de Deus! Não acredite em cartomantes, quiromantes ou videntes. Não acredite em espíritos malignos. Que sua crença seja "quando mantenho meus olhos focados em Deus, não existe o mal em meu caminho". Esse é o pensamento que cria o seu destino. Se ouvir previsões assustadoras, ignore-as, sabendo que irão fracassar. Como seria possível profetizar a incurabilidade para o homem que acredita no Poder Curativo de Deus? "Eu Sou o poder que te cura" e toda a cura pertence ao Altíssimo. Portanto, pare de seguir um caminho em ziguezague e escolha o caminho que os antigos já conheciam e consideravam como sendo a estrada de Deus, o caminho do meio. Sim. Sua própria consciência é o caminho. "Eu sou o caminho, a verdade e a vida."

A única verdade é Deus. Tudo o mais são meias verdades, e temos de ver os dois lados dessas verdades. Acreditar em alguma coisa é aceitá-la como verdade e o que você decide ser verdade com sua mente objetiva, vai vivenciar como produto do subconsciente. É muito simples e maravilhoso.

Sim, existe uma estrada, a principal estrada, a estrada para a santidade. Ela também é a estrada para a liberdade e está dentro de você. Acredite que Deus, ou a Infinita Inteligência, o está guiando. A ação correta reina suprema. Você é governado pela divina lei e divina ordem. A divina paz invade sua alma. Sim, acredite nessas verdades. Você não as cria, mas tem a capacidade de ativá-las, de torná-las poderosas em sua vida.

As crenças subconscientes ditam, controlam e manipulam todas as suas ações conscientes. Comece agora a acreditar, clamar, sentir e saber que Deus o está guiando em cada um dos seus atos, que a divina lei e divina ordem governam todas as suas atividades, que você é inspirado pelo Altíssimo e deve prosperar em todos os aspectos. À medida que for aceitando essas verdades com sua mente consciente, sua mente mais profunda as fará se realizarem e você descobrirá que seus caminhos estão se tornando cada vez mais agradáveis e pacíficos.

Se você não cuidar do seu próprio modo de pensar e orar, a mente das massas entrará no seu consciente e pensará por você. Ela o manipulará e o colocará numa prisão, na prisão do medo e da doença. Tenha seus próprios pensamentos. Não deixe que parentes próximos ou distantes pensem por você. Não permita que os jornalistas e comentaristas de televisão pensem por você, criem emoções para você.

# Resumo do capítulo

- Quando você admite que existe qualquer tipo de poder fora de você (esse poder é o pensamento), por mais benéfico que ele possa ser, está plantada a semente que mais cedo ou mais tarde lhe dará o fruto do medo, que é a ruína completa da vida, amor e liberdade.

- Conscientize-se de que o poder está no movimento do seu próprio pensamento. Ninguém tem o poder de prejudicá-lo além de você mesmo. Quem poderá prejudicá-lo se você for um seguidor do bem? Nenhum mal cairá sobre o justo; nenhuma praga entrará em tua morada. Nada de bom será retirado daquele que caminha reto na lei. "Um junto com Deus constitui uma maioria; se Deus for por você, quem será contra você?"

- Você tem de lembrar que uma sugestão não pode impor uma ideia na mente subconsciente contra a vontade da mente consciente. Você tem o poder de rejeitar qualquer sugestão negativa. Em outras palavras, sua mente racional é capaz de rejeitar as sugestões falsas ou negativas.

## AUMENTE O PODER DO SEU SUBCONSCIENTE
## PARA ALCANÇAR UMA VIDA MAIS PLENA E PRODUTIVA

- Sabendo que você consegue rejeitar todas as sugestões negativas criando em seu subconsciente um modelo positivo, habtiue-se a ler os Salmos ou fazer uma prece antes de dormir. Assim, você contrariará todas as ideias destrutivas. Você não é obrigado a ser influenciado por heterossugestões negativas.
- As sugestões dos outros só têm poder quando você permite que atuem em seu pensamento. É preciso haver consentimento de sua parte, dar abrigo a esse mau pensamento. Se você deixar, a sugestão passará a fazer parte do seu subconsciente e, lembre-se, é você que pensa. Você tem a capacidade de escolher e pode escolher tudo o que é belo e produtivo.
- Sente-se em um lugar tranquilo duas ou três vezes por dia e imagine um círculo sagrado da luz de Deus à sua volta. Se continuar a fazer esse exercício, um dia você verá nitidamente o círculo de luz. Ele é uma emanação da Presença de Deus que está no seu interior, tornando-o impermeável a todos os tipos de mal. Agora você está invulnerável e completamente isolado dos pensamentos de medo ou sugestões negativas dos outros. Afirme simplesmente: "O amor de Deus inunda a minha alma. Eu deixo essa pessoa sair de mim e a liberto. O amor de Deus inunda a sua alma."
- Há uma estrada em nossa vida, a estrada para a santidade, a estrada para a liberdade. Essa estrada está dentro de você. É você que vai determinar se ela será reta ou tortuosa, porque o que enfrentará em sua vida vai depender das ideias que você gravou no seu subconsciente. Portanto, acredite que Deus, a Infinita Inteligência, o está guiando. A ação correta reina suprema. Você é governado pela divina lei e divina ordem. A divina paz inunda sua alma. Sim, acredite em todas essas verdades. Você não as cria, mas tem o poder de ativá-las, torná-las poderosas em sua vida.

# CAPÍTULO 4
## Meditação prática

Não há nenhum mistério na meditação. Afinal, todas as pessoas meditam. Isso, contudo, não significa que todos meditam de maneira construtiva, harmônica ou pacífica. Por exemplo, se você senta em um lugar tranquilo e fica pensando numa antiga mágoa, rancor ou aborrecimento, ou nas perdas que sofreu na bolsa de valores, ou ainda no pneu que estourou no meio de uma estrada deserta, ou como foi rejeitado pela sua primeira namorada, está fazendo uma meditação de boa qualidade, mas que é negativa e só poderá trazer maus resultados. Se você medita sobre uma velha ação judicial, que seu oponente ganhou usando mentiras e truques sujos, também está fazendo uma meditação de primeira classe, mas também colherá maus resultados por causa dela, porque tudo aquilo em que você coloca sua atenção é ampliado e multiplicado pelo subconsciente.

Na meditação transcendental criativa, o passado está morto. Não se recorde de coisas passadas. Esqueça o que ficou para trás, pense no que há à sua frente e esforce-se para obter o prêmio. E qual é o prêmio? Saúde, felicidade, paz, alegria, vitalidade e entusiasmo. Portanto, focalize sua atenção no que é nobre e digno dos desígnios de Deus. Pense que quando está ouvindo rádio ou assistindo à televisão, você está meditando, porque se encontra em um estado psíquico passivo e receptivo e as notícias e previsões

AUMENTE O PODER DO SEU SUBCONSCIENTE
PARA ALCANÇAR UMA VIDA MAIS PLENA E PRODUTIVA

catastróficas para o planeta e a propaganda dirigida dos anunciantes ficam martelando em seus ouvidos, hipnotizando-o com todos os tipos de sugestões negativas. Não aceite isso! Rejeite essas ideias assustadoras e destrutivas não lhes dando valor. Procure ler sempre um salmo, um poema ou um trecho de um livro edificante antes de dormir. Assim, estará "carregando as baterias" do seu subconsciente, preparando-o para um novo dia.

Se ao dirigir por uma estrada você se descobrir discutindo mentalmente com seu chefe ou algum colega de trabalho de maneira hostil ou rancorosa, está se entregando a uma meditação que lhe trará maus resultados. Creio que você já entendeu que a meditação é a sua conversa interior. Pense: o que você diz a si mesmo quando está sozinho? Esse discurso sempre cria realidade porque é nele que você realmente acredita.

Quando você ora ou medita, deve ter uma deliciosa sensação de paz entrando em sua alma. O filósofo Emerson disse que a meditação é a contemplação das verdades de Deus a partir do mais alto ponto de vista. Por exemplo, durante uma cerimônia religiosa, quando a assembleia se cala para refletir sobre uma verdade espiritual, como o amor e a luz de Deus, que abrem todos os caminhos, coisas maravilhosas podem acontecer. Sustentar a ideia da presença é uma excelente forma de oração.

Lembre-se de que sua mente é um vaso. Se ele estiver sujo por dentro e você puser água limpa dentro dele, ela ficará suja. O vaso deve estar limpo para receber água limpa. Por isso, quando você está orando, contemplando ou meditando, não deixe de se perdoar por estar dando abrigo a qualquer tipo de pensamento negativo e perdoe também todos os seres humanos. Se tiver alguma coisa contra alguém, entregue essa pessoa à presença divina, desejando para ela saúde, paz, felicidade e todas as bênçãos da vida. Repita

# MEDITAÇÃO PRÁTICA

esse pensamento muitas vezes, até conseguir vê-la com os olhos da mente, sem sentir raiva ou rancor, e alegrar-se por saber que ela está bem. Essa é uma bênção que sai de você, tirando um peso do seu coração. Quem está fervendo interior- mente ou entregando-se à decepção, não pode meditar ou contemplar as verdades eternas. Se um encanamento está cheio de barro ou enferrujado, a água que passar por ele, por mais pura que seja, sairá suja.

Portanto, quando estiver orando, perdoe, perdoe todos os que lhe causaram algum tipo de mágoa. A meditação, como eu a ensino, é a prática da presença divina em nós. Sempre que sua atenção quiser se dispersar na direção do medo, dúvida ou ressentimento, faça-a voltar para a contemplação da Sagrada Presença de Deus. Sim, pratique a presença divina vendo Deus em todos os lugares, em todas as pessoas, em todos os discursos, em todos os sermões, nas músicas, nos livros. Nunca diga que você não consegue meditar, que precisa fazer um curso especial ou aprender com alguém, porque isso não é verdade. A meditação é algo natural para os seres humanos.

Todos nós meditamos, quer tenhamos ou não consciência desse fato. Suponhamos que você acordou e foi ler as notícias no jornal. Olhando para os números do mercado de ações, você se irrita porque perdeu dinheiro. Fala mal do corretor, a bolsa de valores e você mesmo, por ter entrado em um mau negócio. Pensa em escrever uma carta ao corretor para lhe dizer alguns desaforos, acusando--o de não estar administrando bem o seu dinheiro. Seu estado de espírito mudou, você está agitado e fumegando de raiva. Mais uma vez, você fez uma meditação de qualidade, mas ela foi negativa.

Há pessoas que meditam ao apostar na loteria, por exemplo. Ficam pensando nos números que deverão jogar, reclamam mentalmente das muitas apostas que já fizeram, do dinheiro que

## AUMENTE O PODER DO SEU SUBCONSCIENTE
## PARA ALCANÇAR UMA VIDA MAIS PLENA E PRODUTIVA

perderam, culpam o governo ou a sorte pelos seus fracassos no jogo. Criticam a casa lotérica e criticam a si próprias. No fundo, gostariam de mudar o mundo.

Sim, todos nós meditamos frequentemente. Mas, mesmo se estiver dirigindo por uma estrada, concentre-se no fato de que Deus o está guiando, que a ação correta reina suprema, que o amor divino satura sua alma, que a paz divina inunda a sua mente e que o amor divino vai à sua frente, hoje e sempre, fazendo seu caminho ser reto, sem obstáculos e alegre.

Você viu então que quando está meditando sobre números da loteria, ações, dividendos e outras coisas parecidas, todo o resto desaparece, seja família, vida doméstica, profissão etc. Por que não meditar em algo espiritual, como nas belas frases do Salmo 23 ou 91? O salmista, no Salmo 1, diz: "Seu prazer está na lei do Senhor e em sua lei ele medita dia e noite. Ele é como a árvore plantada junto da água corrente: dá fruto no tempo devido e suas folhas nunca murcham; tudo o que faz é bem-sucedido." O Salmo 19, afirma: "Que te agradem as palavras de minha boca e o meditar do meu coração, Senhor, meu rochedo, redentor meu!" Os Salmos são canções de Deus e nos oferecem temas magníficos para nossas meditações.

Meditar significa absorver, ingerir e digerir as grandes verdades do universo e incorporá-las à sua alma da mesma forma que um alimento ingerido se torna parte do nosso sangue. Quando as verdades de Deus se tornam uma parte viva do seu ser, você é obrigado a expressá-las. Segundo o dicionário, meditar significa manter a atenção ou a mente fixada em alguma coisa, refletir, pensar, cogitar, projetar, ruminar, contemplar, estudar. Na verdade, não há quem possa ensiná-lo a meditar porque a meditação é própria do ser humano. Ninguém pode comer uma maçã por

# MEDITAÇÃO PRÁTICA

você; ninguém pode sentir o sabor do sal por você. É você que tem de experimentá-los e dizer: "Agora sei do que ele está falando."

É por isso que a Bíblia diz "Saboreie o Senhor, pois Ele é bom", significando que você tem de absorver as verdades de Deus. Então se tornará uma pessoa nobre, bondosa, gentil e cheia de boa vontade. Como diz o salmista, seu deleite está na lei do Senhor e uma das principais leis de Deus é: "Você se torna o que contempla, você é o que pensa o dia inteiro." O homem é o que pensa no seu coração e é de acordo com ele que atua e vivencia.

As ideias, crenças e opiniões impressas em sua mente são projetadas e se tornam manifestadas na tela do espaço. As verdades eternas de Deus precisam se incorporar às suas profundezas subjetivas antes de elas começarem a atuar em sua vida e depois seguir as instruções do salmista, que diz: "Que te agradem as palavras de minha boca (pensamentos expressos) e a meditação do meu coração (o conhecimento interno da alma, a fé e convicção), Senhor, meu rochedo e redentor."

Em outras palavras, seu cérebro e seu coração têm que concordar sobre o que você afirma, ou seja, seu consciente e subconsciente precisam concordar para que haja a manifestação do seu bem. A fusão de pensamento e emoções representa a união dos elementos tidos como masculinos e femininos em seu interior, que resultará na alegria de ver a prece atendida. Na verdadeira meditação você vencia a presença de Deus, e isso faz com que ela seja o melhor método para nos tornarmos iluminados, inspirados e absorvidos em momentos que duram para sempre.

A meditação o leva a se tornar centrado na divina presença, no Espírito Vivo Todo-poderoso que habita seu ser, confirmando que ele é o único poder, causa e substância, e que tudo o que você percebe é uma parte da manifestação do Ser Infinito. Sente-se em

##### AUMENTE O PODER DO SEU SUBCONSCIENTE
##### PARA ALCANÇAR UMA VIDA MAIS PLENA E PRODUTIVA

silêncio e focalize sua atenção nessa verdade, que é a maior que existe. Então você estará fazendo uma perfeita meditação. Estará ingerindo, digerindo e absorvendo a verdade em sua mentalidade.

Como eu disse anteriormente, todos os seres humanos meditam, mas a meditação pode ser construtiva ou negativa. Por exemplo, suponhamos que John Jones acordou cedo e a primeira coisa que fez foi pegar o jornal e ler as manchetes. Elas estão falando de política, conflitos internacionais, problemas financeiros, crimes etc. Se John ficar perturbado com essas notícias, pode se deixar levar pela raiva, resmungando sobre o que está acontecendo na capital do país ou do seu estado. Fica agitado e perturbado. Esse é o resultado de uma meditação bem-feita, porém negativa.

Há muitas pessoas como John Jones. Elas meditam sobre velhas mágoas e sobre os erros que cometeram, sem saber que só estão alimentando seus problemas e mais cedo ou mais tarde colherão os resultados. Se um pensamento negativo vier à sua mente, queime-o, transforme-o em cinzas com pensamentos positivos, como: "Deus é amor e sua paz inunda minha alma."

Lembre-se de que a conversa silenciosa com seu íntimo sempre acaba manifestada em sua experiência de vida. Os pensamentos e imagens formadas em seu coração surgirão como forma, função, experiência e eventos da sua existência. Uma meditação espiritualizada se concentra no Infinito Ser, presença e poder, e nos faz lembrar que Deus ou Espírito Vivo é ilimitado amor, infinita inteligência e absoluta harmonia. Essa presença e poder são oniscientes, onipotentes, onipresentes e oniativos, a única causa, a única substância. Em seguida, contemple o que isso significa para você. Sim, essa é a forma mais elevada de meditação. Nada é maior ou mais grandioso do que isso.

Pense calmamente nessa presença divina, analise-a de todos os ângulos e verá as maravilhas que acontecerão em sua vida à medida

## MEDITAÇÃO PRÁTICA

que for dando sua aliança, lealdade e devoção ao único poder e não a homens, instituições, credos e dogmas. Então começará a ver paz onde há discórdia, amor onde há ódio, alegria onde há tristeza e vida onde há a chamada morte, pois Deus é vida e essa é sua vida agora. A vida nunca nasceu e jamais morrerá. A água não a molha, o fogo não a queima, o vento não a sopra para longe, as espadas não a perfuram. Ela é a mesma ontem, hoje e sempre.

Você é um espírito. Será sempre um espírito. Daqui a um bilhão de anos você estará vivo em algum lugar, porque você é o Espírito Vivo que caminha pela terra. Somos todos vestimentas que Deus usa enquanto se movimenta através da ilusão de tempo e espaço. Como eu já disse, comece a ver sermões em pedras, verdades em árvores, canções em águas correntes e Deus em tudo.

Os resultados de sua meditação brilharão sob a forma de paz, alegria, delicadeza, bondade, fé, humildade e temperança, saúde e vitalidade, e também como prosperidade material.

Conheci um homem condenado por homicídio em Nova York, que tinha um intenso desejo de se transformar e renascer mental e espiritualmente. Eu escrevi algumas das qualidades e atributos de Deus para ele ler. Essa pessoa começou a aquietar as engrenagens de sua mente e várias vezes por dia, durante quinze ou vinte minutos, meditava sobre essas verdades e as dizia a si mesmo e sentia que o amor de Deus, a paz, a beleza, a glória e a luz estavam fluindo pela sua mente e coração, purificando, limpando, curando e restaurando sua alma. Tinha um intenso desejo de se tornar um novo homem. Queria fazer grandes coisas, queria pôr a mão na massa e contribuir para o bem da humanidade.

Esse desejo, essa decisão, representou setenta e cinco por cento da sua cura. Ele agiu como o alcoólatra que toma a firme decisão de não beber mais para se tornar um novo homem em Deus.

## AUMENTE O PODER DO SEU SUBCONSCIENTE
## PARA ALCANÇAR UMA VIDA MAIS PLENA E PRODUTIVA

Essa determinação lhe trouxe a alegria de ser uma nova pessoa, a alegria de vivenciar vitalidade, paz, harmonia, sobriedade, tranquilidade, serenidade e utilidade para o mundo que o cerca. Meditando com regularidade, esse homicida ressuscitou e ativou as qualidades do infinito residente nas suas profundezas subjetivas.

Um mês depois, numa noite em que estava meditando, esse homem sentiu todo seu corpo e sua mente, e também a cela onde estava, se iluminarem. Chegou a ficar cego pela luz por alguns instantes. Posteriormente me disse que só conseguia lembrar que sabia que o mundo inteiro estava dentro dele, que sentia o êxtase e o arrebatamento do amor divino permeando cada átomo do seu ser. A sensação foi indescritível. Mas sabemos que ele vivenciou o momento que dura para sempre. Nunca voltará a ser o que era. O homem se transformou. Começou a ensinar aos outros como poderiam ter uma vida melhor, sentia-se impelido por uma compulsão subconsciente a externar os frutos do espírito, que são amor, júbilo, paz, bondade, fé, humildade e temperança.

Para que servem os ensinamentos espirituais? Para que servem os templos? Para que serve a meditação? Para que serve uma pessoa se ela não se torna um instrumento com o qual são tocadas as melodias de Deus? Quando você medita sobre um versículo dos Salmos, como "O Senhor é meu pastor; nada me faltará", está dizendo que escolheu Deus ou a Infinita Inteligência como seu guia. Jamais lhe faltarão provas de que escolheu certo o seu pastor, conselheiro, orientador e fonte de tudo o que é bom. O salmista nos conta exatamente o que acontece quando escolhemos Deus como nosso pastor. "Em verdes pastagens me faz repousar. Para as águas tranquilas me conduz e renova minha alma." A escolha de Deus como seu pastor mostra crença na orientação e amor divinos, que protegem todos os outros pensamentos, ideias e opiniões e

## MEDITAÇÃO PRÁTICA

o conduzem para caminhos agradáveis e pacíficos. Um pastor cuida do seu rebanho. Ama suas ovelhas e as protege de todas as maneiras. À noite, quando entram nos currais, ele examina suas patas e focinhos para verificar se existem farpas ou espinhos que possam machucá-las e, quando os encontra, retira-os e limpa os ferimentos com óleo. Durante o dia, precisa levá-las para a sombra porque as ovelhas são pouco inteligentes e poderiam morrer sob o sol forte. Examina o campo onde irão pastar para ver se existem ervas daninhas que poderiam fazer-lhes mal. Depois, as conduz para perto da água para beberem. Ele as chama pelo nome e elas o seguem. Pode haver centenas de ovelhas num cercado, mas quando o pastor chama as suas, elas o seguem porque conhecem sua voz.

O pastor é sua convicção dominante da bondade de Deus na terra dos vivos. A ideia dominante, o seu pensamento-mestre, governa todos seus outros pensamentos, ideias, crenças e opiniões. Então diga mentalmente, sem perda de tempo: "O Senhor é o meu pastor e canto a música da alma jubilosa porque nunca me faltarão provas de que escolhi a infinita inteligência como meu guia, conselheiro, orientador, organizador, como meu chefe, meu patrão, meu tudo." Eu já lhe contei exatamente o que acontecerá, pois ele o levará para caminhos virtuosos que abrangem o pensamento correto, a emoção correta, a ação correta e os resultados corretos.

Diga mentalmente: "A divina inteligência me governa e me guia em todos meus caminhos. Nunca me faltará paz, harmonia ou orientação, porque a Infinita Inteligência está comigo. Ela é uma lâmpada para meus pés, um farol que ilumina minha estrada." Se puder, sente-se à sombra de uma árvore, feche os olhos e medite sobre essas verdades. Essa, sim, é uma meditação que traz bons resultados. De fato, você repousará em verdes pastagens, porque Deus o está fazendo prosperar em todos os aspectos, sejam

117

espirituais, mentais, materiais, financeiros, sociais e intelectuais muito além dos seus mais loucos sonhos. Você se verá junto a águas tranquilas enquanto estiver afirmando que o rio da paz inunda sua mente, seu coração e todo o seu ser.

Continue, dizendo: "Minha mente agora está serena e calma. Ela reflete as verdades e luz celestial de Deus. Minha alma está renovada, pois o amor de Deus entrou nela e a paz divina inunda minha mente e meu coração. O amor divino dissolve tudo o que é diferente dele. Penso constantemente na Presença Sagrada que repousa no meu interior. Eu caminho pela estrada da retidão. Por causa da minha devoção e atenção às eternas verdades de Deus, não temo nenhum mal, porque o Senhor está comigo. Sei que Deus não nos deu um espírito de medo, mas um espírito de amor e poder, e uma mente sadia. A vara (amor) e o cajado (verdade) me tranquilizam, me sustentam e me nutrem. Prepara para mim uma mesa na presença dos meus inimigos."

Você já sabe, é óbvio, que os inimigos estão na sua própria mente e seus nomes são dúvida, temor, raiva, ressentimento e complexo de culpa; inimigos gerados pelo nosso próprio medo. Eles habitam em nossa mente, jamais estão em outro lugar, e só existem quando lhe damos abrigo, sustento e emoção.

Portanto, você pode contemplar a Presença de Deus no lugar onde está e neste mesmo instante, porque nada o impede de se sintonizar com o infinito por meio dos seus pensamentos. Agindo assim, você entra no salão de banquetes do Senhor e come à vontade, o que significa absorver as verdades nutritivas de Deus. Então você dirá: "O amor de Deus me envolve, sua paz inunda minha alma, sua luz ilumina meu caminho." Fazendo essa meditação, estará sentado à farta mesa do Senhor e ignorando seus inimigos, que terminarão se afastando de sua mente. Existe um único poder, a Presença de Deus dentro de você. Deus é o Espírito Vivo que

## MEDITAÇÃO PRÁTICA

habita o seu interior, é Eu sou, é o Ohm da Índia. Alimente-se das verdades nutridoras sempre que o medo ou a ansiedade o preocupar. Alimente-se com o pão do céu, que é a ideia de Deus sobre paz, amor e fé. Senhor, dê-nos o pão de cada dia.

Quando você medita sobre as verdades eternas, está se alimentando da onipotência do Infinito, que é Todo-poderoso, o Eterno, o Onisciente, o que sempre se renova. O vinho do banquete que Deus lhe serve é a essência da alegria. A sabedoria de Deus unge a sua cabeça, isto é, o seu intelecto. O cálice, o seu coração, é a câmara da Presença de Deus, e por isso ele está sempre transbordando de amor. "Meu cálice transborda. Sim, felicidade e amor me seguirão todos os dias da minha vida."

Por que tudo isso acontece? Porque você escolheu Deus como seu pastor. Está se alimentando das suas verdades. De certa forma, está mastigando essas verdades, ruminando essas verdades, que se tornarão uma parte viva do seu ser, assim como o capim que uma vaca rumina vai se transformar numa parte do seu leite. Sim, essas verdades são transformadas e transmutadas em harmonia, saúde, paz, inspiração e orientação em sua mente e seu coração. E seu cálice transborda porque o amor de Deus é infinito. Nessa casa do Senhor, onde você está agora, só há bondade, verdade e beleza.

Você não precisa aprender regras, mandamentos ou posturas, não é necessário voltar-se para o leste ou assumir uma postura budista. Não precisa de flores, música, incenso, velas, porque para fazer uma meditação não é necessário criar um cenário especial. Pode-se meditar em um avião ou em um trem, em uma praia ou uma planície. Se você pensar em meditar de fora para dentro ou que tem de ter acessórios para favorecer o clima de tranquilidade, está no caminho errado. Comece sempre a partir do seu interior, porque assim você realmente meditará, pois a meditação é a prática

## AUMENTE O PODER DO SEU SUBCONSCIENTE
## PARA ALCANÇAR UMA VIDA MAIS PLENA E PRODUTIVA

da Presença de Deus. Qualquer tipo de acessório só servirá para atrapalhá-lo.

Imagine que você está em um trem que pode descarrilar a qualquer instante e quer pedir a Deus que impeça um desastre. Mas onde está o incenso? As velas? As flores? "Preciso me virar para o leste. Tenho de cruzar as pernas na postura de lótus." Nada mais absurdo. Quando você começa de dentro para fora, meditando sobre as verdades eternas, sua pressão sanguínea se estabiliza, sua pulsação diminui e cada órgão do seu corpo é banhado com a luz divina. Assim você estará tocando seu organismo como se fosse um instrumento musical, porque ele é feito de moléculas em movimento que emitem ondas nas mais variadas frequências para tocar a melodia de Deus. A melodia do Eterno. Cada átomo do seu ser, desde que você comece sua meditação a partir do seu interior, dança no ritmo do amor de Deus.

Phineas Parkhurst Quimby foi o maior curador que os Estados Unidos conheceram. Ele era clarividente, via o conteúdo da mente de qualquer indivíduo e descobria o que estava por trás da sua doença. Pelo menos sessenta por cento das pessoas que vinham consultá-lo havia adoecido por falsas crenças religiosas, que causavam complexos de culpa e medo de castigos terríveis.

O Dr. David Seabury, o renomado psicólogo que citei no capítulo anterior, seguia as técnicas de Quimby. O curador afirmava que era a sabedoria que sanava os males dos seus pacientes. Diante deles, contemplava a harmonia, o amor, a paz, a vitalidade e visualizava a pessoa em perfeita saúde, como deveria ficar, e descrevia esse quadro para o paciente, que captava a ideia. Os resultados eram notáveis.

O Dr. Seabury me contou que quando um casal caminhava por uma calçada, o marido foi baleado diante da esposa. Com o choque, ela ficou paralisada da cintura para baixo. Os médicos

## MEDITAÇÃO PRÁTICA

diagnosticaram que seu cérebro tinha parado de enviar mensagens para a parte inferior da medula espinhal. Em suma, ela estava mentalmente paralisada e teria de passar a vida numa cadeira de rodas, porque os médicos afirmavam que jamais voltaria a andar normalmente.

O Dr. Seabury conversou com a mulher e lhe disse:

— Antes de você ficar paralítica, era uma pessoa ligada aos esportes, que gostava de nadar e cavalgar, e vivia em constante atividade. Embora você esteja incapacitada, quero que imagine que está montada em um cavalo. Sinta-se sentada na sela, perceba seus pés nos estribos, toque o pescoço e a crina do animal. Contemple a realidade desse quadro mental, faça-o mais nítido e vívido possível. Sim, agora dê ordem para o cavalo começar a trotar. Sinta o movimento. Aumente o passo para saltar sobre uma cerca. Tudo é muito real. Não apenas se *veja* montada no cavalo; *você está montada no cavalo*. Sinta a realidade dessa cena com seus cinco sentidos. Você vive esse quadro, como um ator vive o seu papel em um filme. Ele não está se vendo na tela, não se percebe fazendo alguma coisa. Ele está vivendo o papel.

O Dr. Seabury descreveu muitas vezes esse quadro mental e depois instruiu:

— Repita regularmente essa visualização. Quando estiver bem à vontade com ela, imagine que está nadando em um lago. Sinta os seus movimentos, sinta a água fria. Use todos os seus sentidos, veja a cor da água, ouça o barulho que ela faz quando você dá as braçadas. Tudo é muito real. Você chega à outra margem do lago e alguém lhe dá os parabéns por tê-lo atravessado com tanta facilidade.

Seguindo a sugestão do Dr. Seabury, a mulher praticou essas visualizações três a quatro vezes por dia, por quinze ou vinte minutos. Esse tratamento durou vários meses.

## AUMENTE O PODER DO SEU SUBCONSCIENTE
## PARA ALCANÇAR UMA VIDA MAIS PLENA E PRODUTIVA

Um dia, a mulher acordou com uma febre muito alta. Um médico foi chamado, receitou alguns remédios e lhe disse que precisaria ficar na cama até melhorar. Seabury foi visitá-la. Ele sabia que a mulher tinha um único filho, que estava na África do Sul. Entrou em contato com ele, pediu-lhe para ligar para a mãe num determinado horário e avisou a mulher, dizendo-lhe que o filho estava fora de casa no momento e telefonaria na hora combinada. Pediu à governanta da casa que tirasse o telefone do quarto da enferma, colocando-o no corredor, a cerca de vinte metros de distância. Também a instruiu a não deixar ninguém entrar no quarto nesse horário.

Lembre-se de que a mulher meditava há bastante tempo. Quando o telefone tocou, ninguém foi atender e a campainha ficou tocando sem parar. A mulher, ansiosa para falar com o filho, levantou-se para atender ao chamado, um chamado de amor. Ela ficou curada da paralisia e, segundo Seabury, passou a andar normalmente e viveu até os 90 anos.

Esses "milagres" são tão comuns como respirar e comer. Não há nada de estranho na história que Seabury contou. A mulher investiu tempo, dedicação e pensamentos de maneira construtiva. O medo, o choque que ela sofrera havia paralisado parte do seu cérebro. A coluna vertebral estava íntegra e nenhum nervo tinha sido seccionado. Sua incapacidade era puramente psicológica.

Uma vez perguntaram a Sir Isaac Newton como ele havia descoberto as leis da física, e a resposta foi: "Eu dirigi minha mente para uma determinada direção."

Para onde você está dirigindo sua mente? Em que está investindo seu tempo e atenção? Se você é médico, por exemplo, me-dite pensando nestas palavras: "Todos os pacientes que toco ficam milagrosamente curados. Todos os medicamentos que receito dão

## MEDITAÇÃO PRÁTICA

bons resultados. Sou guiado para as ações corretas. Quando faço cirurgias, é o milagroso poder curador que opera, pois existe um único poder." Assim, você estará investindo tempo e pensamentos, e terá respostas maravilhosas porque está derramando vida e amor em uma ideia construtiva.

Como eu disse anteriormente, não é preciso preparar o ambiente, deitar-se ou cruzar as pernas, porque você estará indo no caminho errado. Na Índia, os mestres nos ensinam que você tem de praticar o yoga do amor, que precisa começar no seu interior. Assim, todos os átomos do seu corpo são transformados. Se você estiver em paz, se houver tranquilidade em sua mente, não haverá pressão alta, úlceras ou outros males similares. Onde há paz, harmonia, alegria e amor, não há lugar para a doença.

A meditação transcendental como ensinada na Índia eleva as pessoas acima da confusão, provações e tribulações deste mundo. Os mestres ensinam os discípulos a recitar um mantra, chamado "Ohm", para entrarem em um estado mental adequado, e Ohm é o Eu sou da Bíblia judaico-cristã, que significa ser, vida, consciência. Mas o que induz à meditação não é a palavra nem o seu som, é o significado por trás dela. Sim, quando você diz "Ohm", entendendo seu verdadeiro significado, em sua mente estão o amor eterno, a infinita inteligência, a total harmonia, a absoluta alegria e o único poder. Então, essas qualidades estão sendo manifestadas em sua vida, seus pensamentos, suas ações, em todas as fases de sua vida. Essa é a meditação transcendental no verdadeiro sentido da palavra.

Volto a salientar que não é suficiente apenas repetir a palavra. Para você obter bons resultados, é preciso que ela tenha um significado mais profundo. Você consegue entrar em um estado de relaxamento físico e mental repetindo qualquer palavra,

## AUMENTE O PODER DO SEU SUBCONSCIENTE
## PARA ALCANÇAR UMA VIDA MAIS PLENA E PRODUTIVA

"batata", por exemplo, por quinze ou vinte minutos. Todavia, não creio que conseguirá modificar sua vida com esse método. Por isso, escolha dizer "Ohm" ou "Eu sou" como tantos mestres fizeram, como muitos poetas fizeram. Você conseguirá inclusive deixar o seu corpo e entrar em uma dimensão diferente da vida, onde encontrará grande paz e tranquilidade, como fizeram os antigos místicos. Não há nada de errado nisso e não é preciso ter medo, você só conhecerá a bem-aventurança.

Todavia, não esqueça que você vive em um mundo objetivo e está aqui para trazer paz e harmonia, para colocar a mão na massa e contribuir para o progresso da humanidade. Os resultados de sua meditação devem aparecer em seu corpo, seu ambiente, sua vida doméstica, na sua relação com seus colegas de trabalho, nas suas expressões artísticas, em todos os ângulos de sua vida. Temos de viver em dois mundos, o objetivo e o subjetivo. Não adianta viver com a cabeça nas nuvens. Suas ideias e filosofia precisam se tornar realidade.

Suas meditações têm de lhe trazer os frutos do espírito. Muitos perguntam: "Quais são os frutos do Espírito?" Eles são sua paz, harmonia, alegria, abundância, segurança, iluminação e ideias criativas, e muitos outros. Agora, me responda: eles estão abençoando a humanidade? Você está dando forma e função às suas ideias, às verdades de Deus? Quem pensa que é uma pessoa espiritualizada porque se desapegou das coisas materiais e passa metade do seu dia rezando está completamente enganado, porque a fé sem obras é uma fé morta, e as obras são os eventos e situações que surgem nas diferentes fases da nossa vida.

Você deve exibir os resultados da sua meditação. Se for um artista, um pintor, ao contemplarmos um quadro seu, logo notaremos que esteve meditando sobre a indescritível beleza de Deus,

MEDITAÇÃO PRÁTICA

porque trouxe a beleza e harmonia de Deus para este mundo e as colocou na sua pintura.

O Dr. Fox, autor do livro *O Sermão da Montanha*, uma vez me contou uma história sobre um paciente cuja saúde estava abalada por causa do seu ódio aos banqueiros e corretores. O Dr. Fox mandou-o ir a Wall Street diariamente e ficar ali por duas horas, abençoando todos os que saíam de um prédio qualquer, dizendo: "Deus inunda a sua alma." Depois de uma relutância inicial, o homem fez o que lhe fora aconselhado e, segundo o Dr. Fox, teve uma cura milagrosa.

Por que isso aconteceu? O homem meditava diariamente sobre o amor e depois de algum tempo começou a ingeri-lo e digeri-lo até o amor se tornar uma parte do seu ser. E, como sabemos, o amor divino dissolve tudo o que é diferente dele. Meditar, que vem do latim *meditare*, significa a intenção de levar a mente a tomar uma certa direção, focalizar a atenção em algo ou avaliar alguma coisa.

Como muitos outros grandes cientistas, Nikola Tesla afirmava que recebia muitas ideias pela meditação. Uma vez, quando um repórter lhe perguntou como chegara a tantas invenções, respondeu: "Vou lhe contar o que faço. Tenho uma ideia. Então eu me sento numa poltrona, fecho os olhos e digo a mim mesmo: 'a infinita inteligência me deu essa ideia.' Ela é rudimentar de início, mas as peças vão se encaixando à medida que faço minhas meditações diárias. A infinita inteligência cuida de todos os detalhes e o aparelho inteiro é construído diante de mim, em minha tela mental. Não há tentativa e erro nas minhas invenções. Quando o aparelho fica pronto em minha mente, faço um rascunho pormenorizado e o entrego aos desenhistas e posteriormente aos mecânicos que irão construí- lo. A coisa verdadeira é a que está no meu pensamento; a cópia é o que os outros fabricam."

## AUMENTE O PODER DO SEU SUBCONSCIENTE
## PARA ALCANÇAR UMA VIDA MAIS PLENA E PRODUTIVA

Isso acontece com muitos outros inventores. Eles contemplam a realidade de suas ideias. Não existe nenhum mistério na meditação. Você estará sempre fazendo ótimas meditações quando pensa nas verdades de Deus, que são eternas e imutáveis.

Suponhamos que um assassino é acusado de crime premeditado. De fato, ele ruminou sobre qual seria o melhor modo de matar alguém e está cheio de raiva e rancor. Esse é um exemplo de meditação eficaz. De tanto pensar no seu objetivo, ele se torna uma compulsão subconsciente e o crime acaba sendo cometido.

A Bíblia fala em "assassinos do coração". O coração, como você já sabe, é a mente subconsciente. Quando você mata o amor, a paz e a harmonia com ódio, rancor, ciúmes etc., está assassinando o amor, a vitalidade, o entusiasmo e todas as verdades de Deus. Se persistir na ideia dessas mortes, elas impregnarão seu subconsciente, que é o poder que move o mundo. A lei do subconsciente é a compulsão e, portanto, você estará eliminando tudo o que poderia acontecer de bom em sua existência.

Da mesma forma, pessoas que contemplam o amor, paz, harmonia, alegria, inspiração e iluminação, são compelidas a expressar as verdades, as qualidades de Deus. O alcoólatra é compelido a parar de beber, o ladrão a parar de roubar, o perturbado a abandonar a preocupação. O assassino que citei acima começou a contemplar a Presença de Deus, de maneira regular e sistemática, e se viu compelido a ser um devoto de Deus. Não conseguiu repetir os erros de antigamente, porque a antiga compulsão para o mal não existia mais. Esse homem de- dicou-se a esclarecer seus colegas de prisão sobre as verdades divinas e recebeu permissão para visitar outras cadeias para fazer palestras sobre o poder do subconsciente.

O criminoso regenerado é uma nova pessoa em Deus e pode ser um soldado de Deus se for compelido a isso. Sim, esteja sempre ligado às maravilhosas verdades que existem em seu interior e elas darão frutos maravilhosos em sua vida.

Deus é o grande músico. O mundo inteiro é uma canção de Deus. Tudo o que se manifesta no mundo vibra no universo. Nosso planeta é um mundo de densidades, frequências e intensidades. Na meditação mística podemos ouvir a música das esferas porque tudo o que existe canta. Então devemos dizer: "Deus canta, fala e atua através de mim. Ele canta em cadências majestosas, sua canção emociona minha alma. Eu estou calmo, sereno e relaxado, e sinto-me à vontade enquanto ouço Deus cantando com as cordas vocais que me deu. Existe uma única voz, a daquele que é Eterno."

Uma cantora, por exemplo, que está preocupada e temerosa porque acha que não vai alcançar uma certa nota, precisa fazer uma meditação desse tipo e, em seu pensamento, durante cinco ou dez minutos, três vezes por dia, deve se visualizar cantando com perfeição, de maneira calma e serena, tocando o coração dos espectadores.

Não pense na meditação como sendo algo místico ou misterioso. Encare-a como um hábito de olhar para o interior de seu ser, que deve ser repetido com uma certa disciplina, e que o levará a contemplar o único, o belo e o bom. Eu insisto na explicação da meditação porque fazemos naturalmente o que entendemos e temos de nos obrigar para fazer o que não entendemos.

Quantas vezes um professor ouve um aluno dizer que se esforçou ao máximo, mas não conseguiu ter boas notas? Qualquer tipo de tensão ou esforço acaba resultando em fracasso. Na meditação não existe esforço. Um excelente modo de acalmar a mente é o seguinte exercício, tão simples que pode ser feito por uma criança de 7 ou 8 anos: imagine-se no alto de uma montanha, olhando para um lago. Quando a superfície está plácida, você consegue

## AUMENTE O PODER DO SEU SUBCONSCIENTE
## PARA ALCANÇAR UMA VIDA MAIS PLENA E PRODUTIVA

ver nela o reflexo do céu, das nuvens, das plantas nas margens. Se a superfície estiver perturbada, tudo parece borrado e indistinto. É o que acontece com você. A resposta às preces vem para os que meditam procurando a tranquilidade. Essa tranquilidade vem da alegria de *já ter recebido* o que foi pedido nas orações. Meia hora diária passada na meditação sobre seus ideais, metas e ambições, fará de você uma pessoa diferente em poucos meses.

Quando você alcança o silencioso conhecimento de que Deus está no seu interior, que o espírito do Todo-poderoso está se movimentando em seu favor, facilmente poderá ver como um fato o que você deseja ser, possuir e fazer. Uma das grandes leis da mente diz que o distanciamento ou desapego é a chave da meditação, o que significa que devemos nos afastar por completo das falsas crenças, das opiniões dos outros, da vida mundana e focalizar nossa atenção no Eterno. Esse é o caminho sem esforço que nos leva à realização dos nossos desejos.

Desapego não significa abandonarmos nossas posses e bens terrenos, fazermos muitas preces e jejum, mas nos livrarmos da ansiedade de possuirmos alguma coisa ou desligarmos de nós os vínculos que limitam nosso ponto de vista. Em outras palavras, temos de fazer jejum das falsas crenças do mundo, dos preconceitos e venenos do mundo. Tranquilize-se e adquira conhecimento. Ficar sentado em silêncio não é apenas calar, mas entender que a causa dos problemas está dentro do nosso ser, que nele não pode haver discordância nem discórdia e que, ao nos interiorizarmos, devemos encontrar a paz perfeita e duradoura, com o conhecimento de que Deus, o Espírito Vivo, habita dentro de nós. Ele nos faz viver em um mundo que é eternamente pacífico e é nosso guia, conselheiro e patrão. A falta de paz interior resulta em uma série de condições que prejudicam nossa vida, nos trazendo preocupações sobre

## MEDITAÇÃO PRÁTICA

coisas que, se fossem vistas de maneira diferente, não nos causariam nem um minuto de infelicidade.

Para meditar, você não precisa viajar para o topo de uma montanha ou se hospedar em um *ashram* indiano. Deus habita no seu interior e a comunhão com ele pode se dar no meio do Times Square, no centro de Chicago, em plena Hollywood Boulevard, ao ar livre, em sua própria casa, seu automóvel ou qualquer outro lugar que escolher. Não há mistério nem truques para levá-lo a alcançar um estado meditativo, não será preciso pagar até mil dólares para fazer um curso especializado. A meditação é inerente ao ser humano e ninguém tem capacidade para ensinar você a fazer isso.

Precisamos meditar diariamente sobre a beleza, o amor e a paz. Devemos sentir essas qualidades ressuscitando dentro de nós. A repetição constante desse exercício mental nos levará a nos conscientizarmos de que a glória, o amor e a luz do Infinito estão se movimentando dentro de nós. Se usarmos constante- mente o mantra Ohm ou Eu sou, refletindo sobre o seu significado, como fizeram os antigos místicos e tantos poetas, escritores e músicos, em um momento qualquer sentiremos a força vital saindo de nós pela nuca e essa coisa que chamamos de corpo e o lugar onde estamos se tornarão um tanto irreais, como formados por ondas de luz. A vida externa passa a ser um sonho e a interiorização se aprofunda cada vez mais até finalmente acontecer a fusão. Tocamos então o Ser Infinito dentro de nós e nos conscientizamos de que, ao nos afundarmos em nosso interior, encontramos o universo. E tudo isso está baseado em uma atividade sem esforço. Se quisermos forçar a interiorização, não colheremos resultados.

Na serenidade descobriremos que o Sol, a Lua e as estrelas e planetas então dentro de nós e também que planetas, estrelas, Sol e Lua são pensamentos e que o que os sustenta é nossa própria

## AUMENTE O PODER DO SEU SUBCONSCIENTE
## PARA ALCANÇAR UMA VIDA MAIS PLENA E PRODUTIVA

percepção e que Deus ou o Espírito está meditando sobre os mistérios Dele mesmo. Essa jornada interior nos leva para o real, nos leva para longe do sentido da vida cotidiana, tão pequena, e à conscientização do Eu Eterno, o único que vive nos corações dos seres humanos, porque somos todos Espíritos.

Você condiciona sua mente dando-se um nome, por exemplo, John Jones ou Sally Smith, mas você é um Espírito que tem o Espírito Vivo no seu interior, a Presença de Deus. A prática da meditação, que é a prática da Presença de Deus, a presença da harmonia, beleza, amor, paz, ação correta, sabedoria e compreensão, restaura a harmonia, graciosidade e dignidade de todos os tipos de impulso, atitude e ação.

Devemos meditar sobre a beleza, glória e profundidade do Eterno, refletindo sobre o imutável que habita dentro de nós e assim encontraremos uma paz duradoura que vai além das estrelas, além do tempo e além do espaço. Quando nos imbuímos de ideais elevados, quando refletimos sobre os pensamentos universais, as coisas pequenas desaparecem da vida, não geram consequências e são esquecidas. Nossa alma se inunda com a glória do todo e as limitações e restrições cotidianas se desvanecem. Esse estado de vida feliz nos eleva e nos faz entrar em contato com a mente do infinito enquanto a cobiça, o ciúme, a discórdia e outros conceitos limitadores que nos prendem à roda dos sofrimentos desaparecem de nossa mente, esquecidos na alegria da verdade.

Então nos tornamos cidadãos da consciência livre, nos tornando unos com os pontos de vista universais. Nossa pátria é o mundo inteiro, praticar o bem é a nossa religião. A meditação diária e constante, seja feita ao ar livre, no escritório ou em casa, faz com que nossa mente se emocione por ser tocada pela harmonia Divina. Experimentamos então uma pulsação, um latejar que

## MEDITAÇÃO PRÁTICA

toma conta de todo nosso ser. Muitos contam que vivenciam uma vibração na coluna vertebral como se a melodia de Deus estivesse sendo dedilhada na corda formada pela medula espinhal. É uma sensação maravilhosa. Meditando no Eterno, estamos no esconderijo do Altíssimo, que é nossa própria mente quando andamos e caminhamos com Deus.

Suponhamos que você está cuidando da casa e enquanto isso medita sobre uma grande verdade, como o amor materno, lembrando-se da mãe que não desiste de procurar uma cura para o filho doente, indo a todos os médicos, todos os curadores, todos os santuários. Ou então escolhe pensar no amor paternal, lembrando-se de um pai que tem dois empregos e ainda faz bicos nos fins de semana para dar conforto à família. Há também possibilidade de você refletir sobre o soldado no campo de batalha que ao pensar no bem-estar dos seus companheiros casados e com filhos, toma a dianteira, disposto a dar a vida por eles.

Meditando você também pode contemplar o amor pela música e pela arte em geral, mas por mais que pense no amor, ele não é mais do que uma fração infinitesimal do oceano Infinito do amor, porque Deus é amor. Esse é o maior dos mantras, desde que você sinta profundamente a verdade dessa palavra. Diga: "Deus é amor e seu amor inunda a minha alma." Nada é maior do que ele, porque o amor dissolve tudo o que é diferente dele, desde que seja o amor ilimitado que está permeando cada átomo do seu organismo e de sua mente. A pessoa que vive no amor vive em Deus e Deus vive nela.

Sim, o amor é o solvente universal que não tem nem altura nem comprimento, nem profundidade nem largura, porque enche todo o espaço. Deus é amor e esse amor inunda a sua alma. E ele é grátis, está à disposição de qualquer ser humano. Use-o, use-o sem restrições. Deus está em tudo e tudo o que existe é Deus. O amor de Deus inunda sua alma e ilumina seu caminho por toda a eternidade.

# Resumo do capítulo

- A meditação é a conversa silenciosa que você tem com o seu eu interior, o que diz a você mesmo quando está sozinho. Esse discurso interior sempre termina por se manifestar porque é nele que realmente acredita. Uma maravilhosa sensação de paz interior deve inundar sua alma quando você medita, quando ora.
- Todos os seres humanos meditam. Você pode, por exemplo, meditar enquanto está dirigindo seu automóvel pela estrada, pensando que Deus o está guiando, que a ação correta reina suprema, o Divino amor inunda sua alma, a paz Divina inunda sua mente e que o Divino amor vai sempre à sua frente, tornando sua jornada reta, perfeita e jubilosa.
- Se um pensamento negativo vier à sua mente, incinere-o com pensamentos construtivos, como: "Deus é amor e sua paz inunda minha alma."
- Não é preciso assumir uma postura especial para meditar, nem seguir métodos ensinados a alto custo. Quem começa dessa maneira entrou em um caminho errado porque está partindo de fora para dentro. Na Índia é ensinado que temos de começar uma meditação em nosso interior, com o yoga do amor. Então, cada átomo do nosso ser será transformado.
- Os resultados da sua meditação têm de aparecer em seu corpo, seu ambiente, sua vida doméstica, no relacionamento

## MEDITAÇÃO PRÁTICA

com colegas de trabalho, em sua arte ou música, em todas as fases de sua existência. Você tem de saber que vive em dois mundos, o objetivo e o subjetivo. Suas ideias e filosofia têm de ser manifestadas.

- A meditação é a disciplina de olhar para o nosso interior. Temos de nos voltar para o único, o belo e o bom. Lembre-se de que fazemos com naturalidade aquilo que entendemos, mas temos de nos forçar a fazer o que não compreendemos.

- Meditar é contemplar as verdades de Deus a partir do mais elevado ponto de vista. É uma peregrinação interna. Meia hora por dia passada em meditação sobre seus ideais, metas e ambições fará de você uma pessoa diferente em poucos meses de prática.

- Em todos os dias de nossa vida devemos reservar algum tempo para meditarmos sobre a beleza, glória e profundidade do Eterno, refletindo sobre o imutável que habita nosso interior. Assim, encontramos uma paz duradoura que avançará além das estrelas, do tempo e do espaço. Quando ficamos imbuídos de ideais elevados, quando pensamos nas verdades universais, as coisas pequenas desaparecem e os problemas cotidianos não geram consequências e são esquecidos. Nossa alma se inunda com a glória do todo e as limitações e restrições da vida diária se desvanecem.

# CAPÍTULO 5
## Será que as constelações nos governam?

Desde os primórdios da humanidade, milhões de pessoas acreditam em astrologia. Essa suposta ciência é mais uma das várias tradições ou sistemas em que o conhecimento das aparentes posições dos corpos celestiais é considerado útil para interpretar e organizar a realidade e a existência humana na Terra. Ela se baseia nas posições e movimentos relativos de estrelas e planetas, mas não deve ser confundida com a "astronomia", que é o estudo científico do universo, voltado para os movimentos, posições, tamanho, composições física e química dos corpos celestes e não exerce qualquer poder sobre a vida, destino ou sorte de um indivíduo.

O conceito básico da astrologia é fundamentado nos 12 signos do zodíaco. O zodíaco, como muitos de vocês sabem, é uma zona imaginária na esfera celeste, uma espécie de faixa com cerca de 8 graus de latitude, na qual evoluiriam os astros de nosso sistema solar. Essa zona se divide em 12 constelações, cada uma com aproximadamente 30 graus de longitude, que correspondem aos 12 signos do zodíaco. O Sol efetua um avanço de um grau por dia e leva cerca de um mês para atravessar cada signo. Há aproximadamente 2.000 anos, os signos correspondiam a certas constelações, mas, devido a um fenômeno criado pelo movimento do eixo da Terra, não há mais coincidência entre eles, embora conservem o nome original. Calcula-se que serão necessários cerca de 26.000

anos para que se restabeleça essa coincidência. Alguns "profetas" desavisados dizem que então haverá o fim do mundo, o que é um total absurdo.

Dizem os astrólogos que atualmente estamos na Era de Aquário, na qual, supostamente, ocorrerão muitos acontecimentos extraordinários. Mas, para quem está familiarizado com o Novo Pensamento, quem conhece as leis da mente, não depende dos astros para moldar seu próprio destino. "Seja-vos feito segundo credes." Sim, você é responsável por tudo que lhe acontece. Nada lhe acontece sem seu consentimento mental ou participação. Nada pode lhe acontecer se não houver o equivalente mental em seu subconsciente. Não existe predestinação, são seus pensamentos e emoções que controlam seu futuro, seu destino. São suas crenças e convicções mais profundas, o que lhe foi incutido nos anos da sua formação, que ditam e controlam suas ações conscientes. É por isso que você é a crença manifestada.

Deus habita em seu interior, fala e anda em você. Deus é o Eterno *Agora*. *Agora* é o dia da salvação. Não existe tempo nem espaço no Ser Infinito que vive dentro de você.

Seu desejo ou ideia tem de passar da sua mente objetiva para o seu subconsciente, onde, como uma semente plantada em solo fértil, morrerá para germinar como uma forma, função, experiência ou evento. Se você deseja paz, poderá ter paz agora mesmo, porque tudo o que é bom acontece agora. Deus não cresce nem se expande e é agora o que foi ontem e será amanhã. Você sonha com o amor? Ele pode ser seu agora. Espera por uma cura? A presença curadora vive em seu interior e você pode ser curado agora. Deseja mais força? O poder do eterno está dentro de você, esperando que faça contato com Ele. Há alegria dentro de você, a alegria do Senhor, que tudo fortalece. A riqueza está dentro de você, a orientação está

## SERÁ QUE AS CONSTELAÇÕES NOS GOVERNAM?

dentro de você, a inspiração e tudo o mais em que poderá pensar estão bem aí, no seu interior. Você poderá ver seus desejos e sonhos realizados tanto agora como daqui a cinquenta anos. Então, não perca tempo, conquiste tudo *aqui e agora*.

Não dê atenção aos 12 signos do zodíaco. Não existem touros, centauros ou escorpiões no firmamento. Concentre-se em Deus e não no que é externo. Dê sua atenção à causa, não à manifestação; ao princípio e não à forma. O pensador científico não concede poder ao mundo fenomênico, não concede poder ao efeito. Ele dá poder ao Espírito, a causa de tudo, e ao poder infinito. Dá poder ao Criador e não à coisa criada. A Bíblia nos alerta para esse erro quando fala: "Não terás outros deuses diante de mim."

Quem põe seu destino nos astros está, de fato, acreditando em aglomerados de moléculas que se movimentam no espaço, em amontoados de densidades, frequências e intensidades. Não lhe parece tolice? Mas, se você crê nesses falsos deuses, receberá de acordo com sua crença. Sim, se teme ser governado por conjunções catastróficas, elas sem dúvida se materializarão em sua vida.

Já ouvi astrólogos dizerem que o mundo vai acabar no final da Era de Aquário, porque esse signo é, de acordo com previsões, o grande destruidor, o demolidor de todas as condições. Ora, a morte é sempre um prelúdio para algo melhor. Temos de morrer para o que somos antes de podermos viver como realmente desejamos. Temos de morrer para a doença para vivermos com saúde e vitalidade. Temos de morrer para a maldita ideia de pobreza, porque só assim tomaremos consciência de que as riquezas de Deus estão à nossa volta. Os Upanishads dizem: "Deus te fez rico. Então, por que és pobre?"

As pessoas são carentes de fé, amor, bondade, compreensão e cordialidade. Falta-lhes a reverência pelo que é divino. São pobres no seu conhecimento das leis da mente e do modo de ser do Espírito. Chegou a hora de nos livrarmos das antigas ideias e crenças e, como seria de se esperar, elas, de fato, estão se desmoronando agora. A vetusta ideia de que somos pecadores que ofendemos um Deus colérico e merecemos castigo ou que em algum lugar existe um inferno à espera daqueles que desobedeceram algum mandamento divino, também está morrendo.

Deus é amor e a vontade de Deus para todas as suas criaturas é a própria vida, que procura se expressar como harmonia, beleza, amor, paz, alegria, abundância e segurança. Essa é a tendência da vida. A vida não pode desejar a morte, porque Deus é a vida. Ele nunca nasceu e jamais morrerá. Deus é o Espírito Vivo que existe no nosso interior, o Princípio Vital. Ele não morre nem adoece. Por isso, só vivenciamos a doença e a morte devido ao mau uso das leis da mente, do modo de ser do Espírito.

Abraão e Moisés trouxeram ao mundo uma grande verdade. Moisés disse: "Ouve, Israel, o Senhor nosso Deus é o único Senhor." A Bíblia também nos diz que Abraão deixou a cidade de Ur dos caldeus, na Mesopotâmia, atendendo a um chamado do verdadeiro Deus. O estudo da astrologia iniciou-se com os sumérios, o primeiro povo a habitar aquela região. Os caldeus, que tiveram uma parte ativa no desenvolvimento da astrologia, atribuíam a causa de todos os acontecimentos aos movimentos dos corpos celestes, dessa forma dando poder à uma coisa criada e não ao Criador. Abraão, cujo nome significa "pai de uma multidão de nações", aprendeu que o mundo é governado pelo seu Criador e única causa, e deixou sua terra, seus parentes e a casa do seu pai para fazer aliança com Deus, a única presença e o único poder.

A astrologia pode ser considerada a psicologia da antiguidade, porque os primeiros magos ou sacerdotes estudaram a natureza hu-

# SERÁ QUE AS CONSTELAÇÕES NOS GOVERNAM?

mana e agruparam as diferentes personalidades em 12 signos, mas essas características são encontradas em todos os seres humanos.

Quem dá poder aos astros e estrelas, quem põe o zodíaco acima de tudo, está adorando "falsos deuses ou imagens esculpidas", feitas pela mão do homem. Os antigos hebreus diziam que a sabedoria é um peixe que nada nas profundezas. Sim, temos de pescar a sabedoria, as ideias criativas, para tirá-las da mente subconsciente. A verdadeira sabedoria é a percepção de que Deus é o único poder e que podemos entrar em contato com Ele por meio da prece. Quando você conseguir se conscientizar da infinita presença e infinito poder no seu interior, terá alcançado a sabedoria. Dentro do seu ser habita "O que tudo sabe, tudo vê, o Eterno, o Infinito Poder, o Amor Ilimitado, a Absoluta Harmonia, o Onisciente e Onipresente". Sendo onipresente, ele tem obrigatoriamente de estar em você e em tudo o que é vivo.

Tendo esse conhecimento, você não adora uma pessoa ou coisa criada, mas adora o Deus Interior, que é o Eu sou, a divina presença. O zodíaco é uma abominação diante de Deus e não deve ser considerado um meio de prever o destino dos seres humanos. Se alguém quiser lhe impor a ideia de um zodíaco, explique que ele apenas agrupa algumas das muitas características da personalidade humana e as divide grosseiramente em 12 tipos, ou signos. O que realmente existe dentro de todos nós são os atributos e qualidades de Deus, e são eles que temos de incorporar em nossa personalidade.

O número 12 sempre foi considerado um número místico. São 12 signos do zodíaco, 12 povos de Israel, 12 filhos de Jacó, 12 portões em Heliópolis, 12 horas do dia e 12 da noite. Maimônides, um filósofo judeu do século XII, foi um dos maiores sábios da sua época. Ele escreveu: "Os antigos, dirigindo toda sua atenção

## AUMENTE O PODER DO SEU SUBCONSCIENTE
## PARA ALCANÇAR UMA VIDA MAIS PLENA E PRODUTIVA

para a agricultura, foram dando às estrelas nomes relacionados com sua ocupação durante o ano." De fato, como esses povos notavam que havia modificações na posição do sol e das estrelas que coincidiam com as diferentes etapas de semeadura, plantio e cultivo, passaram a imaginar que as mudanças celestes causavam mudanças na terra. Com o passar do tempo, começaram a dar nomes às constelações que viam no céu, tomando como modelo os objetos e animais que viam no seu dia-a-dia.

O grande erudito, Vulney, estudou o início do interesse humano pelas estrelas e posição do Sol, e demonstrou que os nomes das constelações vieram dos povos primitivos que viviam na margem do Nilo nos primórdios da civilização. Por exemplo, os etíopes observavam que a estação das inundações acontecia quando havia o aparecimento de certas estrelas. Então deram o nome de Aquário a esse arranjo celeste, em que ficava a estrela da água. Quando essa bela constelação aparecia na direção da fonte do Nilo, eles a viam como um alerta contra as inundações. Compararam esse acontecimento ao animal que late para avisar um possível perigo e puseram o nome Sirius na estrela mais brilhante, que significa o cão que late.

Da mesma forma, deram o nome de Câncer, ou Caranguejo, ao grupo de estrelas em que o Sol, depois de ter chegado aos trópicos, retrocedia com o movimento vagaroso do caranguejo. As estrelas de Capricórnio, ou carneiro selvagem, marcavam o lugar onde o Sol, depois de atingir o ponto mais alto da sua órbita anual, ali permanecia e imitava o carneiro, que sobe alegremente a montanha para chegar ao cume. Libra, ou Balança, marcava a época em que os dias e noites tinham igual duração, parecendo uma balança em equilíbrio. A constelação de Escorpião ganhou esse nome porque suas estrelas apareciam na época em que sopravam ventos fortes

## SERÁ QUE AS CONSTELAÇÕES NOS GOVERNAM?

e extremamente quentes que queimavam a pele como picadas de escorpiões e traziam doenças e morte.

Por essas associações, ou metáforas naturais, na primavera, o Touro espalha sobre a terra os germes da fecundidade; a Cabra protege o firmamento dos poderes maléficos do inverno, salva o mundo da serpente e anuncia a volta do império da bondade, a primavera.

O que foi dito acima, é claro, não é mais do que uma breve e incompleta sinopse do brilhante trabalho de um pesquisador de grande prestígio sobre a adoração das estrelas e os símbolos astrológicos. Precisamos procurar entender o significado dos símbolos e não dar poder a eles.

O zodíaco é uma faixa ou cinturão imaginário no firmamento. Não é um corpo físico e não tem força gravitacional. É por isso que os astrônomos e astrofísicos ficam chocados e perplexos diante de pessoas que acreditam no seu poder e afirmam que os seres humanos são influenciados pela atração gravitacional exercida pelas diferentes posições dos corpos celestes numa constelação qualquer. Os cientistas afirmam que essa ideia não tem o menor sentido.

As associações feitas pelos povos primitivos foram sendo passadas de geração a geração e a origem dos símbolos caiu no esquecimento, mas se transformou em um arquétipo. Os mesmos animais que a imaginação dos antigos tinha transportado para o céu acabaram voltando à terra, assumindo agora sua forma física, mas que, por causa da sua aura celeste, tinha de ser esculpida ou pintada com materiais nobres. Seus atributos eram exatamente aqueles que os ancestrais tinham lhes conferido por meio da associação com as várias etapas da agricultura. Os vários povos começaram a criar rituais para levar oferendas a esses animais, pedindo à figura e imagem de um touro, por exemplo, as influências que poderiam ser esperadas quando a antiga constelação do Touro estava no firmamento. Eles, por exemplo, rezavam para o escorpião não derramar seu veneno sobre a natureza.

Reverenciavam o caranguejo do mar e os peixes do rio, e, assim, por meio de uma série de analogias corruptas, mas inseparáveis, as origens da astrologia foram se perdendo no meio de uma sucessão de absurdos. Essa é a origem do zodíaco. Isso não o faz parar para pensar?

Muitas pessoas ainda acreditam na astrologia e leem diariamente seus horóscopos nos jornais. Que tolice! Se um mapa astral tivesse algum significado, todas as criaturas nascidas sob um mesmo signo teriam o mesmo destino. A verdade é que os horóscopos apresentam uma ampla generalidade, podendo se aplicar a qualquer um, o que em si, comprova sua banalidade.

Há pessoas que ocupam posições de destaque que consultam astrólogos sobre os problemas que estão enfrentando, e até líderes políticos usam mapas astrais para tomar decisões que poderão afetar seu país como um todo.

O perigo é que essas leituras ou consultas influenciam o subconsciente, o que pode resultar em graves consequências. lembre-se sempre de que o subconsciente não determina se a sugestão recebida é válida ou inválida, verdadeira ou falsa, útil ou prejudicial. Ele simplesmente reage de acordo com a ideia recebida.

Um homem me disse que havia uma conjunção negativa no seu mapa astral e, por isso, tudo estava dando errado em sua vida. Tinha certeza de que a perda progressiva da visão que estava sofrendo e seus fracassos financeiros eram predeterminados pela posição dos astros no seu signo, apesar do seu oculista ter afirmado que não havia nada de fisicamente errado com sua visão e sugerir que seu problema era de fundo emocional. Durante nossa

## SERÁ QUE AS CONSTELAÇÕES NOS GOVERNAM?

conversa, detectei que ele tinha um mau relacionamento com o sogro, que viera morar em sua casa, e sentia uma profunda inveja de um dos sócios da firma em que trabalhava. Achei que esses eram os reais motivos dos seus problemas de saúde e fracasso na sua vida financeira.

Expliquei-lhe que hoje em dia há um consenso na medicina sobre o importante papel que fatores mentais e emocionais desempenham na fisiologia do olho e distúrbios da visão. A medicina psicossomática há muito detectou que as emoções podem curar ou matar, e estão intimamente vinculadas ao surgimento de doenças. Falei que durante nossa conversa inicial ficara bem claro que ele tinha um profundo rancor e hostilidade contra seu sogro, com o qual agora estava obrigado a conviver. O homem concordou e me disse que não suportava mais ver a cara dele. Ora, sua mente subconsciente aceitara essa ordem sem contestar e estava produzindo o distúrbio visual. Lembre-se de que o subconsciente não entende a diferença entre a verdade e uma brincadeira ou afirmação leviana, e não discute sobre o que é impresso nele. E mais, quem acredita que o sol em Saturno é uma indicação de que vai enfrentar uma longa fase de má sorte, criará esse problema em sua vida. Um outro indivíduo do mesmo signo, que não liga a mínima para horóscopos, pode estar prosperando como nunca nessa mesma ocasião. Expliquei ainda a esse homem que a inveja que sentia do sucesso do sócio da empresa era a causa do seu empobrecimento, porque era como se estivesse dizendo a si mesmo: "Ele conseguiu êxito e subiu na vida, e eu continuo na mesma." De fato, estava colocando essa pessoa num pedestal e se menosprezando, e o resultado era que roubava de si próprio, atraindo mais carência, limitação e miséria.

A cura veio com a conscientização do seu modo errado de agir. Tomou coragem e conversou civilizadamente com o sogro,

## AUMENTE O PODER DO SEU SUBCONSCIENTE
## PARA ALCANÇAR UMA VIDA MAIS PLENA E PRODUTIVA

pedindo-lhe para mudar de sua casa, no que foi atendido. Seu rancor e hostilidade desapareceram quando começou a afirmar com toda a objetividade e afeto: "Eu irradio amor e boa vontade para você e lhe desejo todas as bênçãos da vida. Vejo a Presença de Deus atuando em você, através de você e em torno de você." Repetindo essa prece com regularidade, o homem pouco a pouco foi recuperando a visão, que voltou a ser normal. Além disso, passou a orar pelo sucesso e prosperidade do seu competidor e, para sua surpresa, começou a progredir, chegando a recuperar e duplicar tudo o que havia perdido. Entenda, essa pessoa estivera decretando sua própria cegueira e derrocada financeira, porque seu subconsciente não tinha outra alternativa senão obedecer às ordens da sua mente racional.

Na verdade, quem ora pela saúde, bem-estar e prosperidade dos outros, pode ser considerado egoísta, porque está orando por si mesmo, já que os bons pensamentos tiveram início em sua mente. A nova atitude do homem que acreditava em horóscopo, de orar pelo seu competidor, dissolveu a inveja, que é uma filha do medo, e o levou a alcançar novos patamares na sua vida pessoal e financeira, apesar das tais conjunturas prejudiciais para o seu signo continuarem existindo.

Shakespeare disse: "Somos subalternos devido a nós mesmos e não porque assim está escrito em nossas estrelas." Sim, o único poder está na sua consciência, que é seu Eu sou, sua percepção, o Espírito Vivo de Deus no seu interior. Seu estado de conscientização significa o modo como você pensa, sente e acredita, para o que dá seu consentimento mental. Não existe outra causa ou poder no mundo. Você recebe de acordo com aquilo que crê. A lei da vida é a lei da crença. Você deve acreditar na bondade de Deus aqui, na terra dos vivos. Deve acreditar na orientação de Deus, no amor

## SERÁ QUE AS CONSTELAÇÕES NOS GOVERNAM?

de Deus, na abundância de Deus e na segurança infinita. Deve acreditar que o que vale para Deus, vale para você. "Eu vim para que tenham vida, e vida em abundância."

Não faça aliança com as estrelas, mas com Deus, que criou todas as estrelas e planetas. Elas são pensamentos de Deus. Deus pensa e mundos aparecem, dizem as escrituras sagradas hindus, os Upanishads, que têm mais de 8.000 anos. "Dê poder ao Criador e não à coisa que foi criada." A Bíblia diz que não devemos adorar falsos deuses. "Não terás outros deuses diante de mim." Bem mais adiante, no Livro de Isaías, lemos: "Eu sou o Senhor. Esse é meu nome. Minha glória não darei a nenhum outro. Nem meu louvor para imagens esculpidas." E, posteriormente, diz Javé, com ironia: "Pede agora aos astrólogos, aos magos que observam as estrelas, aos adivinhos que fazem prognósticos mensais para se erguerem e virem salvar-te do que cairá sobre ti."

Dois professores, amigos meus, que acreditavam na astrologia, concordaram em participar de uma experiência. Mandaram fazer seus mapas astrais ao preço de US$50 cada um e não os abriram para ler o conteúdo, de modo a não impregnarem seu subconsciente com as previsões. Os mapas ficaram em meu poder por um ano. Durante esse período, expliquei a eles, com grande profundidade, o funcionamento da lei da vida, que diz: "Ele é o que pensa em seu coração." Essa é uma lei cósmica, uma lei da mente, é o ensinamento básico de todas as religiões do mundo, que aparece nitidamente quando os rituais, cerimônias e formalidades lhes são retirados.

A religião é um movimento do coração, não da língua. São as crenças que estão em seu coração, seu matrimônio emocional, suas mais profundas convicções, seu medo, superstições, as responsáveis pelo que se manifesta em sua vida. Os dogmas e mandamentos

## AUMENTE O PODER DO SEU SUBCONSCIENTE
## PARA ALCANÇAR UMA VIDA MAIS PLENA E PRODUTIVA

da religião que você professa não significam nada. O que se concretiza em sua vida são as crenças e ideias que estão guardadas no fundo do seu ser e, infelizmente, todos nós, durante a infância, fomos mal instruídos pelos nossos pais ou responsáveis e fomos condicionados de maneira errada.

Tudo o que você crê e sente ser verdadeiro irá impregnar sua mente subconsciente, e o que é gravado nele mais cedo ou mais tarde acaba se expressando. Foi isso, entre muitas coisas, que expliquei aos dois professores, e salientei: é impossível acontecer alguma coisa a alguém a não ser que já exista alguma afinidade ou equivalência em sua mente. Todos os seres humanos criam, moldam e formatam seu destino com base nos seus pensamentos e sentimentos habituais. Para algo se materializar faz-se necessário que dois elementos concordem. Esses dois são o consciente e o subconsciente. Se houver essa concordância, a ideia se manifestará em nossa vida, seja ela boa ou má.

Falei também que apesar do subconsciente de ambos estar poluído com negativismo e falsas crenças, eles tinham a capacidade de modificar essa situação passando a se identificar com as verdades eternas em vez de se preocuparem com o zodíaco, que é pura imaginação. Expliquei inclusive que o melhor modo de carregar suas baterias mentais e espirituais de maneira regular e sistemática seria o hábito de contemplar as verdades de Deus, que são eternas e transcendem todos os tipos de mapas astrais e horóscopos.

Meus amigos praticaram o pensamento construtivo durante o ano todo e, no final do tempo combinado, vieram ler seus mapas astrais que estavam guardados no meu escritório. Demos muitas risadas. Havia previsões negativas que não tinham se realizado. De fato, no período em que supostamente ocorreriam acidentes

## SERÁ QUE AS CONSTELAÇÕES NOS GOVERNAM?

e perdas financeiras, os dois só tinham tido lucro e boa saúde. Ambos foram promovidos em seus respectivos estabelecimentos de ensino. Se eles tivessem lido seus mapas astrais, as sugestões negativas poderiam ter ficado impressas em seus subconscientes e se manifestariam sob a forma de acontecimentos prejudiciais.

Eu também tinha orientado meus amigos a adquirir o hábito de ler trechos de um livro de meditações que lhes dei, chamado *Conversando com Deus*, de manhã e à noite, o que os fez saturar suas mentes com as verdades eternas, neutralizando e eliminando todos os modelos negativos impregnados na mente mais profunda, porque o inferior está sempre sujeito ao mais elevado. Portanto, pode-se dizer que lhes dei um mapa astral espiritual, significando que à medida que implantavam harmonia, beleza, amor, paz e ação no subconsciente, foram ativando essas qualidades divinas, o que resultou em manifestações positivas em suas vidas.

Conheço sensitivos que têm a capacidade de ler o passado, presente e futuro de um consulente com extraordinária exatidão e sagacidade mental, revelando tendências e características da pessoa. Muitos mal tinham ouvido falar em astrologia e recorriam a cartas de baralho ou tarô, números ou borra de café como acessórios. Outros se dizem clarividentes ou clariaudientes e revelam episódios passados e atuais planos e propósitos.

A verdade é que os sensitivos têm simplesmente o poder de se ligar ao subconsciente da pessoa. Em outras palavras, antes de um deles dizer qualquer coisa, você já lhe contou tudo. Essas pessoas têm prática de entrar em um estado de consciência passivo e receptivo, e por meio dele fazem uma conexão com a mente mais profunda e "veem" desejos e propósitos, temores, sonhos, amores, separações etc.

Carl Jung escreveu: "Apesar de haver algumas deduções astrológicas corretas, elas não se devem aos efeitos das constelações, mas às nossas hipóteses sobre o caráter do tempo." De fato, se existe alguma validade nas previsões astrológicas, se temos características deste ou daquele signo, não é porque nascemos em 5 de agosto ou 4 de julho, mas porque elas resultam das crenças coletivas inconscientes impregnadas na mente das massas ou da humanidade a respeito desse período do ano.

Através dos milênios, a mente da raça humana deu poder às constelações e signos do zodíaco, acreditando que eles exercem influência sobre nós, e essa ideia está impressa no inconsciente coletivo. Todos nós fazemos parte da mente das massas ou da mente da humanidade, atualmente constituída de mais de seis bilhões de pessoas. Vivemos mergulhados em um oceano psíquico e devemos nos precaver para não sermos influenciados por pensamentos externos que são impingidos no meio receptivo que é nossa mente. Todos nós somos afetados pelas crenças do inconsciente coletivo e o único modo de vencer essa influência é a libertação da mente por meio da prece científica, que significa a contemplação das verdades de Deus a partir do mais elevado ponto de vista possível. É por meio dela que conseguiremos neutralizar os miasmas tóxicos da mente das massas.

Mais uma vez, repito: nós nos tornamos o que contemplamos, que é a grande lei. Tanto a natureza do amor como a natureza do ódio têm o poder de nos modificar, transformando-nos na imagem e semelhança do que contemplamos.

É errado prever o mal para outra pessoa, porque, quando fazemos isso, estamos primeiro prevendo o mal para nós mesmos. Além disso, estamos contaminando as mentes de muitos outros seres humanos, instilando dúvidas e medo em seus corações. É o que fazem os astrólogos que publicam colunas em jornais e revistas. O que você sentiria sabendo que um ou dois milhões de leitores

## SERÁ QUE AS CONSTELAÇÕES NOS GOVERNAM?

estão pensando de maneira negativa, imaginando que ocorrerão acidentes, fracassos ou morte para os que nasceram sob o seu signo? É urgente nos livrarmos dessa ideia supersticiosa e absurda.

Pat foi consultar um astrólogo e disse:

— Eu lhe darei mil dólares se você me disser onde vou morrer.

— Mas por que o senhor quer saber?

— Para nunca ir a esse lugar.

As previsões astrológicas sempre rendem boas piadas. Alguém perguntou a um menino:

— Sua mãe lê as cartas?

— Lê, sim.

—E as previsões que ela faz dão certo?

— É óbvio! Ontem, ela leu meu boletim e previu exatamente o que meu pai ia fazer quando visse minhas notas depois de chegar em casa. Ela acertou na mosca! Os astrólogos do Oriente usam outro zodíaco siberial, que se baseia em estrelas fixas e cujos signos não combinam com os do zodíaco ocidental. Se você disser a um astrólogo indiano que nasceu em 15 de maio, sob o signo de Touro, por exemplo, ele dirá que há um engano, porque, na verdade, você é de Áries. Por consequência, a descrição de tendências e características será totalmente diferente das atribuídas a Touro no horóscopo ocidental. Pense que as características e tendências dos 12 signos descritas em milhares de livros sobre astrologia, que derivaram de observações empíricas, estão dentro de você. Se você souber escolher as mais construtivas delas, elas serão os seus 12 Discípulos. Lembre-se de que Jesus disse: "Vós sois meus amigos." Sim, porque você vê paz onde existe discórdia, amor onde há ódio, alegria onde há tristeza, luz onde há trevas e julgará de acordo com as eternas verdades de Deus. Aprenda a ouvir a voz dos seus discípulos. Quando alguém diz "doente", ouça-os rebatendo:

"gozo de perfeita saúde", sabendo no seu íntimo que o poder de Deus está constantemente fluindo pelo seu ser.

A Bíblia nos conta a história de Sisera, um general filisteu. "Elas lutavam no céu; as estrelas nos seus cursos lutavam contra Sisera", o que significa que o general pautava sua vida pelo horóscopo e que estava num período desfavorável. Ora, como Sisera acreditava que as estrelas estavam contra ele, os acontecimentos se manifestaram de acordo com sua crença. Acreditar é aceitar algo como verdadeiro. Você pode acreditar em uma mentira por não ter meios de comprovar sua falsidade, mas, se essa crença for impregnada no seu subconsciente, ele atuará de acordo com ela, seja falsa ou verdadeira.

Todos nós fomos criados com certas crenças, opiniões e atitudes, e temos diferentes tipos de condicionamento em nossa vida adulta. Entretanto, não existe fatalismo, porque podemos eliminar os condicionamentos errados por meio da sintonização com o infinito e pela constante afirmação de que o que é verdade de Deus é verdade para nós. Quando pensamos, falamos e agimos com base nos ensinamentos da infinita presença e infinito poder, estamos fazendo um mapa astral espiritual, fundamentado na sabedoria, verdade e divina lei e divina ordem.

Sisera poderia ter ignorado e varrido da sua mente as previsões negativas do seu astrólogo. Sua vida teria mudado. Mas Sisera era um filisteu e não conhecia o espírito infinito e suas leis. Sua derrota não foi resultado da posição do sol, planetas e estrelas no seu signo, mas das ideias impregnadas no seu subconsciente.

Os filisteus adoravam falsos deuses e construíam templos para abrigar suas imagens. Se agissem da maneira certa, Sisera teria se voltado para a Presença Divina em seu interior e seria guiado para a paz, harmonia, amor e ação correta.

## SERÁ QUE AS CONSTELAÇÕES NOS GOVERNAM?

Algumas pessoas acreditam em carma, ocultismo, horóscopo etc. mas, como na mente não existe nem tempo nem espaço, não estão na verdade. Nesta verdade divina não existe a predestinação ou a reencarnação, uma volta a novas vidas para resgatar as faltas e pecados cometidos no passado. Nós lidamos com o Ser que não tem hora nem espaço.

A morte não existe, só existe a vida. A idade não é a passagem dos anos, mas o alvorecer da sabedoria. Daqui a bilhões de anos ainda estaremos vivos em algum lugar, porque Deus é vida e não pode morrer. A vida Dele (de Deus) é sua vida agora.

Ouvi alguém dizer que os nascidos sob o signo de Aquário são bons jardineiros. Jardineiros plantam sementes no solo e sabem que elas darão plantas da sua própria espécie. Em termos do pensamento científico, o jardineiro e o jardim são, respectivamente, o consciente e o subconsciente. Tudo o que você plantar na sua mente subconsciente, surgirá como forma, função, experiência e evento. Você precisa regar seu desejo, sua ideia, com fé e confiança. Será inútil tentar fazer a semente germinar com qualquer tipo de esforço ou coação mental porque seria ir contra as leis da natureza. Agindo dessa forma, você estaria partindo da hipótese de que existe um outro poder, capaz de atuar sobre o crescimento das plantas. Todavia, existe um único poder e Ele se movimenta como uma unidade. Se houvesse dois poderes, não existiriam ordem nem simetria no céu e na terra, nem em nosso organismo. Seria o caos. Porém, vivemos em um cosmos, que é um universo matematicamente ordenado.

Sim, você está aqui para plantar um jardim de harmonia, beleza, amor, paz, abundância, segurança e divina lei e divina ordem, que são princípios que você ativa e os faz viver dentro do seu ser. Então, conhecendo a lei, você será capaz de oferecer inspiração, orientação, cordialidade, amor, beleza e jovialidade, porque só pode dar o que conhece. Quem adquire esse conhecimento, ganha a possibilidade de transmiti-lo para seus filhos, ensinando-lhes as leis da mente e a condição de oferecer fé e incentivo a todos que o cercam e compartilhar das verdades eternas de Deus e trazer luz e benevolência à humanidade.

Nosso mundo está em constante mutação e essas modificações não têm nada a ver com a Era de Peixes, de Aquário etc. Certas crenças religiosas saíram de moda e foram esquecidas. Um grande número de monarquias desapareceu durante os séculos XIX e XX. Grandes invenções surgiram e foram se aprimorando, facilitando a vida de milhares de pessoas e não apenas de membros da aristocracia. Muitas mulheres do mundo ocidental estão se emancipando e ocupando um importante lugar na sociedade, deixando para trás a submissão causada principalmente pela má interpretação dos textos bíblicos. Atingimos a era da ciência, da tecnologia e não podemos ficar vivendo no passado, aceitando as ideias tolas dos nossos ancestrais, como a astrologia, cujo "fundamento" é uma faixa imaginária no céu, o zodíaco, que não tem substância nem realidade, que não tem força gravitacional e nem mesmo irradia raios cósmicos.

Não importa quem é, onde está ou qual é o seu signo astrológico, você tem sempre a possibilidade de se voltar para a presença espiritual e único poder, que criou o universo e tudo sabe e tudo vê, e está sempre pronto a guiá-lo, orientá-lo e curá-lo. Nada é capaz de se opor, desafiar, distorcer ou viciar o Todo-poderoso. Os corpos celestes não lutam contra Deus, não podem atuar contra a Sua vontade, prejudicando os seres humanos. Deus criou as estrelas, planetas e galáxias e disse que eram boas.

## SERÁ QUE AS CONSTELAÇÕES NOS GOVERNAM?

Se você abrir sua mente e coração para receber a orientação do Eterno, Ele o guiará e restaurará sua alma. Entretanto, se acredita firmemente que Saturno, Mercúrio ou Júpiter está atuando contra o seu progresso ou bem-estar, o infinito não pode agir, porque a porta do seu coração está trancada. Confie no espírito que habita no seu interior e apoie-se Nele, e tudo será renovado e os obstáculos ou dificuldades se derreterão, sumindo como as trevas que desaparecem com a chegada da luz.

Há muitos anos uma jovem atriz me disse:

— Eu sabia que ia sofrer um acidente. Aliás, sabia que seriam mais do que um. Meu mapa astral indicou que Netuno estava regendo meu destino e havia uma conjunção maléfica naquele período. Tudo deu errado para mim.

Essa moça foi a causa dos seus próprios problemas. Netuno é inofensivo e boas ou más conjunções de planetas não têm poder para ferir ninguém. Existe um único poder: Deus. Adivinhações, feitiçaria, ocultismo são apenas sugestões e podemos rejeitar tudo o que é negativo que venha dos outros. Se você pensar no bem, o bem virá. Caminhe na consciência do amor de Deus, irradie amor e benevolência para todos os seres humanos. Assim, pouco a pouco você irá aumentando sua imunidade contra as falsas crenças e a negatividade. Olhe para as bruxarias e feitiços sob sua verdadeira luz e convença-se de que as pessoas que recorrem a elas são ignorantes do real poder espiritual. Pessoas que falam em maldições, castigos e conjunções negativas não sabem do que estão falando e você deve rir delas.

Jamais aceite sugestões negativas, porque elas têm força para os que ainda não conhecem o poder que tudo cria, que é a fonte de tudo o que existe no universo.

Como disse o grande pensador do movimento Novo Pensamento, Troward: "se existe alguém tão mau, tão burro e tão lamentavelmente ignorante da verdade espiritual a ponto de querer usar o poder de uma sugestão prejudicial contra um outro ser humano, eu o considero digno de pena. Ele não conseguirá nada com isso, porque é como se estivesse soprando ervilhas contra uma armadura de ferro. Elas voltarão para ele com força dobrada. Sim, quem deseja a morte de uma pessoa, está desejando-a para si próprio. Se o outro, por exemplo, acredita em uma vida longa, a sugestão maldosa irá ricochetear. É fato, as maldições voltam para chocar no seu próprio galinheiro."

# Resumo do capítulo

- Você molda e constrói o seu destino, é responsável por tudo o que lhe acontece. Nada lhe acontece sem o seu consentimento. Nada pode ocorrer em sua vida se não houver o equivalente mental em seu subconsciente. Não existe a predestinação. São seus pensamentos e emoções que controlam o seu destino.
- As características dos 12 signos do zodíaco estão no seu interior. Elas não se referem a um aspecto físico das constelações do céu. Não existe uma faixa zodiacal nem carneiros, touros ou centauros no firmamento. Ponha seu coração em Deus e não no que é externo. Volte seu pensamento para a causa, não para a manifestação, para o princípio e não para a forma.
- As antigas crenças de que somos pecadores nas mãos de um Deus colérico e vingativo, que em algum lugar existe um inferno esperando pelos que desobedeceram a um mandamento, que Deus deseja que soframos, felizmente estão

desaparecendo. Essas ideias são, de fato, uma abominação para Deus, o nosso Senhor. Deus é amor e Sua vontade para todos nós é a vida. A vida sempre procura se expressar como harmonia, beleza, amor, paz, alegria, abundância e segurança.

- Você está aqui para plantar no jardim da sua mente a harmonia, beleza, amor, paz, abundância, segurança, ação correta e a divina lei e a divina ordem. Esses são princípios divinos e é você quem os ativa. Você os torna vivos em seu interior. Então, conhecendo a lei, você adquire o poder de oferecer inspiração, orientação, amor, beleza, cordialidade e jovialidade para os outros. Ninguém pode dar o que não tem. Com o conhecimento que adquiriu, você agora pode ensinar as leis da mente para os seus filhos.

- É impossível alguma coisa acontecer a alguém que já não tenha alguma afinidade ou equivalência com esse acontecimento no subconsciente. Todos os seres humanos moldam seu próprio destino e futuro por meio do seu modo habitual de pensar e sentir. Dois aspectos precisam se unir para gerar algum acontecimento — o consciente e o subconsciente. Tudo em que eles concordarem, seja bom ou ruim, irá se concretizar.

- Pessoas que têm o costume de transmitir sugestões negativas, falando sobre ocultismo, feitiços, configurações prejudiciais etc., são ignorantes, não conhecem as leis da vida. Existe um único poder, que se movimenta em perfeita harmonia. O uso negativo de qualquer tipo de "poder oculto" é destruído pelo uso construtivo do verdadeiro poder, que é a fonte de tudo o que existe no universo.

# CAPÍTULO 6
## Falar em outras línguas: qual é o verdadeiro significado?

N a Bíblia, em Atos dos Apóstolos, está escrito: "Quando chegou o dia de Pentecostes, estavam todos reunidos em um mesmo lugar. De repente, veio do céu um ruído como o sopro de um vendaval impetuoso, que encheu a casa onde se encontravam. Apareceram-lhes, então, umas línguas de fogo, que se espalharam e foram pousar sobre cada um deles. E todos ficaram repletos do Espírito Santo e começaram a falar em outras línguas, conforme o Espírito lhes concedia que falassem" (At 2,1-4).

Para os israelitas, no dia de Pentecostes era realizada a grande festa da colheita. Para nós, seguidores do pensamento científico, o Pentecostes comemora o resultado das meditações e atenção às verdades de Deus, que se tornam realidades vivas em nossa vida, em vez de continuarem como conceitos teóricos mantidos na mente objetiva. É importante entendermos o que está por trás dos acontecimentos narrados na Bíblia, que foi escrita em uma linguagem figurativa e alegórica, para entendermos o verdadeiro significado das suas mensagens.

Em outras palavras, você colhe o fruto das verdades espirituais em que esteve meditando. Você entrou na luz, ou seja, na razão iluminada que é a "terra prometida" da Bíblia. A terra prometida é, em suma, a realização dos desejos do seu coração, a resposta

## AUMENTE O PODER DO SEU SUBCONSCIENTE
## PARA ALCANÇAR UMA VIDA MAIS PLENA E PRODUTIVA

às suas preces. Você entra na terra prometida se estava desejando saúde e teve uma cura extraordinária. Você vive na terra prometida, mental e espiritualmente, quando expressa harmonia, saúde, paz, alegria e abundância.

No pensamento científico, você reúne seus pensamentos, emoções e visualizações positivas em uma única coisa: o Espírito Vivo interior, pois Deus habita dentro de você, fala e conversa em você. Deus é Onipresente e, por isso, tem de estar presente em você. Qualquer contato com Ele tem de ser feito de dentro para fora. Sim, você se volta para o interior do seu ser e contempla Deus, que é o Amor Ilimitado, Infinita Inteligência, Absoluta Harmonia, Onipotente e Onisciente. Seus pensamentos e ideias estão reunidos em um único lugar — o esconderijo de Deus em sua mente.

"Estavam todos reunidos em um mesmo lugar" significa que pensamentos e ideias se concentram em todas as faculdades, ansiedades e atividades da mente em exaltação e louvor ao Espírito Infinito dentro de você.

O "ruído do céu" e o "vendaval impetuoso" representam o movimento do Espírito que permeia nossas mentes e corações. O céu é nossa mente em paz. Quando criamos o hábito de orar e comungar com o Infinito, descobrimos o júbilo do espírito nos animando, inspirando e sustentando, o que simboliza o efeito estimulante do novo vinho.

Portanto, entendemos que os homens que festejavam o Pentecostes podiam estar "cheios de vinho doce" (At 2, 13), mas, óbvio, não devemos levar isso ao pé da letra. O vinho doce é a nova interpretação da vida, é a exaltação do Espírito de Deus em nós, é o entusiasmo, fervor e alegria, porque despertamos o dom de Deus em nosso interior.

Isso é o que se chama *falar em outras línguas*. Você fala na língua do amor, paz, harmonia, alegria, boa vontade e inspiração. Fala

## FALAR EM OUTRAS LÍNGUAS: QUAL É O VERDADEIRO SIGNIFICADO?

na língua do reino de Deus, que está no interior do seu ser. Você dá novo ânimo às pessoas, as inspira a procurar o Deus interior e essas palavras são doces para a alma e saudáveis para o corpo físico. Isso não é falar em um idioma pouco conhecido?

As "línguas de fogo" representam a luz e a inspiração geradas pela veneração e adoração do infinito poder e infinita presença em nosso interior. "Como é, pois, que ouvimos falar, cada um de nós, no próprio idioma em que nascemos?" O idioma universal é o amor. Na Bíblia, a palavra "língua" descreve um modo de falar cheio de vibração, ânimo, compreensão e carinho, que transmite amor. Todos nós compreendemos o amor. Até os animais entendem a linguagem do amor.

Falando em termos materiais, é possível hipnotizar uma pessoa e sugerir que ela agora está falando em outras línguas e ouviremos um monte de ruídos estranhos e baboseiras. Já ouvi médiuns em transe falar em línguas estrangeiras, o que não é de admirar, porque o subconsciente conhece todos os idiomas, pois eles estão registrados no inconsciente coletivo ou universal e nosso subconsciente e o subconsciente universal são um só. Portanto, falar em línguas durante um estado hipnótico não é indicação de espiritualidade ou iluminação.

A "glossolalia", ou o dom de falar em outras línguas, é apenas um feito da memória subjetiva. William Hamilton, em suas palestras sobre metafísica, chama esse fenômeno de memória latente. Ele diz: "Há casos em que a memória extinta de idiomas foi subitamente restaurada e, o que é ainda mais notável, em que a pessoa repetiu com exatidão trechos em línguas que não podiam estar na mente consciente de um indivíduo normal."

Como eu disse anteriormente, todas as línguas que já existiram neste mundo estão registradas na mente subjetiva. Aliás,

## AUMENTE O PODER DO SEU SUBCONSCIENTE
## PARA ALCANÇAR UMA VIDA MAIS PLENA E PRODUTIVA

tudo o que já aconteceu neste mundo desde o início dos tempos está infalível e indelevelmente registrado na mente subconsciente universal, que é comum a todos os seres humanos.

Alguém me contou sobre uma moça de uns 25 anos, que não sabia nem ler nem escrever. Ela teve uma febre muito alta e começou a falar em latim, grego e hebraico em tons muito pomposos e com um sotaque marcante. Um médico da cidade fez algumas pesquisas e descobriu que a moça ficara órfã muito cedo e fora criada por um pastor protestante. O homem tinha o hábito de andar de um lado para o outro enquanto lia em voz alta textos escritos por rabinos e padres gregos e italianos. O médico identificou trechos que haviam sido anotados junto ao leito da jovem doente como sendo passagens encontradas nos vários livros da biblioteca do pastor. Portanto, foi fácil compreender a origem do "falar em outras línguas".

Enquanto era muito pequena, a jovem ouvia o pastor lendo em voz alta e os trechos estavam profundamente gravados em seu subconsciente. Quando sua mente racional foi subjugada devido à febre alta, o subconsciente pôde vir à tona e ela reproduziu o que estava indelevelmente impresso nele.

Há milhares de casos parecidos bem documentados e o efeito dos "transfaladores", como às vezes essas pessoas são chamadas, é facilmente explicável sem invocar o auxílio dos espíritos. As pessoas que presenciam essa demonstração mostram-se confusas porque não conhecem as leis do consciente e do subconsciente. No meu livro *O poder do subconsciente*, explico com pormenores o funcionamento da mente consciente ou racional e da mente subjetiva ou subconsciente.

É preciso procurar o significado subjacente de cada história da Bíblia. Por exemplo, uma mulher está hospitalizada e sente

FALAR EM OUTRAS LÍNGUAS: QUAL É O VERDADEIRO SIGNIFICADO?

muita dor por causa de uma doença qualquer. Ela, é óbvio, está se queixando e lamentando sua má sorte. Portanto, está falando na língua da enfermidade. Quando ela for curada, quer por meio de preces quer pelo tratamento médico, ela passará a falar em uma outra língua e o novo idioma traduzirá a alegria da saúde, vitalidade e paz de espírito. Não há dúvida de que ela agora fala com outro tom, outra vibração e outro estado de espírito. A língua estrangeira que a Bíblia menciona é um novo grau de compreensão que adquirimos ao conhecermos as verdades Divinas.

A língua universal é o amor, porque Deus é amor. Todos nós temos a capacidade de perceber o amor nas palavras de uma outra pessoa, mesmo que não conheçamos a língua em que ela está falando. A linguagem universal do amor não tem altura, comprimento, profundidade ou largura. Ela toma conta de todo o espaço. Outras línguas, como as do rancor, ódio, inveja, má vontade ou hostilidade, também podem ser entendidas, mas perdem todo o seu poder diante da linguagem do amor, que é um bálsamo curativo.

Como vimos, em Atos dos Apóstolos está escrito que os discípulos estavam todos reunidos no mesmo lugar. Seus discípulos são suas faculdades mentais disciplinadas e você tem 12 faculdades. Ao orar, você reúne todas elas. Afastando-se do mundo objetivo e das evidências trazidas pelos seus sentidos, você se sintoniza com a infinita inteligência que está em seu interior, entrando em um estado de consciência calmo, passivo e receptivo. É nesse tabernáculo de Deus que você medita sobre seu ideal ou solução para o seu problema e percebe que o poder e a sabedoria da infinita presença curadora agora estão fluindo pelo seu ser. Esse movimento do espírito é o "vendaval impetuoso".

Lorde Montbodeau, em seu livro chamado *Ancient Metaphisics*, conta o caso da condessa de Levalle. Como enfrentava

## AUMENTE O PODER DO SEU SUBCONSCIENTE
## PARA ALCANÇAR UMA VIDA MAIS PLENA E PRODUTIVA

uma gravidez difícil, durante o sono ela era vigiada pelas suas camareiras, que relataram que, enquanto dormia, a condessa falava uma língua estranha, desconhecida de todos, mas que também poderia ser uma sucessão de ruídos desconexos. Logo depois do nascimento da criança, foi contratada uma babá nascida na província da Bretanha, na França, que entendeu imediatamente o que sua patroa dissera, porque aquele era o dialeto falado em sua terra natal.

Uma breve pesquisa descobriu que a condessa também nascera na Bretanha e, como era costume dos aristocratas da época, fora morar com a família da sua ama de leite, onde não se falava outra língua senão o dialeto local. Portanto, em sua mais tenra infância só ouvira esse idioma. Quando foi desmamada e voltou para a casa dos pais, não teve mais contato com o dialeto. Por isso, não compreendia nenhuma palavra do que falava durante o sono, mas a língua estava impressa em seu subconsciente. Quando a mente racional se afastava, era como se o dialeto profundamente gravado no seu subconsciente ressuscitasse ou viesse à superfície.

Imaginemos que prodígio de conhecimento você seria se pudesse ter pleno acesso a tudo o que já viu, ouviu ou leu desde o seu nascimento, porque todas essas coisas estão indelevelmente impressas no seu subconsciente. Por exemplo, todos nós temos lembranças esquecidas pela mente racional, mas se um hipnólogo nos colocar em estado de transe e disser: "conte-me o que se passou no dia do seu quarto aniversário", daremos nomes de lugares e pessoas, falaremos dos brinquedos que ganhamos, saberemos dizer exatamente como era o bolo de aniversário e a que horas ele foi cortado. Esses acontecimentos há muito estão esquecidos, mas se formos verificar com nossos pais ou parentes, provarão ser verdadeiros. O subconsciente tem memória e, se for contatado, responde de acordo.

## FALAR EM OUTRAS LÍNGUAS: QUAL É O VERDADEIRO SIGNIFICADO?

Lembre-se de que a mente subjetiva registra tudo o que acontece e tem gravadas nela todas as experiências do indivíduo. Sob certas condições anormais, como durante um forte acesso de febre, uma doença ou um ataque nervoso, os tesouros ocultos "sobem à superfície". Você talvez se maravilhe com os extraordinários dotes da mente humana, mas lembre-se de que o reino de Deus está dentro de nós, que o reino da suprema inteligência e absoluta sabedoria também está dentro de nós. Deus habita no fundo do seu ser e Deus é o Espírito Vivo Todo-poderoso. Deus é Espírito e quem O adora, O adora em espírito e verdade.

Tenha absoluta certeza de que não existe nada que seja desconhecido para nossa mente subconsciente e que, se você ouvir alguém falando em uma língua aparentemente estranha ou, como alguns chamam, na "língua dos anjos", saiba que isso é resultado da operação de uma lei natural. É a resposta do subconsciente a algum tipo de sugestão ou auto-hipnose e não deve ser considerada uma indicação de espiritualidade desenvolvida.

"Apareceram umas línguas de fogo, que se espalharam e foram pousar sobre cada um deles." Sim, o antigo estado de espírito morre e nasce um novo. Ao ouvir a boa-nova, a gloriosa resposta aos seus desejos, o fogo do entusiasmo causado pelo seu novo conhecimento do poder de Deus, queima o velho e traz o novo. O fogo da iluminação e inspiração tocou cada um dos seus "discípulos", suas faculdades, enriquecendo-os espiritualmente.

Muitos de nós fomos ensinados sobre "o fogo de Deus, que tudo consome". Isso, na verdade, significa tirar a atenção do antigo estado de espírito, transformá-lo em cinzas, para focalizar todo o interesse, de maneira decisiva e dinâmica, na meta que escolhemos, no nosso ideal. Toda a nossa atenção deve ficar concentrada na realização do nosso desejo, que acontecerá por força do poder de

Deus. O que aconteceu com nosso antigo modo de pensar? Ele virou cinza, foi totalmente consumido.

Aprenda a afastar sua consciência de qualquer estado negativo. Ciente da divina presença em seu interior, tenha certeza de que Ela atenderá seus pedidos. Sua consciência — o modo como você pensa, crê e sente — também é um fogo que tudo pode consumir. Sempre que você afastar seu pensamento, sua atenção, de qualquer condição ou conceito negativo, habitue-se a colocá-lo em algo mais próximo de Deus e assim ele morrerá ou será consumido, abrindo espaço para as verdades divinas. Essa atitude é uma forma de oração. Em suma, devo morrer para o que sou antes de poder ser o que desejo ser.

Por isso, o homem doente ora: "O poder curativo de Deus agora está fluindo pelo meu ser e Deus anda e fala dentro de mim." Então ele focaliza seu pensamento num quadro mental em que está em sua casa ou escritório, fazendo todas as coisas que faria se voltasse a ser perfeito. Agindo assim, está focalizando o poder curativo de Deus nessa visualização positiva. Continuando com essa prática, coopera com a medicina, abençoa os médicos que o atendem e chegará o dia em que ele poderá voltar a andar normalmente. Sim, o antigo estado foi consumido e um novo tomou o seu lugar.

Quando estiver enfrentando um problema, não importa se material, emocional ou espiritual, afaste sua atenção do mundo objetivo e das evidências trazidas pelos sentidos. Sintonize-se com a infinita presença curativa que existe no seu interior, procure entrar em um estado de consciência tranquilo, passivo e receptivo, conscientizando-se de que o "vendaval impetuoso" do poder de Deus está fluindo por todo o seu ser, curando, revigorando e restaurando. Persista neste exercício mental e a resposta virá. Será como acontece na aurora, quando o sol começa a nascer dissipando as sombras.

## FALAR EM OUTRAS LÍNGUAS: QUAL É O VERDADEIRO SIGNIFICADO?

A sintonia com Deus não deve se restringir à resolução de um problema pessoal. Nossas palavras devem irradiar paz, amor e harmonia para todos, devemos afirmar corajosamente que o Espírito Infinito pensa, fala e age através de nós para elevar e inspirar os que nos cercam a nos imitarem. Então estaremos falando em uma nova língua, o idioma do amor, fé, confiança e benevolência. Nossos ouvintes ficarão subjetivamente cientes de uma indefinível essência que permeia nossas palavras, porque estaremos irradiando o que alguns já chamaram de "perfume dos deuses", composto de iluminação, vibração e amor pelo próximo.

"Com o ruído que se produziu, a multidão acorreu e ficou perplexa, pois cada qual os ouvia falar no *próprio* idioma." Essa multidão representa os inúmeros pensamentos que estão em nossa mente consciente, racional e argumentativa, que não compreende o que está acontecendo, porque a ligação com o infinito não costuma ser praticada pelos seres humanos. Como o céu está acima da terra, meu modo de ver está acima dos modos de ver de muitos outros. Toda a sabedoria do mundo é tola na presença de Deus. O que causa perplexidade é não saber quando virá a resposta às nossas preces. Entretanto, sabemos qual é o começo e o que desejamos para o final. Por isso, se visualizarmos o resultado final da nossa prece, nosso subconsciente criará a manifestação do fim.

Quando sua prece é atendida, você pode dizer que ouviu a resposta de Deus na sua própria língua, que é o idioma da fé, confiança, amor e lealdade. Foi sua crença que fez seu desejo se materializar. O "vinho doce" dos apóstolos é uma nova interpretação da vida, que se torna menos insípida, incolor e receosa, transformando-se na alegria de viver e expressar mais da sua Divindade. Seu próprio idioma deverá ser uma nova língua para transmitir amor, saúde, abundância, segurança, paz de espírito,

165

## AUMENTE O PODER DO SEU SUBCONSCIENTE
## PARA ALCANÇAR UMA VIDA MAIS PLENA E PRODUTIVA

para que suas palavras curem, abençoem, inspirem, elevem e dignifiquem as almas. E então, suas palavras estão elevando o espírito dos seus familiares, estão trazendo inspiração para o seu lar?

O Dr. Alexis Carrell, um médico francês que escreveu vários livros e foi laureado com o Prêmio Nobel, sempre salientou os efeitos maravilhosos produzidos pela oração. Ele cita, por exemplo, o caso de uma ferida cancerosa que encolheu e se transformou em uma cicatriz diante dos seus próprios olhos, e fala dos inúmeros ferimentos e lesões que se curaram em poucos segundos ou algumas horas, com o desaparecimento de todos os sintomas patológicos. O Dr. Carrell explica que a prece fervorosa ativa os processos orgânicos reparadores do organismo. As curas de tumores, ferimentos, caroços e queimaduras não são mais do que a descida das línguas de fogo mencionada neste capítulo.

As línguas de fogo são o amor de Deus, a paz de Deus, a luz de Deus, que dissolvem tudo o que é diferente deles. Sem dúvida, é um fogo que tudo consome. Ele nos liberta, nos dá a Ciência de Deus, é o solvente universal de todos os males e enfermidades. Ele não tem tamanho, nem largura, altura ou profundidade, não vai e nem vem, ele inunda todo o espaço que conhecemos e onde vivemos. Deus é a única presença e poder curativo.

Quando você, com fé, expectativa e imaginação ativada, entra em sintonia com o poder curativo, o espírito ou Deus responderá com um fluxo de força que permeará seu corpo por inteiro, devolvendo-lhe a inteireza, beleza e perfeição.

Tenha uma forte crença: A divina Presença está no seu interior. Ela às vezes é chamada de Energia Primordial. Energia é o termo usado pela ciência para designar o Espírito ou Deus, e tudo o que fazemos depende dessa energia. Você usa sua energia intelectual para aprender e raciocinar; a energia física para caminhar; energia

FALAR EM OUTRAS LÍNGUAS: QUAL É O VERDADEIRO SIGNIFICADO?

emocional para externar seus sentimentos. A energia pode ser usada tanto para fins construtivos como destrutivos. Se usar a energia emocional para se irritar, encolerizar, guardar rancor e se preocupar desnecessariamente, estará prejudicando seu organismo físico. O mesmo acontecerá se usá-la com o propósito de ferir, lesar ou destruir. Existem tipos diferentes de energia, como a energia elétrica, motora etc., mas, na verdade, a energia é uma só. O Espírito é único.

Cabe a você determinar como pretende usar a energia espiritual para sua própria elevação e benefício espiritual. Há pessoas que passam a maior parte do seu tempo comendo e bebendo, e podemos ver a consequência em seus corpos físicos. Outros dedicam toda sua energia para a sensualidade, materialismo, alcoolismo etc., que são destrutivas e toldam sua espiritualidade. Outros ainda gastam energia em crises de mau humor, que arruínam sua saúde e causam uma decadência física prematura.

Ao olhar para o passado, você verá que as coisas que lhe causaram ansiedade e aflição jamais aconteceram. Essas emoções, contudo, roubaram sua vitalidade e prejudicaram seu julgamento e discernimento. Talvez tenham lhe causado úlceras estomacais e outros males de fundo emocional. Os profetas da perdição estão espalhados pelo mundo inteiro, destilando sua pestilência, afetando de alguma forma muitos corações e mentes. Alguns profetizaram que o estado da Califórnia sofreria um terrível terremoto, que o faria se afundar no mar. Outros preveem um holocausto nuclear, o Armagedom. Outros ainda profetizam o fim do mundo, a chegada do anticristo, uma seca mundial, uma explosão da população que resultará na carência de alimentos e assim por diante. Falar nessas "línguas" é profundamente destrutivo.

Fale em uma nova língua, torne-se um profeta de Deus, habite no esconderijo do Altíssimo, pernoite à sombra do Senhor. Então, diga ao Todo-poderoso: "Meu abrigo, minha fortaleza, meu Deus, em quem confio!" Seus pés não tropeçarão em uma pedra; você poderá caminhar sobre o leão e a víbora. Não temerá o terror da noite nem a flecha que voa de dia porque agora você conhece a lei. Está falando uma nova língua, o idioma da fé, confiança, amor, veneração de tudo o que é Divino, e também pode afirmar: Deus me protege com escudo e couraça, me protege sob suas asas. Vivo com segurança no refúgio do Altíssimo. Os anjos me levam em suas mãos para que meus pés não tropecem em uma pedra." É o que nos diz o Salmo 91.

Os anjos, lógico, são a inspiração, orientação, impulso interior, o amor e a sabedoria de Deus que ungem seu intelecto, iluminam seus passos e aplainam o seu caminho. Sim, fale no idioma do divino. Muitas e muitas pessoas atualmente estão falando a língua do medo. Medo da velhice, insegurança, pobreza, solidão, morte... Há um meio de superar tudo isso: confiar na Presença de Deus em nós. O mundo precisa aprender a falar no idioma de fé e confiança, dizendo: "O Senhor é minha luz e salvação. A quem devo temer? Deus é a força da minha vida. A quem devo temer? Na angústia Ele me abriga em Seu esconderijo. Em Seu refúgio Ele me esconde sob Suas asas."

Essa é a língua do amor e confiança no único poder. Quem crê nesse poder leva uma vida encantada, imune a todo o mal. Nada o prejudica porque é constantemente protegido pela divina presença. Sim, volte seus pensamentos para Deus, acredite em suas promessas e não no que os homens *dizem* sobre Deus. Ignore suas previsões de fins terríveis para o mundo, de guerras que acabarão com a humanidade e outras afirmações dessa natureza.

Torne-se um profeta de Deus e só faça previsões sobre o que é verdadeiro para Ele. E o que é verdadeiro para Deus é verda-

## FALAR EM OUTRAS LÍNGUAS: QUAL É O VERDADEIRO SIGNIFICADO?

deiro para você, seus entes queridos, sua família e seu próximo. Pense sempre que o amor divino vai à sua frente hoje e sempre, aplainando e alegrando a jornada de sua vida. "Em verdade, envio meu mensageiro diante do teu rosto, prepara o caminho." Os mensageiros são o amor, paz, harmonia, ação correta, beleza, inspiração e orientação. Eles irão à sua frente, preparando seu caminho, em qualquer lugar do mundo, e por isso você terá de fato uma vida encantada, com divina lei e divina ordem, onde estará sempre protegido pelo círculo sagrado da luz do Todo-poderoso, pelo escudo e armadura do Eterno.

Medite sobre o que Deus disse em vez de pensar nas coisas que lhe causam medo. Medite sobre o fato de que Deus o está guiando, que o amor divino está indo à sua frente, iluminando seu caminho, que se torna reto, sem empecilhos e jubiloso. Preste atenção e perceberá que as maiores preocupações de sua vida foram devidas a acontecimentos que jamais se realizaram, mas que deixaram marcas em seu organismo, seus processos fisiológicos, seu sistema imunológico em todas as fases da sua vida.

O Salmo 91 nos diz que podemos viver em segurança. Sim, quando você fala em uma nova língua, pode descansar à sombra de Deus. No Oriente, quando o sol está a pino e o calor é causticante, os viajantes procuram uma rocha e repousam em sua sombra. Portanto, medite sobre o que Deus lhe prometeu e depois enfrente seu medo cara a cara. Acalme seus pensamentos e emoções na certeza de que o Senhor é sua luz e salvação e está constantemente sustentando-o e fortalecendo-o, guiando-o para o melhor caminho. "Não temas, pois estou contigo. Não desanimes, porque sou o teu Deus. Eu te fortalecerei. Eu te ajudarei. Sim, eu segurarei tua mão direita, dizendo-te para não ter medo, que eu te auxiliarei. Não temais, pequeninos. O prazer do vosso Pai é dar-vos o reino do céu."

O amor expulsa o medo, pois o medo é tormento e aquele que teme não consegue usufruir plenamente do amor. O amor é um vínculo emocional. Você pode se vincular às grandes verdades de Deus. Amor também significa lealdade ao único poder, fazer aliança com a única presença, a única causa, a única substância, o Espírito Vivo que habita no seu interior. Amando Deus, dando poder a Ele, você está dando poder ao Criador e não a coisas criadas por ele. Como diz o Novo Testamento: "Amarás o Senhor teu Deus de todo o teu coração, de toda a tua alma e de todo o teu entendimento." Sim, obedeça a esse mandamento e o Senhor o segurará pela mão direita, dizendo: "Não temas. Eu te ajudarei."

Medite, também, sobre estas palavras: "O Senhor é minha luz e salvação." A salvação é a solução para todos os problemas. A luz é inteligência, e ela lhe revelará a resposta sobre qualquer coisa. A luz também é a energia de cura e recupera suas forças. "O Senhor é minha luz e salvação. A quem temerei?" O Poder de Deus está dentro de você e encontra-se pronto para curar seus males físicos e espirituais. Ele o colocará na gloriosa estrada iluminada que o levará para a felicidade, liberdade e paz de espírito. "Eu, o Senhor, te ouvirei e não te esquecerei." Pense nessas palavras, faça uma pausa depois de cada uma delas para deixar o pleno significado das grandes verdades se afundarem em sua mente subconsciente. O seu medo começará a desaparecer, pois essas palavras têm poder. Os Salmos são talvez o melhor antídoto para o medo. "Ainda que eu caminhe por um vale tenebroso, nenhum mal temerei, pois estás junto a mim; tua vara e teu cajado me protegem." A vara é o símbolo do poder e o cajado simboliza a autoridade. Repita muitas vezes essas ou outras frases dos Salmos. Prefira ler essas verdades em voz alta, lentamente e com profunda reverência. Como, em termos da consciência, o menor sempre se

FALAR EM OUTRAS LÍNGUAS: QUAL É O VERDADEIRO SIGNIFICADO?

submete ao maior, seus pensamentos de temor desaparecerão e você já estará falando em uma nova língua, a língua da fé, amor e confiança em Deus.

Seus filhos e filhas gostarão de ouvir as verdades de Deus e aprenderão que Deus é amor e com o apoio de Deus conseguirão tudo o que desejam. Diga-lhes: "Em Deus eu coloquei minha confiança. Não temerei o que o homem pode fazer contra mim." Eu escrevi um livro chamado *Canções de Deus*, que é uma interpretação da maioria dos grandes Salmos. Eles são as mais poderosas preces que existem e há milênios trazem conforto e inspiração para os seres humanos lidarem com todos os tipos de problemas que podem encontrar em sua vida.

Se você achar que alguém o está prejudicando, seja por meio de calúnias verbais ou ações na justiça, diga: "Em Deus coloquei minha confiança. Não temerei as tentativas de outras pessoas para me trazer mal, pois Deus pensa, fala e age através de mim. Se um somado a Deus constitui uma maioria, quem pode ser contra mim?" Esse é o tipo de atitude que expulsará o medo do seu coração e ela terá de ser expressa na nova língua, a do amor, confiança e alegria. Seu coração está fixo no Senhor, porque você confia nele.

Sim, essas verdades são maravilhosas e o amor nunca falha. Esse amor está presente em você, porque Deus é amor. Deus tudo sabe e cuida de você. Sua mente consciente pode ser comparada com o capitão de um navio, que dá ordens para os seus oficiais, que manobram o leme e vigiam os instrumentos. O capitão não pilota, apenas dá ordens para os seus subordinados.

Você, como o capitão do navio, está sempre dando ordens mentais para seu subconsciente. Em que língua costuma falar com ele? No idioma do medo, preocupação, ansiedade, tristeza, perdição, doença? Ou fala na língua da fé, confiança, amor, vitalidade e benevolência? Pense bem, porque Deus quer para você uma vida magnífica e gloriosa, que transcenderá seus mais loucos sonhos. Ele lhe abrirá os portões do céu, derramará sobre você mais bênçãos do que poderia aceitar. "Abra tua boca (*boca*, na Bíblia, significa mente) e eu a encherei."

Deus lhe deu ricamente tudo o que existe para você usufruir. Como vimos anteriormente, nos Upanishads está escrito: "Deus te fez rico; por que és pobre?" Esses livros da sabedoria hindu nos dizem que se seus decretos não forem baseados nos princípios universais e verdades eternas, você criará o caos e a miséria em sua vida. Entronize as ideias Divinas no seu consciente, que então será o governador da liberdade. Focalizando sua mente objetiva nas verdades eternas da vida, você começará a falar em uma nova língua, doce e melodiosa. Ela será a voz da sabedoria, verdade, beleza, alegria e benevolência para todos. Suas palavras serão mel para a alma e trarão saúde para o seu corpo.

As "línguas de fogo" que pousaram sobre as cabeças dos discípulos reunidos representam o amor de Deus, que tudo pode consumir. Acredite-me, ele dissolve o ódio, as doenças mentais e materiais, como o câncer e a artrite. Ele transforma em cinzas tudo o que é diferente dele, pois o amor é o solvente universal. Deus é amor. Onde está esse amor? Está dentro de você, pois Deus habita no fundo do seu ser, fala e anda com você.

Ao longo dos milênios, os judeus vêm pregando a vinda do Messias, que nos trará um mundo perfeito. Os cristãos afirmam que Jesus é o Messias, mas pregam que o mundo perfeito só começará a existir quando Ele voltar. "Messias" é uma metáfora para "mundo ideal". Quer você tenha aprendido o conceito da primeira ou segunda vinda, a verdade é que a vinda do amor, paz, harmonia, beleza e inspiração já aconteceu para você, porque todos nós nascemos com a Presença Divina em nosso subconsciente.

## FALAR EM OUTRAS LÍNGUAS: QUAL É O VERDADEIRO SIGNIFICADO?

Deus está sempre presente na sua mente mais profunda, mas precisa ser ressuscitado, ativado. A segunda vinda não significa que algum ser extraordinário descerá das nuvens entre anjos, sob o toque das trombetas e acordes de instrumentos de corda, mas chegará a hora em que haverá amor, paz, sabedoria, compreensão e benevolência nas mentes e corações de toda a humanidade. As qualidades e atributos de Deus jamais foram embora. Eles nunca nasceram e jamais morrerão. Estão no seu interior e só precisam ser despertados. Isso pode acontecer aqui e agora. Deus é o Eterno Agora e para Ele não há tempo nem espaço.

Não espere uma "chegada". Tenha uma vida de paz e amor agora mesmo. Neste mesmo instante você pode ter a tranquilidade que gostaria de ter, sem precisar esperar 50, 100 anos por ela. O infinito está dentro do seu coração, em doce repouso, esperando pelo seu chamado. Quando você permite que o amor, a paz e a beleza inundem sua mente e seu coração é como se Deus estivesse nascendo em você. Todavia, a Divina Presença não vem e nem vai porque ela é onipresente e, sendo onipresente, também está no âmago do seu ser. Como o Espírito pode ter ido para esperarmos a sua volta? Ele sempre foi o mesmo, sempre esteve em nós. Nunca nasceu e jamais morrerá. A água não o molha, o fogo não o queima e o vento não o sopra para longe.

Nas últimas décadas, têm havido muitas conversas sobre o fim do mundo, a vinda do Messias e assim por diante. Infelizmente, as mais simples verdades da vida não são compreendidas por milhões de pessoas. Os ensinamentos que transmito em meus livros são chamados de Ciência Divina, que significa nada mais nada menos do que o conhecimento de Deus. Ainda não sabemos tudo sobre ela, mas estamos prontos a aprender muito mais. Conseguimos aprender um pouquinho mais a cada dia tomando consciência da nossa própria Divindade.

Falar na primeira ou segunda vinda, no ir e vir do Espírito, é entender mal a verdadeira mensagem da Bíblia, porque o Salvador está dentro do nosso ser, a Presença de Deus é nosso Salvador. Você é o templo do Deus Vivo. "Eu disse: sois deuses. Sois filhos do Altíssimo. Não Me chamai de bom mestre; existe um único Bem, que é Deus. As obras não são Minhas; são de Meu Pai; as palavras não são Minhas; são de Meu Pai."

Você sabe que se os adivinhos e cartomantes do mundo fossem capazes de prever com exatidão o movimento das ações na bolsa de valores seriam multimilionários. Por acaso, essas pessoas estão nadando em dinheiro? Acorde! Aprenda a construir seu próprio futuro. A lei da vida é a lei da crença. Você receberá de acordo com a sua crença.

A grande verdade é: "Tudo o que pedirdes em oração, crendo, recebereis." Acredite que Deus o está guiando, acredite na bondade de Deus atuando aqui, na terra dos vivos, e não em um futuro próximo ou distante, desde que você tenha se comportado bem e tenha respeitado os mandamentos. É nisso que você tem de acreditar e não nos que fazem previsões sobre maldições, tristeza, terremotos e inundações mundiais, no fim do mundo, no Armagedom, no fogo vindo do céu e outros acontecimentos dessa natureza. A maioria dos supostos oráculos nem sabe o que é Armagedom. Profetizam com base no Livro do Apocalipse, que leram, mas não entenderam.

Eu escrevi um livro sobre o Apocalipse, onde explico que ele foi escrito em uma linguagem alegórica, figurativa. Para entendê-lo corretamente é preciso conhecer o significado dos símbolos, porque a Bíblia é cheia de símbolos. Ninguém deve levar as palavras da Bíblia ao pé da letra. Ela toda é uma parábola, ou seja, uma narração alegórica para transmitir um ensinamento.

## FALAR EM OUTRAS LÍNGUAS: QUAL É O VERDADEIRO SIGNIFICADO?

Acredite na bondade de Deus. Acredite no amor de Deus. Deus é amor e, se Deus é amor, não pode fazer nada que não seja amoroso. Essa é a nova língua, o novo idioma, o novo tom, a nova vibração e o novo modo de falar. Acredite que Deus o está fazendo prosperar além dos seus mais loucos sonhos e não hesite em pedir o que deseja. Acredite nesta verdade: "Vós sois meu refúgio e fortaleza. Vós me protegeis da angústia. Vós me livrareis e glorificareis. Vós me saciareis com longos dias e me mostrareis a minha salvação." É nela que devemos crer e não nas previsões negativas para o mundo em que vivemos.

Medite sobre essas verdades e você se elevará acima da mente das massas. Seu futuro é criado pelo seu modo habitual de pensar e visualizar de maneira criativa. Você molda seu próprio destino. Não existe predestinação, sorte ou azar, não há nada escrito nas estrelas ou no "livro da vida", como afirmam algumas religiões. Tudo depende da sua própria crença. "Vai! Como creste, assim te seja feito!" (Mt 8, 13). Sua fé em Deus é sua boa sorte. Ela também é seu futuro, sua nova língua.

Há 2.000 anos, o imperador romano Marco Aurélio disse: "Se o pepino estiver amargo, não o coma. Se houver galhos e espinhos na estrada, evite-os. Não comente sua opinião." Em outras palavras, não tenha opinião sobre o que acha certo ou errado. Apenas abençoe a situação e siga o seu caminho.

A presença divina habita no seu interior e diz: "Chama por Mim e Eu responderei. Estarei contigo na adversidade. Porque a Mim te apegaste, Eu te livrarei e protegerei, pois conheces o Meu nome." O seu conceito sobre Deus tem efeito sobre sua vida. Se ele for falso, supersticioso, só haverá caos e confusão em seu caminho. Então, pergunte-se: qual é minha crença sobre a infinita presença dentro de mim? Sua resposta é o que existe de mais importante em sua vida. Ela tem de vir do seu coração. Não vale dizer: "eu acredito em Deus". Afinal, em que tipo de Deus você acredita?

Comece a acreditar que Deus é Onipotente, é o Princípio Vital em você. Ele o criou a partir de uma única célula e é ilimitado amor, infinita inteligência, perfeição e absoluta harmonia. Ele é o único poder, a única causa e a única substância do universo. Ele está dentro de você. Portanto, o que é verdade de Deus, tem de ser verdade de você. Sua realidade é o Espírito Vivo Todo-poderoso e Deus é Espírito. Espírito e forma são um. Deus é vida. A vida e sua manifestação são uma. Eu e meu pai somos um só.

Acredite no fundo do seu coração que Deus é amor, inteligência, verdade, beleza e que Ele é seu Eu Superior. Creia nisso como você crê que está vivo e tudo em sua vida mudará. A modificação acontecerá em todos os aspectos de sua vida, como na saúde, prosperidade, amor e expressão, indo de glória em glória, e tudo o que é bom se multiplicará de maneira extraordinária. Um dia iluminado se abrirá para você e as trevas se dissiparão.

Cuidado ao escolher suas crenças! Acreditar que é essencial para nós voltarmos várias vezes para este mundo para resgatar o carma ou para sofrer pelos males cometidos em uma vida anterior é um tipo de narcótico, porque amortece a mente. É como um álibi, que age como um anestésico e impede o desenvolvimento espiritual. Essa crença é pura tolice e está em completa contradição com as antigas escrituras sagradas e a Bíblia. Ela é contrária à lei natural e não pode ser considerada verdadeira. Não tem nada com a nova língua que devemos falar.

"Ao passar, ele viu um homem, cego de nascença. Seus discípulos lhe perguntaram: 'Rabi, quem pecou, ele ou seus pais, para que nascesse cego? Jesus respondeu: 'Nem ele nem seus pais pecaram, mas é para que nele sejam manifestadas as obras de Deus.'...Con-

## FALAR EM OUTRAS LÍNGUAS: QUAL É O VERDADEIRO SIGNIFICADO?

duziram o cego aos fariseus. Ora, era sábado o dia em que Jesus fizera lama e lhe abrira os olhos...O homem, ao ser interrogado uma segunda vez, disse: 'Eu era cego e agora vejo.'" (Jo 9, 1-26) Diante de Jesus, o homem ignorou as crenças existentes naquela época, como a que devia ter sido um pecador numa vida anterior ou que carregava em si os pecados de seus pais. E, no dia em que Jesus abriu seus olhos, era sábado. Esse sábado da Bíblia não tem nada a ver com os dias da semana. Significa a nossa convicção, o ponto de aceitação de que nossa prece foi atendida.

A Bíblia dá a resposta para aqueles que estão sempre perguntando: "Por que uma criança inocente nasce cega, surda, doente ou com alguma deficiência física?" A lei da causa e efeito é um princípio imutável e nós podemos usar a lei de maneira consciente. Se você esteve usando de maneira errada a lei, pode reverter sua atitude mental. Então você modificará a sequência dos eventos. Quando você usa a lei de maneira sábia e construtiva, chamamos o resultado de Deus. Quando você a usa com negativismo, malícia, ignorância ou boçalidade, chamamos o resultado de maligno, porque infligimos todo o tipo de sofrimento sobre nós mesmos pelo uso incorreto da lei da nossa vida.

Nossos filhos crescem segundo a imagem e semelhança do clima emocional e mental dominante em nosso lar. Portanto, conscientize-se de que seus filhos são filhos de Deus. Conscientize-se de que o amor, a luz e a glória de Deus os envolvem e que eles estão crescendo em sabedoria, verdade, beleza, graça e felicidade. Deus, no seu interior, é poderoso para curar. Deus o ama e cuida de você. Sua paz inunda sua alma e ilumina seus pés e seu caminho. Deus esteja com você agora e para sempre.

## AUMENTE O PODER DO SEU SUBCONSCIENTE
PARA ALCANÇAR UMA VIDA MAIS PLENA E PRODUTIVA

# Resumo do capítulo

- Falar em outras línguas, no sentido bíblico, significa o modo de nos expressarmos, o tom de voz, a vibração colocada em cada palavra, a emoção. A língua universal para Deus é o amor. Todos nós percebemos o que é dito com amor. O rancor, ódio, inveja, má vontade e hostilidade são idiomas difíceis de entender, enquanto qualquer pessoa no mundo entende um sorriso agradável e carinhoso. Essa língua universal do amor não tem altura nem largura, nem comprimento nem profundidade, porque toma conta de todo o espaço. Ela é o solvente universal, o bálsamo curador universal.

- Lembre-se, a mente subjetiva registra tudo o que acontece neste mundo e tem ao seu dispor todas as experiências de todos os indivíduos da terra. Sob certas condições anormais, como febre, doença, ataques e outras da mesma natureza, e, obedecendo a um impulso inicial de sugestão, todos os tesouros de conhecimento da humanidade podem ser instantaneamente alcançados.

- Sempre que você afasta seu pensamento, sua atenção, de qualquer conceito ou condição, e o coloca em algo mais parecido com as verdades divinas, falamos que você morreu para o velho e tem uma vida nova, uma ressurreição. É uma forma de oração. Em suma, tenho de morrer para o que sou antes de poder ser o que desejo ser.

- Nossas palavras devem irradiar paz, amor e harmonia a todos que nos cercam. Em outras palavras, devemos afirmar ousadamente que o Espírito Infinito pensa, fala e age por meio de nós e que todos que nos ouvem estão sendo elevados,

## FALAR EM OUTRAS LÍNGUAS: QUAL É O VERDADEIRO SIGNIFICADO?

inspirados e milagrosamente renovados. Então você estará falando na nova língua, no idioma do amor, fé, confiança e inspiração. Seus ouvintes perceberão uma essência indefinível permeando suas palavras, uma vibração, luz e amor, que costuma ser chamada de perfume dos deuses.

- Medite sobre as palavras de Deus em vez de deixar sua mente se concentrar naquilo que você teme. Medite sobre o fato de que Deus o está guiando, que o amor Divino vai sempre à sua frente, aplainando e alegrando seu caminho. As maiores ansiedades de sua vida foram criadas por coisas que jamais aconteceram. Entretanto, criaram um profundo distúrbio em seu organismo e processos fisiológicos em todas as fases da sua existência.

- O maior antídoto que existe para o medo são os Salmos. "Nenhum mal temerei, pois estás junto a mim; tua vara (amor) e teu cajado (autoridade) me protegem." Portanto, volte-se para Deus, a Presença Divina, e medite sobre essas verdades. Repita-as frequentemente, falando em voz alta, devagar e reverentemente. Como o inferior se submete ao superior, os pensamentos de temor desaparecerão. Você estará falando em uma nova língua, o idioma da fé, amor e confiança no Todo-poderoso.

- Acredite na bondade de Deus. Acredite no amor de Deus. Deus é amor. Se Deus é amor, Ele não pode fazer nada diferente do amor. Essa é a nova língua, a nova linguagem, o novo tom, a nova vibração e o novo modo de falar. Acredite que a divina lei e a divina ordem estão governando sua vida. Acredite firmemente que Deus o está fazendo prosperar muito além dos seus mais loucos sonhos, sem hesitar nem mesmo por um segundo.

# CAPÍTULO 7
## Um novo olhar sobre a reencarnação

Deus é o Eterno Agora. Não tem tempo, nem espaço, nem idade, não tem rosto, forma ou figura. Deus é o Espírito Vivo Todo-poderoso que habita no seu interior. É o que você realmente é. Eu não lido com teorias sobre tempo e espaço, não me interessa entrar em discussões com aqueles que as defendem. Para Deus, não há tempo nem espaço, por isso penso que os que perdem tempo com essas teorias não estão na verdade. E Deus é verdade.

Creio que chegou a hora de tomarmos uma decisão sobre o tema da reencarnação, que é uma crença de milhares de pessoas em muitas partes do mundo. Esse é um tema mal compreendido e já escrevi sobre ele em vários dos meus livros.

O ponto central da teoria da reencarnação é que nos tornamos pessoas melhores pelo processo externo e vagaroso de voltar muitas vezes à Terra, pelo ventre de uma mulher, até alcançarmos a perfeição e não precisarmos mais retornar a este mundo. Ora, qualquer um sabe que não existe elevação no sentido horizontal e o fato de voltar à Terra milhares ou milhões de vezes por meio do processo comum da concepção e gravidez não faz ninguém se tornar espiritualizado. A verdadeira evolução espiritual acontece na perpendicular — sem espaço ou tempo — em que se vai subindo a montanha que leva a Deus. Nesse modo de pensar, até os assassinos podem pedir o amor, paz e harmonia de Deus e terem fome e sede de se tornar unos com Deus. Saturando sua mente com as verdades de Deus, essas pessoas são compelidas a se modificarem e renovarem. Não poderão repetir os erros do passado e, agindo de acordo com os ensinamentos Divinos, conseguirão se transformar em santos de Deus.

"Sede perfeitos, como vosso Pai celeste é perfeito." O perfeito está dentro de você, é uma Presença Divina. Não devemos aceitar o erro disseminado por pessoas que não conseguem ver que não somos vítimas do passado e que o Eterno está dentro de nós. Um novo começo é um novo fim. "Sou o Alfa e o Ômega, disse o Senhor." Então, comece com Deus, com a verdade, beleza, harmonia, saúde e paz, e termine com harmonia e sucesso em todos os aspectos da condição humana. Coloquemos em nós a veste da sabedoria, do amor e da verdade em vez dos trajes maltrapilhos dos pobres, doentes, mendigos e ladrões que seguem os ciclos do tempo, espaço e formas físicas.

Einstein nos trouxe para uma nova era tecnológica derrubando os falsos deuses do tempo e espaço e revelando que o tempo não tem existência fora de nossa própria mente ou consciência. Quando você dorme tem noção da passagem do tempo? Uma lenda muito conhecida pelos norte-americanos conta que Rip Van Winkle dormiu por vinte anos e, quando acordou, o tempo não havia passado e ele era o mesmo homem. Sim, Deus não tem tempo nem espaço. Deus é o Eterno Agora. Agora é o dia da salvação. "Hoje estarás comigo no paraíso"; não amanhã nem daqui a cinquenta anos.

O tempo é um estado de espírito, é sua relação com os eventos. Contam que Einstein explicou a relatividade dizendo: "Se você conversa com uma linda moça por uma hora, tem a impressão de que durou só um minuto; se se senta em uma chapa quente por um minuto, terá a impressão de que ficou ali por uma hora."

UM NOVO OLHAR SOBRE A REENCARNAÇÃO

Portanto, a passagem do tempo é psicológica, é o modo como você pensa e fala. O Ser Eterno, porém, está no seu interior e não tem começo nem fim.

Desde os primórdios da Bíblia, os israelitas esperam a chegada do Messias, mas o Messias já está em nós — é a Presença de Deus. Por isso, você é *seu próprio salvador*. A Presença Divina nunca nasceu e jamais morrerá, e está à sua disposição para guiá-lo para uma existência de felicidade. Você pode alcançar a paz agora, a harmonia agora, o amor agora, a alegria agora, a beleza agora, a inspiração agora, o poder agora, a iluminação agora, a cura agora. Então, por que esperar? Deus é o Eterno Agora. Ele está pronto a nos ajudar aqui e agora, por isso podemos ter tudo o que é bom e perfeito neste instante, sem precisarmos esperar pelo futuro. É tolice dizer: "Algum dia serei curado. Algum dia terei um amor em minha vida. Algum dia encontrarei a paz de espírito." Você está falando em termos do tempo marcado pelo movimento da Terra em torno do Sol, mas Deus não tem nada a ver com o tempo.

Chegou a hora de nos despirmos de todos os disfarces e nos sintonizarmos com o infinito, clamando que o que é verdadeiro para Deus é verdadeiro para nós, o que, em essência, significa cessarmos de pensar em sucessivas voltas a este plano tridimensional, onde supostamente teríamos de nos vestir com o traje carnal do escravizado, presos a um modo materialista de pensar e viver.

O pensador científico, espiritualizado, vê a reencarnação a partir de um novo ponto de vista. Ele começa da premissa que Deus está dentro e nós e, por isso, somos unos com o Senhor. Temos de parar de tentar nos transformar em uma pessoa iluminada e semelhante a Deus com base na crença retrógrada de milhões de indivíduos que se acorrentaram ao cepo do carma e reencarnação, esperando voltar a este mundo vestindo novos trajes, ou corpos, não adequados a um filho da Eternidade.

Todos nós temos de usar a vestimenta apropriada, que é o manto real, sem costuras, porque, se não for assim, permaneceremos nas trevas da ignorância espiritual. Se todos os nossos pensamentos forem amorosos, pacíficos, bondosos e harmoniosos, nosso corpo irá ficando cada vez mais rarefeito porque as vibrações moleculares da matéria serão invisíveis, embora continuemos vivendo aqui. Entenda, todos os nossos entes queridos estão à nossa volta, separados de nós somente pela frequência. Alguns clarividentes e clariaudientes têm capacidade de vê-los e ouvi-los. Frequentemente, médiuns e sensitivos afirmam que veem pessoas ao meu lado quando ministro meus sermões.

Quando você acredita na teoria da reencarnação ou incontáveis ciclos de renascimento, você se afasta do porto seguro e perde a graça espiritual. A crença subconsciente na reencarnação para expiar pecados, erros e crimes de vidas passadas é como algo análogo a uma "escravidão" espiritual e indica a presença de um complexo de culpa. Essa é a pura verdade. Deus, o Princípio de Vida, o Espírito, não castiga ninguém, mas, como o seu subconsciente materializa suas crenças profundas, você está preso a ideias erradas, o que resulta em autocondenação. Nos seres humanos, qualquer tipo de julgamento é atribuição do Filho, que é sua mente.

Comece agora mesmo a apagar o fogo do inferno, eliminar a névoa do purgatório e expulsar a ideia de carma por meio da verdadeira fé e da convicção plena de que o amor e beleza de Deus estão aqui e agora. Procure entrar em novas paragens de verdade e harmonia. Mesmo que acredite que a sociedade humana tem uma tendência natural de melhorar e que os indivíduos podem auxiliar esse processo de maneira consciente, não se conforme com pouco. Recuse-se a se contentar com qualquer coisa que não seja entrar na terra prometida da realidade espiritual.

Nos ambientes científicos, é costume se descartarem os livros e manuais que ficaram desatualizados por causa de descobertas. Você deve imitar esse hábito, deixando para trás as antigas vestes da doença e da pobreza, e atingir a hora da decisão em sua mente, onde somente o melhor vinho da sabedoria espiritual será servido para os convidados que anseiam por uma refeição mais substancial.

Com grande coragem e convicção, e também sem hesitação, a física nuclear da atualidade descartou os grosseiros conceitos atômicos do passado e está produzindo seus "novos milagres" como a teoria quântica, a transubstanciação nuclear, a fusão tempo-espaço, a transmissão eletrônica de sinais, a televisão e a radiodifusão digitais etc. A ciência está começando a se ajoelhar e rezar diante do altar do Ser, como Einstein fazia. Trabalhando no vinhedo da sua própria mente, você também conseguirá trazer novos frutos. Abra sua mente e coração ao afluxo do Espírito Santo. Todos os conceitos antiquados e indignos devem cair no limbo da ignorância espiritual.

O principal desses conceitos errados é a tal teoria da reencarnação, uma ideia milenar que decreta um progresso semelhante ao movimentar de um verme. "O reino de Deus não vem pela observação nem pode ser apontado por este ou aquele, porque o reino de Deus está dentro de ti." Que grande verdade! "Olhai, agora é a hora aceita. Olhai, agora é o dia da salvação. Não digais que ainda faltam quatro meses e depois chegará o momento da colheita. Olhai, digo a vós, erguei os olhos, olhai para o campo, que já está branco para colher." Magnífico, não é?

A paz já existe. Ame-a! Tome posse dela agora! O júbilo, a inspiração e a cura estão aqui agora. Estão prontas, terminadas! Você está no reino de Deus, que também já está completo.

"Hoje estarás comigo no paraíso." Não amanhã, na próxima semana, no ano que vem, porque, aos olhos Dele, não existe tempo. "Vem para Mim e irei para vós." É a história do filho pródigo. Sim, ele está se alimentando com os porcos, que, de acordo com o simbolismo hebraico, é o ponto mais baixo em que alguém pode chegar, o fundo do poço. Ali, na sua infelicidade, ele lembra-se do pai, que tem muito para dar. Resolve então voltar para a casa paterna e o pai o vê de longe, descalço, vestido com andrajos e vai ao seu encontro, abraçando-o e beijando-o. Manda que preparem um novilho gordo. O pai está feliz porque seu filho estava perdido e agora foi encontrado. Não é maravilhoso? A mensagem está cristalina. Não existe a condenação, o castigo divino. Deus não condena.

Portanto, liberte-se mentalmente dos grilhões psicológicos. Torne-se um filho de Deus e dance de alegria sob as estrelas da luz, amor, verdade e beleza, que não têm tempo nem idade. Acenda os céus da sua própria mente, convencendo-se que não há hora para o amor, hora para a paz, hora para a saúde. Esqueça os ídolos e autores menores e comungue com o Deus que habita em seu ser com mãos limpas e coração puro. "Para o puro, todas as coisas são puras."

Todas as vezes que você ora de acordo com o que a Divindade ensina, está se reencarnando em termos espirituais. Portanto, teve inúmeras reencarnações desde o seu nascimento. Assim, você foi entendendo, se apropriando mais da Divindade, de Deus e das Leis da Vida. Atualmente você não é a mesma pessoa que era há vinte anos, há cinco anos ou até mesmo há um ano.

A verdadeira encarnação é o nascimento de Deus em sua mente e seu coração, que o semeia com um frenesi Divino, que o tornará embriagado de Deus. Isso não significa que você terá de nascer de novo neste planeta. Jesus disse que na casa do Pai existem inúmeras moradas e imagino que existem milhões de outros lugares para onde podemos ir.

Embriague-se de Deus agora mesmo e entenda que a vida é crescimento. A vida é expansão, é sempre nova. Não podemos ser menos amanhã do que somos hoje. A vida não anda para trás e não lida com o passado. Ela vai de oitava em oitava, de glória em glória, de força para força, de sabedoria para sabedoria. E não existe fim para a nossa glória. Não podemos andar para trás. Se estamos cursando a quarta série do ensino fundamental, não poderemos voltar para a primeira, porque seria contrário às leis da natureza. Essa ideia é um insulto à nossa inteligência. A vida é um constante progresso e os que deixaram este mundo continuam crescendo, evoluindo de glória em glória, porque não existe fim para nossa glória.

Com certeza vivenciaremos uma quantidade maior de divindade na próxima dimensão da nossa vida, para onde iremos depois daquilo que, em nossa ignorância, chamamos de morte. Ora, como Deus pode morrer? Deus é a sua realidade, é o Espírito Vivo no seu interior. Ele jamais nasceu e nunca morrerá. Em termos espirituais, nós nunca nascemos.

O que nasceu foram os pensamentos, ideias, crenças, superstições, temores, credos e dogmas. Sim, eles estão sempre nascendo e renascendo. A reencarnação é uma história milenar que está sempre se repetindo, porque a cobiça, avareza e o ódio se repetem nas sucessivas guerras e conflitos.

Diz uma escritura hindu: "O espírito jamais nasceu e nunca morrerá. A água não consegue molhá-lo, o fogo não consegue queimá-lo, o vento não consegue soprá-lo para longe." Então por que lamentar a morte de entes queridos, que só passaram para

## AUMENTE O PODER DO SEU SUBCONSCIENTE
## PARA ALCANÇAR UMA VIDA MAIS PLENA E PRODUTIVA

uma outra dimensão? A vida é crescimento, expansão. Como eu disse anteriormente, ela é sempre nova. A jornada dos entes queridos é uma constante ascensão para o alto, na direção de Deus. Vão da força para uma maior força, da sabedoria para uma maior sabedoria, porque não existe fim para nossa glória.

O que é verdadeiro em uma dimensão de vida é verdadeiro em todas as outras. Os falecidos, que agora estão na próxima dimensão, conhecem, aprendem e expandem em todas as direções. São professores, mestres, tanto nela quanto aqui. Na verdade, nossos entes queridos estão todos à nossa volta, separados de nós apenas por diferenças em vibrações. A moderna ciência nos ensina que vivemos em um mundo de densidades, frequências e intensidades. Por exemplo, uma criança que morreu ainda no ventre continua vivendo e é uma nota aguda na sinfonia de toda a criação. Ela permanece sempre unida aos pais por meio do amor.

Na grandiosa sinfonia do universo, as notas agudas são tão importantes como as baixas e, por isso, a criança cresce, se desenvolve e se expande, ouve a sinfonia completa e tem acesso subjetivo a tudo o que existe no plano onde está agora e na dimensão em que nós vivemos. Por meio do amor, estamos todos entrelaçados na grande sinfonia que costuma ser chamada de música das esferas. Jesus, Moisés, Buda, Lao Zi e todos os iluminados são os grandes maestros da orquestra de toda a criação.

O carma costuma ser descrito como a força gerada pelos atos de uma pessoa que, segundo o budismo e o hinduísmo, é o motor que impele o contínuo nascer e renascer do indivíduo até essa força se esgotar, quando então será atingida a iluminação espiritual. Que complicação! O que realmente ocorre é muito mais simples. É a lei da ação e reação. O que você semeia, você colhe. Tudo o que for impresso na mente subconsciente é expresso como

188

experiências, eventos, circunstâncias e condições. Quem aprende as leis da mente não é mais uma vítima, mas um vencedor. No princípio da mente não existe tempo nem espaço e, por isso, neste exato momento podemos começar a alimentar nosso subconsciente com ideias de harmonia, inteireza, beleza, alegria, amor e benevolência. Ela dará uma resposta automática de acordo com seus hábitos espirituais, com seu modo de pensar e fazer visualizações criativas. Pense em um balde cheio de água suja. Se você começar a colocar água potável dentro dele, gota a gota, e tiver a paciência necessária para chegar ao fim da tarefa, no final o balde estará cheio de água pura para beber.

Como na lenda dos 12 trabalhos de Hércules, você também será capaz de limpar as cavalariças de Augeas, uma tarefa que não era realizada há quarenta anos. Para a mangueira de águas da vida que você for usar, não faz diferença se a sujeira começou a se acumular ontem ou cinquenta anos atrás. Derramando em seu subconsciente as águas das verdades de Deus, maravilhas acontecerão em sua vida. Reserve algum tempo de manhã e à noite e afirme regularmente, com emoção e alegria, que os oceanos do infinito de vida, amor, verdade e beleza estão fluindo pelo seu corpo, permeando todas as células e átomos, purificando, renovando, curando e transformando seu ser. A inteireza e a paz de Deus agora reinam supremas em sua mente e coração. Você está purificado e canta a música da alma jubilosa.

Enquanto você continua saturando sua mente racional e seu subconsciente com essas verdades, vai pouco a pouco expulsando todos os hábitos negativos. Não importa qual seja o problema e o quanto pareça difícil, ele é consequência de um aglomerado de pensamentos e emoções negativas alojado nas suas profundezas subjetivas. Inundando sua mente com as eternas verdades divinas, você neutraliza e elimina tudo o que é diferente de Deus.

## AUMENTE O PODER DO SEU SUBCONSCIENTE
## PARA ALCANÇAR UMA VIDA MAIS PLENA E PRODUTIVA

Suponhamos que você usou mal os princípios da matemática por vinte anos, o que lhe causou muitas dificuldades e perdas financeiras. Então, você aprende a fazer as quatro operações, a resolver equações e calcular juros. Logo, devido ao uso correto das regras, acontecem respostas automáticas e você passa a ter lucros. É óbvio que os princípios da matemática não tinham nenhuma questão pessoal com você, só não estavam sendo empregados corretamente. Um engenheiro que está fazendo os cálculos para construir uma grande ponte tem de trabalhar de acordo com esses princípios e pode dizer que está fazendo uma prece, porque está respeitando as leis universais que já existiam antes de os seres humanos começarem a caminhar sobre a terra.

Se você empregar erradamente os princípios e leis da química, com certeza terá graves problemas. Porém, se usá-los da maneira correta, criará substâncias maravilhosas que serão uma bênção para a humanidade. Basta um mínimo de bom senso para entender que as leis da química não têm raiva de quem não as emprega corretamente.

A nossa mente também tem leis e princípios. Se você pensar no bem, receberá o bem. Se pensar de maneira negativa, virão a carência e a miséria. Quem sabe usar essas leis não é escravizado pelo carma, pela lei da causa e efeito. Deus diz: "Eu sou Alfa e Ômega, o começo e o fim" e "Sejais transformados pela renovação da vossa mente". Ernest Holmes, autor do livro *The Science of Mind*, me contou que estudou com Emma e Curtis Hopkins, que uma vez lhe relataram um extraordinário acontecimento que está registrado na Penitenciária do Estado, do qual farei um resumo. Um homem foi sentenciado à forca. No tempo que se passou entre a sentença e a execução, ele aprendeu a verdade sobre o amor de Deus depois de ler um folheto que foi entregue para os internos, onde estava escrito: "Deus é o salvador do homem mau. Deves olhar para Ele e não para a iniquidade." O homem procurou saber mais sobre o grupo que enviara os folhetos e passou a refletir sobre a bondade do Senhor sob todos os ângulos. Ele acreditou firmemente no que começou a ler, procurou o rosto do Todo-poderoso. "Sim, quando olho para tua face vejo apenas o Bem. Deus não tem rosto, forma ou figura. Deus é Espírito." O condenado reconheceu a grande verdade. A misericórdia de Deus é eterna e Sua verdade é a mesma para todas as gerações. Os Hopkins contaram que o homem de fato cometera o crime pelo qual fora condenado, mas, para a grande surpresa e perplexidade dos oficiais encarregados do enforcamento, quando o condenado subiu para a plataforma e se colocou sobre o alçapão que abriria ao menor peso, ele permaneceu firme no lugar. Foram feitas várias tentativas para a execução da sentença, mas todos os artifícios se mostraram inúteis e o alçapão não abriu. A pena de morte acabou sendo comutada e anos depois o homem recebeu a liberdade.

Vemos neste caso que a eficácia da constante vigilância, que significa a adoração da Presença Divina, mais a transformação do coração desse homem, foi capaz de interromper o círculo de causa e efeito, permitindo-lhe entrar em uma nova ordem de consciência que o emancipou do jugo dos pensamentos do passado e lhe trouxe novas experiências. De fato, o amor de Deus supera toda a compreensão humana. Ele ilumina o caminho que percorremos e derrama sobre nós bênçãos sem limite. O condenado conquistou a gloriosa libertação merecida pelos filhos de Deus e tornou-se um homem livre.

O carma, que significa que colhemos o que plantamos, só é uma força inflexível e inexorável para quem não ora ou medita sobre as verdades de Deus. Entretanto uma mera leitura de afirmações positivas e preces superficiais nada modificará. "Bem-aventurados os que têm sede e fome de justiça, porque serão saciados." O intenso desejo de se tornar uma nova pessoa em Deus e a inundação da mente com as grandes verdades Divinas permitem a transformação de qualquer ser humano. Como, segundo as leis da mente, o subconsciente é compulsivo, somos impelidos a expressar as crenças internas, não conseguimos mais repetir os erros anteriores. Nós nos elevamos acima do carma e as más consequências dos erros passados são completamente eliminadas. Não importa qual tenha sido o mal cometido, o quão hediondo foi o crime ou ofensa, ele pode ser expulso da mente quando alcançamos um novo patamar de consciência.

Lembre-se de que é a fome e sede de amor e graça Divinos, mais um intenso desejo de se tornar uma nova pessoa, amante de Deus, o requisito essencial para eliminar por completo o castigo que deveria ser originado pelo pensamento negativo e destrutivo. Acreditar, que é aceitar algo como verdadeiro, que o Todo-poderoso está punindo pelos erros do passado é ter um falso conceito de Deus. Se esse é o seu caso, você está venerando um impostor ou não tem nenhum deus. Seja qual for o seu conceito de Deus, ele tem efeito em sua vida. Quando ele é supersticioso e falso, haverá sempre caos e confusão em sua vida. Pergunte-se: "O que realmente penso sobre a Infinita Presença dentro de mim?" Saiba que a resposta é a coisa mais importante de sua vida. Ela tem de vir do fundo do coração. Não basta dizer que você acredita em Deus. Em que tipo de Deus você acredita?

Comece a acreditar que Deus é onipotente, onisciente e possui um amor ilimitado. Ele é a infinita inteligência, a infinita perfeição, a absoluta harmonia. Convença-se também de que o que é verdade para Deus também é verdade para você, pois Ele habita seu interior. Ele é a realidade, Deus é vida e a vida e a sua manifestação (você) são unos. Comece a acreditar no fundo do seu ser que Deus é amor, verdade, beleza, perfeição, que Ele é o seu Eu Superior, acredite com a mesma força com que crê que está vivo. Então, tudo em sua vida se modificará. Todos os aspectos de sua existência, como saúde, amor, facilidade de expressão, prosperidade etc., começarão a melhorar. Você progredirá de glória em glória. O bem se multiplicará de maneira extraordinária. Seus dias serão iluminados e as sombras desaparecerão.

Acreditar que é essencial voltarmos muitas vezes a nascer neste mundo para expiarmos nossos erros é uma crença que embota a mente, que atua como um anestésico, impedindo a evolução espiritual. Como eu disse no capítulo anterior, a ideia de carma vai contra os ensinamentos da Bíblia e da sabedoria ancestral. Quando Jesus curou o cego de nascença e os discípulos perguntaram se ele nascera cego por causa dos seus pecados ou dos pecados de seus pais, eles estavam falando sobre as crenças de sua época. Acreditavam que alguém tinha um defeito por ter sido pecador em uma vida anterior. Jesus expulsou essa ideia, explicando que o homem nascera cego para Deus poder manifestar sua obra através dele, devolvendo-lhe a visão.

"Eu formo a luz, Eu crio a escuridão; Eu faço a paz, Eu crio o mal. Eu, o Senhor, faço todas essas coisas." Essas afirmações significam que você pode usar as leis universais de duas maneiras. Se usá-las de maneira sábia e construtiva, está criando o bem. Se usá-las de maneira maldosa, negativa, está criando o mal. Esse mal pode ter o nome que quisermos lhe dar, como demônio, o maligno etc., mas somos nós que criamos nosso próprio sofrimento por empregar erradamente a lei da vida.

Conheci um casal de cegos em Nova York que teve um filho perfeito, que se tornou um homem iluminado, um médico de grande renome. Também conheci um casal de tuberculosos que tiveram uma filha saudável, que se tornou uma pianista consagrada e mãe de crianças encantadoras. Nos dois casos, não aceitando as ideias prevalecentes na época, os pais elevaram seu nível de conscientização e acreditaram firmemente que teriam filhos saudáveis, inteligentes e espiritualizados, e foi o que aconteceu.

Os pecados dos pais, que são os medos, superstições, ansiedades e falsas crenças, perturbam seus filhos. Os atos ruins dos pais só podem ser transmitidos por meio da mente. Dentro desse ponto de vista, nós pecamos quando deixamos de lado a harmonia, paz e espiritualidade, e ensinamos falsas crenças à nova geração.

Por exemplo, se um pai instila um grande medo de Deus na alma de seus filhos, descrevendo-O como Deus cruel, que castiga os pecadores de maneiras terríveis, está transmitindo a eles uma ideia de que existe um tipo de tirano vingativo nos céus, que governa o mundo ao sabor dos Seus caprichos.

Quando você começa a entender a onipotência do Espírito que habita em seu interior e o poder dos seus próprios pensamentos, para de conceder poder a qualquer outra coisa. Entroniza os conceitos de paz, harmonia, amor, alegria e totalidade em seu mundo e, vivendo com essas ideias, entra em sua realidade. Em outras palavras, você ganha a percepção de que é um filho de Deus, um herdeiro de todas as qualidades, poderes e atributos de Deus. Então declara sua liberdade e escreve os seus direitos. Comece a amar tudo o que é bom e a lei da sua mente a fará reagir de acordo, abrindo para você as janelas do céu, pelas quais serão derramadas bênçãos sem limite.

O juiz Troward, em seus inúmeros livros sobre as leis mentais e espirituais, salientou que todos nós estamos mergulhados na mente das massas (ele usa os termos *mente da raça* ou *lei das médias*).

## UM NOVO OLHAR SOBRE A REENCARNAÇÃO

Atualmente existem cerca de 6 bilhões de pessoas imersas nessa única mente e, se não nos encarregarmos nos nossos pensamentos, ela pensará por nós. Só conseguiremos nos livrar dela por meio do pensamento científico e muitas preces criativas.

Jesus não disse ao cego de nascença que ele precisava expiar o seu carma e o curou instantaneamente, pois a Infinita Presença não condena. Doentes podem ser curados, surdos podem começar a ouvir. Em Lourdes e outros santuários, muitos cegos recuperaram a vista. Ninguém fez perguntas.

Todos os grandes homens e mulheres que viveram nesta dimensão continuam vivos e deixaram suas realizações, experiências e conquistas como impressões na mente subjetiva universal. Lemos sobre suas obras em histórias, versos, prosas e canções. Nossos herdeiros, em termos psicológicos, são nossas ideias e nossos sentimentos.

Conseguimos tornar realidade qualquer estado que somos capazes de conceber. Assim, se você admira ou reflete sobre as qualidades e atributos de Mozart e está intensamente interessado em seus feitos musicais e gostaria demais de ter um filho com iguais talentos, poderá gerar uma criança com qualidades similares. Ele talvez seja um outro Mozart no mundo da música, mas com certeza não será uma reencarnação de Mozart.

Os déspotas e tiranos ocupam um lugar de destaque no contexto da mente da massa. Quando mais um ditador cruel surge no mundo, ele não é uma reencarnação de Gengis Khan ou qualquer outro tirano do passado. As crianças aprendem sobre as guerras em que seu país esteve envolvido tanto na escola como em seus lares. Em alguns casos, elas são ensinadas a odiar as nações vizinhas e crescem cheias de raiva e rancor pelos atos de violência cometidos por esses povos. Tudo isso fica gravado em suas mentes subcons-

## AUMENTE O PODER DO SEU SUBCONSCIENTE
## PARA ALCANÇAR UMA VIDA MAIS PLENA E PRODUTIVA

cientes e, ao se tornarem adultas, querem vingança e acabam se tornando ditadores cruéis.

Esses estados de espírito, emoções e pensamentos são acolhidos e se materializam como circunstâncias, experiências e eventos, porque tudo o que está gravado no subconsciente tem de ser expresso no mundo. O tirano que surge numa nação é a corporificação do estado de consciência desse povo e não a reencarnação de um indivíduo que viveu há mil ou dois mil anos.

"Eu fui jovem, agora sou velho. Mas até agora nunca vi um justo esquecido ou um rebento suplicando por pão." *Eu era jovem* significa que eu não compreendia as leis da mente. *Agora sou velho* significa o surgimento da sabedoria. Quando você adquire um conhecimento espiritualizado e compreende o funcionamento de sua mente, o justo, o uso correto das leis, jamais é esquecido. Você é justo quando age de acordo com a Regra de Ouro e a lei do amor e benevolência para todos. Se pais e mestres ensinassem as leis da mente e as verdades eternas para os pequeninos, seus rebentos nunca pediriam por pão. Isso significa que essas crianças jamais se tornariam os mendigos, párias, ladrões, tiranos e ditadores do mundo. As crianças crescem dentro da imagem e semelhança do clima mental, emocional e espiritual dominante existente em seu lar.

Ensinando os jovens de um país quem eles realmente são, mostrando-lhes o caminho, a verdade e a luz, construiremos um paraíso na Terra e impediremos o surgimento de ditadores, déspotas, tiranos e estados de consciência indesejáveis perpetuados por preconceitos, ódio racial e medo do desconhecido. Ensine às crianças sobre as realizações dos poetas, artistas, cientistas, astrônomos, místicos e visionários iluminados de todas as eras e os meninos e meninas tenderão a imitar seus ideais.

## UM NOVO OLHAR SOBRE A REENCARNAÇÃO

A sabedoria dos milênios nos ensina que a iluminação ou o grande despertar para a Divindade em nós pode acontecer aqui e agora. Se não ocorrer neste exato instante, logo virá. A prontidão é tudo. Para elucidar melhor essa afirmação, imagine que você tem um pedaço de metal e submete-o ao calor. A temperatura vai subindo, mas, por alguns instantes, parece que não está havendo mudança. Entretanto, quando o calor atingir o ponto de derretimento do metal, ele começa a se liquefazer, modificando sua forma e, aparentemente, sua natureza.

Da mesma maneira, a água pode ser transformada em vapor, que é invisível. A água também se transforma em neve, gelo e granizo. Todos esses estados são diferentes índices de vibração da água. Quando um líquido ou sólido se transforma em gás, essa mudança é resultante do aumento da velocidade da vibração das substâncias componentes.

Essa mesma lei se aplica a nós. Você pode aumentar sua vibração e se transformar, elevando-se a um estado de percepção mais adiantado por meio da contemplação da presença e poder de Deus no interior do seu ser, que pouco a pouco o levará a se apropriar cada vez mais dos atributos e qualidades de Deus. Se você meditar constantemente, começará a perceber uma grande expansão da sua consciência. É como o calor que derrete o metal. Virá o dia em que todas as suas inibições, medos, dúvidas e falsas crenças serão derretidos e eliminados, e você poderá mostrar o ser humano divino que você é, aqui e agora.

A mudança poderá ocorrer em um piscar de olhos, como vemos na transformação de um líquido em gás. O poder interior tem a capacidade de anular todas as falsas crenças em leis humanas. Há muitos relatos sobre pessoas doentes ou com alguma deficiência física, acamadas há muitos anos, que saíram correndo de um hospital em chamas. Elas foram subitamente curadas. Quantas vezes já ouvimos contar sobre mães que encontraram uma força sobre--humana para erguer automóveis e vigas de concreto para salvar seus maridos e filhos presos nas ferragens ou escombros? Onde estava essa força? Dentro delas, naturalmente. Mas não precisamos de incêndios ou acidentes para ativar a Presença de Deus dentro de nós, porque Ela também é despertada pela contemplação. A verdade é vivida no silêncio. A verdade é transmitida no silêncio, porque Deus habita em nós em completo silêncio.

Quando você se une com o Infinito, vincula-se com o que está além do tempo e do espaço e então pode se libertar de tudo o que ocorreu no tempo e no espaço. Em suma, você passa do tempo para a eternidade e encontra uma paz que supera a compreensão.

Parece incrível, mas vi mulheres indianas e de outros países orientais olharem nos olhos do filho recém-nascido e dizerem: "Qual é o pecado que você me trouxe de volta?" A ideia por trás dessas palavras absurdas é simplesmente chocante. Ela afirma que a entidade reencarnada está presa ao seu antigo carma e que ela escolheu seus pais para poderem resgatar seus carmas em conjunto. Essas infelizes mulheres imaginam que Deus é um tipo de sultão sentado nas nuvens do céu castigando-as por existirem e por terem cometido erros que não poderiam ser evitados porque elas, como qualquer outro ser humano, nasceram sem sabedoria ou entendimento. Deus não é assim. Por que Ele castigaria uma pessoa que está aprendendo e comete erros?

Ao longo da história e atualmente também, tomamos conhecimento de massacres de milhões de pessoas. Que pecados poderiam ter sido cometidos por um número incalculável de cambojanos que morreu no governo de Pol Pot? Eles foram enviados em massa para campos de concentração e fazendas coletivas, onde morreram

## UM NOVO OLHAR SOBRE A REENCARNAÇÃO

de fome e sede, sendo enterrados em valas comuns. Sabemos que Stalin, na antiga União Soviética, Mao Tse-Tung, na China, Saddam Hussein, no Iraque, e vários ditadores de países africanos assassinaram milhões de pessoas inocentes. Você crê que essas vítimas de genocídio eram pessoas más que foram castigadas por Deus? Que absurdo!

Perguntei a um jovem pai que falava sobre o resgate do carma se ele puniria seu filhinho sem primeiro lhe explicar por que o estava castigando. "É óbvio que não!", foi a resposta imediata. Eu acrescentei: "Então você acha que tem mais amor do que Deus, que é amor ilimitado, sabedoria infinita e absoluta harmonia? Está falando que o Pai Celestial castiga Seus filhos sem que eles saibam o que fizeram de errado?" Que loucura! No meu entendimento, esse modo de pensar insulta minha inteligência. Mais absurdo ainda é os pais ensinarem essa filosofia aos seus filhos desde pequenos, fazendo uma verdadeira lavagem cerebral.

Já fiz várias palestras em *ashrams* indianos e uma vez perguntei a um diretor se ele concordava com meu pensamento de que os governantes hindus, budistas e muçulmanos usaram a ideia de carma para manter as massas indianas em estado de submissão. De fato, os intocáveis da Índia são pessoas nascidas nas castas ou camadas mais miseráveis e por esse simples fato estão destinados a permanecerem nelas até morrer, sofrendo todos os tipos de humilhação e sofrimento. Ao longo dos séculos, os governantes e grandes proprietários de terras e mansões ensinaram essas pessoas a aceitar seu modo de vida porque ele seria um castigo por crimes e pecados cometidos em vidas passadas. Os intocáveis, ou párias, deveriam ficar satisfeitos com sua situação, sem tentar criar uma mudança ou melhoria na sua vida porque precisavam expiar seus pecados. Numa futura encarnação, seriam recompensados com

## AUMENTE O PODER DO SEU SUBCONSCIENTE
### PARA ALCANÇAR UMA VIDA MAIS PLENA E PRODUTIVA

uma vida melhor. O diretor, meio a contragosto, teve de concordar comigo.

Para mim, a ideia de carma é o ópio do povo. É uma mentira deslavada para fazer com que as pessoas miseráveis aceitem sua condição de escravizados, cortadores de lenha, carregadores de água etc. Essas criaturas, como todas as outras, vieram a este mundo para aprender, se elevar e crescer aqui e agora. Deus é o Eterno Agora e não faz discriminação entre seus filhos.

Em todos os países onde predomina a ideia de carma vemos miséria, sofrimento, fome e sujeira. Conversei com muitos indianos cultos e ouvi afirmações absurdas, como: "Preciso ter cuidado com o que faço, porque, se não agir direito nesta vida, na outra encarnação poderei vir como um tigre ou outro animal."

O subconsciente não discute. Ele aceita uma premissa, mesmo falsa, dada pela mente consciente ou objetiva, e a transforma em realidade. É o que acontece com todos os milhares e milhares de intocáveis na Índia.

Como já disse tantas vezes anteriormente, conheci pessoas analfabetas que, ao entrarem em transe, falavam em 13 ou 14 línguas, inclusive algumas muito antigas, como o gaélico, chinês primitivo etc. Todos os idiomas e dialetos do mundo estão no nosso subconsciente. O mesmo vale para os conhecimentos sobre matemática, ciência e música. O subconsciente faz parte da mente subjetiva universal, onde existe o registro indelével de tudo o que já aconteceu na evolução humana, tanto no aspecto material como também no psicológico e mental.

Há alguns anos fui testemunha de uma experiência feita por um amigo meu, um homem que chamarei de Sr. X. Ele era católico apostólico romano e definitivamente não acreditava em reencarnação. Todavia, um psicólogo lhe dissera que se o colocasse em transe hipnótico, poderia fazê-lo regredir a vidas passadas.

## UM NOVO OLHAR SOBRE A REENCARNAÇÃO

Suas respostas seriam gravadas e provariam que já tivera várias reencarnações.

Quando o psicólogo viu o Sr. X em transe, disse que agora o levaria para 500 anos atrás e pediu que descrevesse o que estava vendo e sentindo. Não houve resposta. Lembre-se de que o subconsciente está sempre pronto a entregar informações e dará qualquer coisa que o operador da experiência pedir, porque está sintonizado com ele. O psicólogo recomeçou, dizendo ao meu amigo que agora ele estava vivendo há mil anos e perguntou o que ele era, qual era o seu trabalho, o que sentia. De novo, nenhuma resposta. Frustrado, o psicólogo instruiu: "Agora vou fazê-lo regredir a uma época muito antes da Grã-Bretanha e da Europa existirem. Focalize seu pensamento no passado remoto. Quem é você agora?" Houve um silêncio e depois o Sr. X respondeu: "No sétimo dia eu descansei." Esse, naturalmente, foi o fim da experiência sobre as reencarnações do Sr. X.

O que aconteceu foi que o Sr. X, antes de dormir na noite anterior, repetiu várias vezes a afirmação: "Eu não acredito em reencarnação. Não darei nenhuma resposta." Seu subconsciente aceitou essa sugestão como a ideia dominante e agiu de acordo. O Sr. X neutralizou as sugestões do operador e até foi capaz de fazer a brincadeira final.

A irmã do Sr. X não deu nenhuma sugestão ao seu subconsciente antes de ser colocada em transe hipnótico pelo psicólogo e a sessão foi bem diferente. Ela regrediu ao passado, afirmando que era Joana d'Arc e começou a falar em francês. Regredindo mais, falou que era uma rainha do Egito e fez uma preleção sobre as crenças religiosas do Antigo Império. Afirmou que os construtores das pirâmides entravam em um semitranse e com o poder da mente transportavam os blocos da pedreira, cortavam as pedras com perfeição e as encaixavam sem problemas. A mulher disse que enquanto descrevia esse quadro ouvia o som de marretas, martelos e outras ferramentas metálicas. Coisas da mente...

Claro que não houve meio de provar se ela fora realmente uma princesa egípcia ou Joana d'Arc. Ao voltarmos para a casa do Sr. X, tive a oportunidade de conversar longamente com sua irmã e soube que ela fizera quatro anos de aulas de francês quando era adolescente e que chegara a morar na França. Além disso, tinha muito interesse pela história egípcia e estivera no Cairo para visitar as pirâmides. Portanto, em estado hipnótico, sua resposta subconsciente às sugestões do psicólogo foi um tipo de dramatização com base em temas e leituras que estavam gravadas em sua mente mais profunda. O subconsciente grava qualquer coisa em que acreditamos e muitas vezes essas informações emergem sob a forma de um quadro mental de ficção, uma dramatização. As conclusões da irmã do Sr. X estavam silogisticamente corretas, ou seja, eram logicamente deduzidas a partir da sugestão do psicólogo de que ela tivera outras vidas e poderia nos contar sobre elas. Ela aceitou a sugestão.

Isso poderia acontecer com você, que nos daria uma dramatização do que já leu ou ouviu e em que acredita. A mulher aceitou a sugestão e seu subconsciente extraiu um conhecimento relacionado com a época escolhida pelo psicólogo (quinhentos anos atrás, mil etc.) e se baseou no que estava gravado nele, por meio de leituras, estudos, informações ouvidas de outros a respeito dessa época em especial e criou uma condensação, uma dramatização. Ao mesmo tempo, ele se desligou de todos os fatos ou ideias que não estavam de acordo com as sugestões do operador.

Um dos aspectos mais interessantes salientados pelos defensores da reencarnação é que existem pessoas que afirmam lembrar-se das suas vidas passadas e descrevem com muitos detalhes o local, o

UM NOVO OLHAR SOBRE A REENCARNAÇÃO

período histórico e as atividades que exerciam nessa época, o que impressiona seus interlocutores. Essas recordações, contudo, não são verdadeiras, porque têm como base o conhecimento gravado na grande mente universal, onde estamos todos imersos.

Phineas Parkhurst Quimby, o precursor do movimento Novo Pensamento, disse em 1847 que nossas mentes se misturam como os gases da atmosfera e cada um de nós tem uma identidade dentro dessa atmosfera. Portanto, nossa mente é um grande reservatório que contém todas as experiências mentais e reações de todos os seres humanos que já existiram. Nós temos lembrança de todas as línguas já faladas neste universo. Conhecemos todos os lugares e armazenamos informações sobre todas as atividades já exercidas no planeta. É uma simples verdade espiritual o fato de que temos o mundo inteiro dentro de nós. Estávamos lá porque somos espíritos. Somos mente. Vivenciamos todas as coisas e escrevemos todos os livros. Somos Jesus, Moisés, Elias, Buda, Confúcio, todos os grandes mestres. Conhecemos todos os seres humanos que já existiram, que existem agora e existirão amanhã. Não existe nada que não saibamos. Nós estávamos lá.

Assim, sua mente contém as experiências e reações de épocas passadas. Você vai à Índia ou ao Paquistão e, vendo aqueles inúmeros templos, diz: "Eu me lembro. Já estive aqui antes." Você encontra seu caminho na cidade. É uma experiência comum. Todas as cidades estão dentro de você — o mundo inteiro. Mas a memória tende a diminuir. Você se torna espiritual. Existe alguma voz que você já não ouviu antes? Existe algum idioma que você já não conheceu? Todos os idiomas estão dentro de você. Nós somos mente e espírito e já estivemos em todos os lugares.

Há sensitivos clarividentes que veem figuras históricas participando de batalhas e fazendo discursos, como Napoleão guerreando na Áustria e Lincoln dirigindo-se ao povo em Gettysburg, na

Pensilvânia. São acontecimentos registrados na sua mente subconsciente e não significa que eles foram Napoleão ou Abraham Lincoln, mas apenas que se sintonizaram com a vibração de um quadro mental que está eternamente gravado na tela do subconsciente universal.

Todas as coisas coexistem no princípio mental do eterno agora e isso nos permite sintonizar facilmente com as vibrações das experiências vividas por outras pessoas, pensando que foram nossas. O Princípio de Vida que habita no seu interior jamais nasceu e jamais morrerá. Ele é o Espírito Infinito, que exerceu todas as atividades, esteve em todos os países, que tudo viu e tudo viveu. Reflita com tranquilidade e clareza e você se conscientizará da única mente que, operando através de todos nós, escreveu a Bíblia e todos os outros livros sagrados e criou todas as religiões. Existe uma única mente no fundo do seu ser. É Deus, Onipresente, Onisciente e Onipotente.

# Resumo do capítulo

- Nos dias bíblicos os israelitas esperavam pela chegada do Messias, mas o Messias está dentro de nós — é a Presença de Deus. Você é seu próprio salvador. A Presença Divina jamais nasceu e nunca morrerá. Ela está à nossa disposição em qualquer momento da nossa jornada. A paz, harmonia, amor, alegria, beleza, inspiração, poder, iluminação, capacidade de curar estão aqui agora, dentro de nós. Por que esperar por elas, por que imaginar que teremos essas bênçãos no futuro? Deus é o Eterno Agora e está pronto a nos ajudar agora, neste mesmo instante. Apodere-se da paz, harmonia e progresso agora, não daqui a dez ou cinquenta anos.

## UM NOVO OLHAR SOBRE A REENCARNAÇÃO

- Ao acreditar na teoria da reencarnação, nos ciclos incontáveis do renascimento, você se afasta de Deus, perde a graça espiritual. A crença subconsciente em contínuas encarnações neste mesmo mundo, para expiar ou compensar pelos pecados, erros e crimes do passado, o mantém em algo análogo a uma "escravidão" espiritual e indica a presença de um complexo de culpa.
- A verdadeira reencarnação é o nascimento de Deus em sua mente e coração, o que cria em você um frenesi Divino, o que o inunda com a Presença de Deus.
- A vida é crescimento. A vida é expansão. A vida é o novo. Você não pode ser amanhã menos do que é hoje. A vida não volta para o passado nem se preocupa com o ontem. Ela é um constante progresso de glória em glória, de força em força, de sabedoria em sabedoria. Não existe fim para a nossa glória.
- Todas as manhãs e noites reserve alguns minutos e afirme com certeza, alegria e emoção que os infinitos oceanos da vida, amor, verdade e beleza estão fluindo através do seu ser, revigorando, purificando, curando e transformando todo o seu ser. A inteireza e paz de Deus reinam supremas em sua mente e coração.
- Se ensinarmos aos jovens de uma nação quem realmente são, mostrando-lhes o caminho, a verdade e a luz, conseguiremos construir um paraíso na Terra e impedir o surgimento de ditadores, déspotas, tiranos e estados de consciência indesejáveis que são criados pelos preconceitos, ódios raciais e medo do desconhecido. Ensine aos seus filhos quais foram as grandes realizações dos poetas, artistas, cientistas, místicos e videntes iluminados de todas as épocas. Eles desenvolverão a tendência de imitar os ideais dessas pessoas.

# CAPÍTULO 8
## Tenha uma vida inspirada

Muitas pessoas teriam uma vida mais rica se alguém ficasse ao seu lado para incentivá-las constantemente, revigorando sua disposição e seu entusiasmo, inspirando-as a seguir em frente, mas elas não têm inclinação para fazer isso por si mesmas e, por isso, permanecem na mediocridade. Elas dependem dos outros porque não parecem possuir um motor próprio. Todavia, depois de uma boa conversa com elas, aumentando suas esperanças e inflamando sua ambição, explicando-lhes que é possível obter tudo o que desejam, conseguimos dar-lhes um novo vigor, "carregando suas baterias", como se estivéssemos lidando com um automóvel. São muito bem-sucedidas por alguns dias e imaginamos que estão entrando em uma nova etapa da sua vida e que continuarão com o mesmo entusiasmo, mas, de repente, parecem murchar. Sua força se esgotou e elas precisam de uma nova carga.

Pessoas assim dão a impressão de que são absolutamente incapazes de andar sozinhas. Precisam ser constantemente empurradas como se fossem peças de xadrez num tabuleiro. Se tomam consciência de que estão sozinhas, sem alguém para se apoiar ou fornecer o impulso de que precisam, ficam confusas, sem saber o que fazer.

Há muitos rapazes e moças que parecem muito ambiciosos, mas carecem dessa força autopropulsora. Estão sempre esperando

## AUMENTE O PODER DO SEU SUBCONSCIENTE
## PARA ALCANÇAR UMA VIDA MAIS PLENA E PRODUTIVA

que alguma coisa aconteça, por alguém que lhes encontre um bom emprego ou um "padrinho" para fazê-los progredir na carreira.

Esses jovens ficam deslizando pela linha do menor esforço. Gostariam de ser bem-sucedidos, mas temem o preço que terão de pagar por isso. Uma vida de sucesso lhes parece extenuante. Há muitas dificuldades a enfrentar, é preciso uma constante atualização profissional e disposição para vencer obstáculos aparentemente intransponíveis. Esses indivíduos como que pairam sobre a vida, acalentando uma ideia indefinida de que em algum lugar existe alguma coisa especial para eles e que virá ao seu encontro por um acaso do destino, desde que estejam dispostos a esperar. Nesse ínterim, contentam-se em serem impulsionados ou mantidos por outras pessoas. Essa falta de autoconfiança, essa dependência de um poder externo são fatais para qualquer tipo de avanço ou realização.

O jovem que não deseja andar com seus próprios pés, que não consegue avançar sem muletas emocionais, sem alguém que facilite sua vida, jamais terá uma vida bem-sucedida.

É raro encontrar pessoas que insistam em administrar sua própria vida. Na maioria dos casos, são certos indivíduos que administram a existência de muitas outras pessoas.

É infinitamente melhor cometer erros do que nunca agir por conta própria. Indivíduos que estão sempre pedindo conselhos, que precisam ser orientados por parentes, chefes ou colegas para escolher seus caminhos dificilmente se sentirão realizados. Pessoas desse tipo podem possuir talentos inatos e terem uma boa formação escolar, mas lhes falta algo, o poder da autopropulsão. Invariavelmente são seguidores, correligionários ou assessores, mas, de fato, não são necessários em nenhum lugar. Em qualquer aspecto da vida profissional, o que vale é um mínimo de capacidade

TENHA UMA VIDA INSPIRADA

de liderança. Independência, autoconfiança, determinação... são essas as qualidades do vencedor.

Os tímidos, medrosos, hesitantes e vacilantes jamais se tornarão líderes. Um líder pode ter suas deficiências, mas jamais duvida de si próprio. É absolutamente necessário que ele possua uma grande autoconfiança.

Nada vale tanto para você quanto o aval que dá para sua própria pessoa. A aprovação da "vozinha interior", que aplaude cada ato nobre lhe dizendo "muito bem" ou sua desaprovação, reclamando: "você agiu errado", tem muito mais importância para o seu progresso do que todo o incentivo externo. Não importa o que os outros possam estar pensando sobre sua atitude ou o que o mundo vai dizer, se a imprensa ou o público está louvando ou desaprovando, é seu próprio e honesto julgamento sobre você que o fará subir ou cair.

Muitas pessoas que são consideradas vencedoras, bem-sucedidas, que vivem aparecendo em jornais, televisão e revistas, e são mimadas pela sociedade e olhadas como um exemplo, sabem perfeitamente que não passam de fraudes e, cada vez que são lembradas do seu sucesso — seja ele contado em dinheiro ou prestígio —, sentem uma dor na consciência.

Então, em primeiro lugar, certifique-se de que você tem sua própria aprovação. Se decidir que jamais correrá o risco de ser desaprovado pela sua consciência, seja o que for que estiver em jogo, terá uma rocha em que se apoiar tanto na adversidade como na prosperidade.

Ao menor sinal de desaprovação da "vozinha", pare e pergunte-se sobre o que pretende fazer ou para onde quer ir. Pode ter certeza de que ela está lhe dizendo que há algo errado. Você terá de modificar a situação imediatamente. Não tente conversar sobre a causa da sua perturbação, não tente entrar em algum tipo de acordo com a voz da sua consciência. Essa atitude se mostrará tão perigosa como a de um marinheiro que, no meio de uma tempestade, insiste em segurar com a mão o ponteiro da bússola porque deseja ir numa determinada direção. A tentativa de influenciar a bússola só servirá para levar o navio a bater em rochedos. Sim, encontramos inúmeros náufragos no oceano da vida que ignoraram ou tentaram argumentar com sua consciência.

Para manter sua auto-aprovação você tem de ser honesto. Aliás, é impossível agir com desonestidade e não ser condenado diante do tribunal da consciência. Não importa o quanto seja pequeno o desvio da verdade ou integridade, não importa o quanto seja mínimo o logro ou a mentira (se é que algum logro ou mentira pode ser considerado mínimo), você está mexendo no ponteiro da bússola e, se persistir nessa direção, não chegará ao porto que procura.

Se mantiver sua autoaprovação, não importa que poderá perder, você continuará a ser rico. Poderá fazer uma fortuna ou perder uma; poderá morar em uma linda casa ou em uma pensão barata; poderá usar roupas de grife ou de segunda mão; poderá andar de carro ou a pé; poderá ter muitos amigos ou perder todos eles; poderá ter a boa opinião dos outros ou seu desprezo, mas, se jamais tentou mexer com sua consciência, se acredita em si mesmo, se gosta da sua vida, se foi honesto, sincero e verdadeiro, se é capaz de se olhar no espelho sem fazer uma careta de desagrado, será feliz e bem-sucedido, mesmo que o mundo o esteja rotulando como um fracasso.

Ninguém pode ser mental, moral e fisicamente saudável enquanto sua ambição não for satisfeita. Tem de haver uma satisfação que decorre da conscientização de estar no seu devido lugar,

## TENHA UMA VIDA INSPIRADA

onde todas as suas faculdades têm peso... e não apenas algumas das mais fracas. Só em emergências muito excepcionais e em ambientes raros será justificável você tentar continuar vivendo apesar de ouvir o que há de melhor e mais elevado em sua consciência repetir sem parar que você o está sacrificando.

O exercício do que existe de mais forte no seu interior produz um tônico saudável, que lhe traz uma satisfação, um sentido de inteireza, de adequação à vida, que jamais poderão ser gerados pelo uso das faculdades mais fracas.

O presidente Theodore Roosevelt, em um discurso feito em Washington, disse: "Desejo ver no cidadão comum a determinação de não retroceder quando sofrer um fracasso temporário, algo que pode acontecer a qualquer um de nós, e de se levantar e extrair o triunfo da derrota."

"Levantar e extrair o triunfo da derrota." Esse é o segredo do sucesso de cada vida valente e nobre que já existiu. É possível que o passado tenha sido uma amarga decepção para você. Olhando para trás, talvez veja que fracassou ou que, no mínimo, esteve atolado na mediocridade. Pode ser que não tenha sido bem-sucedido em certas coisas que tentou fazer; talvez tenha perdido amigos e parentes que significavam muito para você. Quem sabe perdeu sua empresa ou emprego e até sua casa porque não conseguiu pagar as prestações por causa de uma doença ou acidente que causou a incapacidade para o trabalho? A entrada de um Ano Novo pode lhe parecer sombria, sem perspectivas de um futuro melhor, mas se apesar de todas essas agruras você se recusar a ser conquistado, a vitória o está esperando em algum ponto da sua jornada.

Você é uma criatura digna de pena quando perde a coragem e teme enfrentar o mundo porque cometeu um erro ou falha, ou porque fracassou nos negócios ou perdeu propriedades em um

AUMENTE O PODER DO SEU SUBCONSCIENTE
PARA ALCANÇAR UMA VIDA MAIS PLENA E PRODUTIVA

desastre natural ou devido a qualquer outra causa que não foi capaz de impedir.

Então, este é um teste para medir a sua maturidade: quanto sobrou de você depois que perdeu tudo o que valorizava? Se agora estiver deitado, com os braços caídos para o lado, achando que é um trapo, é óbvio que sobrou muito pouco. Mas se continua com um coração destemido, com o rosto voltado para frente, recusando-se a desistir ou perder a fé em si mesmo, se nem imagina bater em retirada, mostrará que é maior do que sua perda, maior do que sua cruz e maior do que qualquer derrota.

Talvez você conteste dizendo que já fracassou inúmeras vezes, que é inútil tentar, que nunca conseguirá ser bem-sucedido e já caiu de cara no chão tantas vezes que não tem mais coragem de se levantar. Bobagem!

Não existe fracasso quando o espírito não foi derrotado. Não importa quanto tempo já se passou ou quantos foram seus fracassos, o sucesso ainda está ao seu alcance. Ao longo da história de nossa existência, quantas vezes lemos, ouvimos e assistimos a relatos sobre homens e mulheres que se redimiram dos fracassos anteriores, vencendo o estupor do desânimo e se atirando de peito aberto a uma nova atividade?

Não há fracasso se você não perdeu o ânimo, o caráter, a autoconfiança e o respeito por você mesmo. Você continua sendo um rei. Se você é feito de matéria vencedora, se tem pulso e determinação, suas infelicidades, perdas e derrotas estimularão essa matéria, tornando-o ainda mais forte. Como disse o Rev. Henry Ward Beecher: "É a derrota que transforma osso em pedra e cartilagem em músculo e faz os homens se tornarem invencíveis."

Algumas pessoas vivem muito satisfeitas enquanto sua vida está correndo às mil maravilhas. Dão a impressão de serem fortes

## TENHA UMA VIDA INSPIRADA

e bem equilibradas enquanto estão acumulando propriedades, fazendo amigos e sendo admiradas, mas, no momento em que surgem problemas, como um fracasso em um negócio, a perda de um imóvel ou uma crise internacional que resulta em um grave prejuízo material, elas se deixam derrotar. Entram em desespero, perdem o ânimo, coragem, fé, esperança e principalmente o poder de tentar de novo.

Talvez tenha ocorrido uma perda, um fracasso e resta pouca esperança para quem cai no abismo do desespero. Todavia, há esperança para uma pessoa humilde e analfabeta, desde que ela tenha determinação e resistência. Há esperança para o enfermo que jamais perde a coragem, há esperança para uma mulher decidida, mesmo que esteja imersa em uma situação aparentemente insolúvel, mas não existe esperança para os que não podem ou não conseguem se levantar depois da queda e perdem seu ânimo diante da oposição e se ajoelham depois da derrota.

Perca tudo na vida, mas jamais perca a sua autoconfiança. Ela é sua pérola mais valiosa, mais importante do que sua própria respiração. Agarre-se a ela como se fosse uma boia para um náufrago.

Você deve ser muito maior do que qualquer fracasso material que, no futuro, será pouco mais do que um incidente desagradável em sua biografia — inconveniente, mas não muito importante. Na verdadeira maturidade existe algo que se eleva acima do sucesso ou fracasso mundano. Não importa que reveses, decepções ou fracassos o atinjam, o indivíduo que conquistou a maturidade avança, passando por cima deles. Ele jamais perde a serenidade. No meio de tempestades e provações diante das quais uma pessoa de natureza mais fraca sucumbiria, continua positivo, dominando todas as condições externas, impedindo-as de prejudicá-lo. Como uma grande árvore da floresta enfrentando a força dos elementos, ele permanece ereto diante de todos os ataques e mudanças de clima.

## AUMENTE O PODER DO SEU SUBCONSCIENTE
## PARA ALCANÇAR UMA VIDA MAIS PLENA E PRODUTIVA

Existe algo em nossa natureza, uma força divina que não conseguimos descrever ou explicar, que não parece fazer parte das nossas faculdades habituais, mas encontra-se mais fundo do que qualquer atributo visível, que se apressa em nos auxiliar nas grandes emergências, nas crises supremas.

São as forças espirituais armazenadas em nosso interior — forças a que normalmente não recorremos na nossa vida cotidiana — que fazem com que sejamos gigantes, que marcam a humanidade com o selo sagrado. Se você usar todos os recursos que o divino poder colocou em seu interior, jamais fracassará. Seria, de fato, muito esquisito se as mais grandiosas das criaturas de Deus vivessem à mercê dos acidentes que fazem e destroem fortunas. Não existe fracasso se você tem consciência do seu poder e não reconhece a derrota; não existe fracasso para a determinação, a vontade inquebrantável. "Extrair o triunfo da derrota." Esse é o segredo do sucesso de cada vida nobre e corajosa que existiu neste mundo.

Quantas vezes entramos em crise quando nos deparamos com algum obstáculo que nos parece ser uma terrível calamidade, que causará nossa ruína se não conseguirmos evitá-lo! Somos tomados pelo medo de que nossa ambição não resultará em nada, que nossa vida será arruinada. O receio do choque com o obstáculo que parece se aproximar cada vez mais, sem possibilidade de ser evitado, é uma sensação apavorante.

Existem milhões de exemplos de pessoas que triunfaram sobre todos os tipos de deficiências e ambientes adversos, acabando de vez com todas as desculpas de pessoas que afirmam que lhes faltaram oportunidades. Ninguém, em sã consciência, pode aceitar esse argumento.

Se você anseia responder ao chamado que corre no seu sangue, que não tem o poder de satisfazer porque está preso a circuns-

# TENHA UMA VIDA INSPIRADA

tâncias que não consegue controlar nem aceitar, se não é capaz de expressar o que há de mais forte e melhor em seu interior, não importa qual seja seu empenho, precisará de uma tremenda força de vontade, uma estrutura inabalável para extrair o máximo dessa situação e se conscientizar de que é possível crescer e evoluir tão rapidamente como se estivesse usando sua faculdade mais forte e expressando o que há de melhor em sua alma.

Todavia, se for impossível se desentranhar de um ambiente tão férreo, você pode imitar o que a ostra faz com o grão de areia que não consegue expulsar de sua concha — converte-a numa pérola bonita e atraente. O exercício constante da ousadia e determinação para extrair o melhor de uma situação que não pode ser remediada, já é uma força construtora do caráter.

A história está repleta de exemplos de homens e mulheres que venceram as adversidades e decepções e não perderam a esperança. Theodore Roosevelt, que sofria de asma e debilidade física generalizada, decidiu trabalhar como peão em um rancho para se fortalecer e tornou-se um respeitado caçador e lenhador, um soldado heroico e, lógico, presidente dos Estados Unidos.

Pallissey e Goodyear desistiram de todos os confortos da vida e impuseram sacrifícios às suas próprias famílias porque insistiam em trabalhar no desenvolvimento dos produtos feitos de borracha que tinham inventado.

Simón Bolívar, conhecido como o "Grande Libertador" da América Latina, superou uma tragédia pessoal para liderar a luta de vários países contra o jugo da Espanha. Filho de uma família muito rica da Venezuela, foi estudar na Espanha, como fazia a maioria dos jovens da sua classe social. Aos 19 anos, casou-se com uma bela e prendada filha de uma família aristocrata e voltou para seu país natal com a intenção de cuidar de suas propriedades. En-

215

## AUMENTE O PODER DO SEU SUBCONSCIENTE
## PARA ALCANÇAR UMA VIDA MAIS PLENA E PRODUTIVA

tretanto, mal havia se acomodado em sua casa quando sua esposa morreu de febre amarela.

A morte da sua jovem mulher mudou sua vida. Bolívar jurou jamais casar de novo e dedicar sua vida a uma causa. Mais tarde, ele comentou: "Se não fosse pela morte da minha esposa, talvez minha vida fosse bem diferente. Eu não teria sido um general ou libertador, não teria voltado à Europa. Não teria entrado em contato com as ideias que enriqueceram minhas viagens, não teria tido a oportunidade de conhecer o mundo, a humanidade e coisas que me foram tão úteis durante o curso da minha carreira política. A morte de minha esposa me fez seguir a carruagem de Marte em vez de me prender ao arado de Ceres."

Depois de visitar vários países, Bolívar voltou para a Venezuela, onde já brilhavam as primeiras centelhas de rebelião contra a Espanha, que acabaram dando início a uma guerra de libertação. Ele se uniu aos rebeldes e, devido aos seus conhecimentos, inspiração e entusiasmo, tornou-se o líder do movimento. Depois de vários anos, Bolívar estava à frente das forças que libertaram seu país e posteriormente os países vizinhos: Colômbia, Peru, Equador e Bolívia.

Um dos maiores escultores dos Estados Unidos, F. Wellington Ruckstuhl, conta como superou os obstáculos para realizar o seu sonho: "Quando eu era criança, estava sempre fazendo figurinhas de madeira, mas não tinha ideia de ser um escultor. Foi só aos 32 anos de idade que comecei a pensar seriamente em fazer da arte a minha carreira."

Ele prossegue: "Na adolescência, imaginei que seria um homem das letras, porque escrevia artigos para os jornais e era membro de um prestigiado clube literário. Eu saltava de um emprego para outro. Fui para o Colorado, depois para o Arizona, trabalhei como

## TENHA UMA VIDA INSPIRADA

assistente de geólogo, fui mineiro e vaqueiro em um rancho. Mudei para a Califórnia e em uma época pensei em viver na China. Acabei voltando a St. Louis, ainda sem uma profissão definida."

Seu relato continua: "foi nessa ocasião que vi uma escultura feita em gesso. Disse a mim mesmo que eu poderia fazer uma igual. Comprei o material necessário e copiei a estatueta. Pouco tempo depois, uma das minhas esculturas me levou a ser convidado para ser membro do St. Louis Sketch Club. Quando falei aos meus colegas que pretendia viver do meu trabalho como escultor, todos riram e caçoaram de mim, afirmando que a arte não dava comida a ninguém. Nessa época eu tinha um bom emprego em uma loja e nas horas vagas dedicava-me à escultura. Os jornais começaram a falar das minhas obras, porque eu tinha muitos amigos na comunidade. Então entrei na competição para a elaboração de uma estátua do General Frank R. Blair. Fui o primeiro colocado e ganhei os US$150 do prêmio, mas quando o comitê descobriu que eu era apenas funcionário de uma loja, argumentou que eu não tinha competência para realizar a obra. Para piorar as coisas, meu pai e minha mãe criavam todos os tipos de obstáculos para dificultar minha carreira. Eu era empurrado de cômodo para cômodo da casa e não tinha nem mesmo permissão para trabalhar no sótão. Quantas agruras um gênio tem de enfrentar!"

Sorrindo, Ruckstuhl acrescentou: "eu progredi bastante na loja e me tornei subgerente, ganhando US$2.000 por ano. Quando falei com o proprietário que ia pedir demissão porque havia decidido seguir a carreira de escultor, ele arregalou os olhos, perplexo. 'Escultor?', repetiu, incrédulo. 'Ora, meu rapaz, você está jogando fora o seu futuro! Se continuar trabalhando comigo, eu lhe pagarei US$5.000 por ano e o promoverei a gerente geral.' Mas eu havia encontrado o objetivo da minha vida, embora soubesse que teria

AUMENTE O PODER DO SEU SUBCONSCIENTE
PARA ALCANÇAR UMA VIDA MAIS PLENA E PRODUTIVA

à frente anos e anos de luta contra a pobreza até conseguir alguma fama. Mas eu tinha plena confiança em mim mesmo, o que significava que metade da batalha já estava vencida."

F. Wellington Ruckstuhl foi estudar em Paris, onde aumentou a confiança no seu talento, mas teve de voltar aos Estados Unidos para tentar ganhar dinheiro para continuar financiando seus estudos na França.

"Minha família e meus amigos fizeram de tudo para me desanimar. Continuavam caçoando do meu desejo de viver da escultura, mas consegui sete encomendas para fazer bustos a US$200 cada um, que esculpiria ao voltar de Paris."

A recusa em ser desencorajado acabou sendo recompensada. Nos anos que se seguiram à volta definitiva aos Estados Unidos, ele foi contratado para fazer estátuas que atualmente estão expostas em museus, prédios públicos, parques e mansões do mundo inteiro.

Emerson disse: "O que mais preciso é de alguém que me faça fazer o que posso. *Fazer o que posso fazer.* Esse é o meu problema. Não fazer o que Napoleão ou Lincoln podia fazer, mas o que eu posso fazer. Para mim, faz toda diferença no mundo seu eu for capaz de extrair o melhor ou o pior de mim — se for capaz de usar dez, 15, 25 ou 90 por cento da minha capacidade."

Por todos os cantos vemos pessoas que chegaram à maturidade ou à velhice sem ser espiritualmente despertadas porque desenvolveram apenas uma pequena porcentagem das suas possibilidades de êxito. Elas continuam em um estado dormente. O que existe de melhor nelas está tão no fundo do seu ser que jamais foi despertado e quando conversamos com elas, nos conscientizamos de que têm muito poder latente que jamais foi colocado em prática. As grandes possibilidades de se tornarem indivíduos úteis e plenamente realizados estão sendo inconscientemente desperdiçadas.

# TENHA UMA VIDA INSPIRADA

Conheço muitas pessoas que só foram ter consciência dos seus talentos e possibilidades quando atingiram a meia-idade. Elas foram subitamente despertadas, como se estivessem saindo de um longo sono, pela leitura de um livro inspirador e edificante, pelas palavras de um sermão ou conversa com um amigo que há muito estava afastado, alguém com ideais elevados que foi capaz de compreendê-las e incentivá-las.

Faz uma enorme diferença no mundo se você está convivendo com pessoas que acreditam em você, que o encorajam e o elogiam ou se está sempre com criaturas que vivem abalando suas ideias, quebrando seus ídolos, explodindo suas esperanças ou jogando água fria nas suas aspirações.

A coisa mais importante que pode surgir em uma vida é aquele livro, experiência, sermão, pessoa, incidente, emergência ou catástrofe — aquele algo que toca as molas da nossa natureza interna e faz escancarar as portas da nossa alma, revelando o tesouro que existe dentro dela.

Conta uma fábula que um dia um leãozinho estava brincando sozinho no mato enquanto sua mãe dormia. Encantado com tantas coisas diferentes que via à sua volta, ele resolveu explorar as redondezas e conhecer o mundo que ficava além da sua casa. Quando se deu conta, caminhara para tão longe que foi incapaz de encontrar o caminho de volta. Estava perdido! Assustado, o leãozinho começou a correr em todas as direções, gritando pela mãe, mas ela não aparecia.

Depois de muito correr e sem saber o que fazer, o leãozinho encontrou uma ovelha cujos carneirinhos lhe haviam sido tirados e que, ao ouvir os miados de pavor, resolveu adotá-lo.

A ovelha criou o leãozinho com todo o carinho, mas, com o passar do tempo, o animal ficou tão grande que às vezes sentia

## AUMENTE O PODER DO SEU SUBCONSCIENTE
## PARA ALCANÇAR UMA VIDA MAIS PLENA E PRODUTIVA

medo dele. Entretanto, mãe e filho viveram felizes entre o rebanho até que um dia um magnífico leão apareceu no alto de um morro próximo, destacando-se contra a claridade do céu. Ele balançou a cabeça dourada e emitiu um terrível rugido, que ecoou na planície. A ovelha mãe estremeceu, paralisada de medo. Mas, no instante em que o estranho ruído tocou seus ouvidos, o leãozinho ficou imóvel, como que tomado por um encantamento, e uma estranha sensação percorreu o seu corpo, até que todo ele parecia vibrar. Uma nova natureza acordou no seu interior e, instintivamente, sem a menor percepção do que estava fazendo, ele respondeu ao chamado do grande leão com um rugido correspondente.

O rugido do grande leão tocou uma corda de sua natureza que jamais tinha sido tocada antes. Ela despertou uma nova força em seu interior, que nunca havia conhecido. Novos desejos e uma estranha consciência de poder o possuíram.

Tremendo com um misto de medo, surpresa e perplexidade diante da sensação de poder que havia despertado dentro dele, o jovem leão lançou um olhar tristonho para sua mãe adotiva e, com um salto impressionante, lançou-se na direção do morro onde estava o grande leão.

Sim, o leãozinho perdido encontrou a si mesmo. Até então ele havia brincado em torno da sua mãe ovelha como se fosse um cordeirinho em crescimento, evoluindo para se tornar um carneiro, sem jamais sonhar que poderia fazer algo que seus companheiros eram incapazes de fazer e que tinha muito mais força do que qualquer animal do rebanho. Jamais havia passado pelo seu pensamento a ideia de que havia um poder dentro dele capaz de causar pavor a todas as criaturas da selva. Antes, a simples possibilidade de se encontrar com um lobo o fazia tremer e não pensava duas vezes antes de obedecer às ordens do cão pastor. Agora, estava

TENHA UMA VIDA INSPIRADA

impressionado ao ver os cães, os lobos e outros animais que antes o aterrorizavam fugindo desesperadamente da sua presença.

Enquanto o leãozinho pensava que era um cordeiro, era tímido e assustado como qualquer carneiro. Possuía somente a força e coragem de um carneiro e não imaginava que dentro dele havia um poder que causaria pavor em todas as feras da selva. Se alguém tivesse lhe falado sobre ele, teria dito: "como posso ter a força de um leão? Sou apenas um carneiro, igual a todos os outros. Não posso fazer o que eles também não podem fazer." Entretanto, quando o leão despertou em seu interior, instantaneamente ele se tornou uma nova criatura, o rei da selva, sem outros predadores além do tigre e da pantera. Essa descoberta dobrou, triplicou e quadruplicou seu poder consciente, dando-lhe uma força que jamais imaginaria possuir um minuto antes de ouvir o rugido do grande leão.

Se não fosse pelo rugido do grande leão, que acordara o leão que dormia dentro dele, o leãozinho teria continuado a viver a vida de um carneiro sem jamais imaginar que havia um animal poderoso em seu interior. Deve ser dito que o rugido do grande leão não acrescentou nada à sua força, não colocou um novo poder dentro dele. Simplesmente despertou o poder que já existia, revelando-lhe o que possuía. E, depois dessa descoberta surpreendente, o jovem leão nunca mais conseguiria se contentar com a vida de um carneiro.

Em todos os seres humanos normais existe um leão adormecido e cabe a nós encontrarmos um meio de despertá-lo, de sacudir as profundezas de nosso ser para acordarmos a força que dorme dentro de nós.

Tal como o jovem leão, depois que ele descobriu que jamais conseguiria viver como um carneiro, quando descobrirmos que

## AUMENTE O PODER DO SEU SUBCONSCIENTE
### PARA ALCANÇAR UMA VIDA MAIS PLENA E PRODUTIVA

somos mais do que mera matéria, quando finalmente nos conscientizarmos de que temos a divindade dentro de nós, nunca mais nos contentaremos em viver como figuras de barro feitas pelo Criador. Sentiremos uma nova percepção de poder crescendo dentro de nós e não aceitaremos voltar ao que éramos, contenta-do-nos com ideais e realizações medíocres. Quando descobrirmos que estamos vivendo uma meia vida, a outra metade começará a nos atormentar para ser libertada e tudo será diferente. Olhare-mos para o alto e procuraremos subir para planos cada vez mais elevados.

Quando você se conscientiza de que a verdade do seu ser é Deus, que está indissoluvelmente conectado com o poder onipotente, sentirá o frêmito da força divina jorrando de cada átomo do seu organismo, nunca mais duvidará da sua divindade ou possibilidades, jamais será uma pessoa tímida, fraca, hesitante ou medrosa. Você se tornará serenamente consciente de que está em contato íntimo, em uma união vital com o infinito. Sentirá a força onipotente pulsando em cada fibra do seu organismo, um braço onipotente sustentando-o e saberá que sua missão na terra está divinamente planejada e divinamente protegida.

Muitas crianças cresceram em cortiços e favelas acreditando que eram iguais a todas as outras que moravam nas vizinhanças, que não havia um futuro especial para elas, nada capaz de distingui-las, nada capaz de tirá-las do nível mais baixo do seu monótono ambiente. Então, algo inesperado acontece, alguma emergência ou catástrofe, algo que solta um forte rugido que desperta seu incomensurável interior, e elas subitamente se surpreendem ao descobrir que são muito diferentes dos que as cercam. Algo as tocou, algo no seu interior foi despertado, que está lhes mostrando que possuem um imenso poder latente do qual antes não tinham conhecimento, e

# TENHA UMA VIDA INSPIRADA

elas, sem hesitar, respondem o chamado. Vão para um grande e novo mundo e jamais voltarão a ficar satisfeitas com sua antiga natureza ou contentes com seu antigo ambiente.

Há homens e mulheres que conquistaram renome em todos os campos que não imaginavam que existia possibilidade de se destacarem até serem bem-sucedidos.

Quando Charles M. Schwab, o multimilionário empresário norte-americano, era adolescente, ninguém teria conseguido persuadi-lo a aceitar a ideia de que um dia seria uma pessoa totalmente bem-sucedida. Ele até teria dado risadas, dizendo algo como: "Que absurdo, não sou esse homem. Você está me descrevendo um gigante ou um gênio e eu não passo de um trabalhador comum." Nas grandes companhias do mundo moderno encontramos muitos jovens que ao serem admitidos não acreditavam que em pouco mais de um ano estariam ocupando cargos de grande responsabilidade e poder, mas essa possibilidade existia. O futuro general e o executivo bem-sucedido estão adormecidos dentro do soldado raso, do funcionário mais humilde. Muitos futuros executivos, muitos gerentes de projetos atualmente estão trabalhando em lanchonetes ou como office boys em bancos.

Cada descoberta de novos poderes e novos talentos em você o estimula a novos esforços, novos empreendimentos. Todos conhecemos casos em que operários comuns, sem qualquer qualificação especial, subitamente foram promovidos e o estímulo, o tônico do avanço, a nova esperança de progresso acrescentou no mínimo 25 por cento às suas habilidades pela descoberta de novos e inimagináveis recursos.

Você não pode se dar ao luxo de levar esse tesouro em potencial para o túmulo sem usufruir dele. Não é preciso ser um grande economista para saber que não se deixa uma grande quantia de dinheiro guardada em casa ou em um banco, sem investi-lo para receber juros, dividendos etc. Percebe que é exatamente isso que você está fazendo? Você tem um patrimônio interior infinitamente mais valioso do que dinheiro. Por que não usá-lo? Com certeza, se soubesse que alguém está constantemente preocupado porque não tem o suficiente para cobrir suas despesas e compromissos, apesar de ter um grande capital ocioso, você diria que ela está tendo um comportamento tolo. Ora, você é mais tolo ainda porque seu capital é espiritual e infindável. Por que está se arrastando pela estrada, dirigindo uma carroça, quando pode adquirir o mais moderno dos automóveis? Por que não toma a decisão de acender um pavio para explodir uma abertura nesse gigantesco reservatório de poder?

Quando você tiver descoberto uma parte mínima do plano perfeito que Deus desenhou para a sua vida, quando conseguir luz para vê-la, jamais se contentará até desvendar o resto. Ninguém pode fazer isso vivendo uma vida medíocre, voltada apenas para o material, porque esta parece colocar uma película escura sobre os ideais e embaça a visão espiritual.

O mundo tem o direito de esperar dos que descobriram que possuem pelo menos uma quantidade mínima de sua origem divina que andem de cabeça erguida, façam seu trabalho um pouco melhor, sejam mais sinceros, vivam em um plano mais elevado e deem um melhor exemplo para os que ainda não sentiram o sabor do seu poder oculto. O mundo precisa muito mais de líderes inspirados do que de engenheiros, advogados, médicos, clérigos ou empresários. Mais de pessoas como Abraham Lincoln do que magnatas do petróleo e transportes, de grandes financistas ou grandes comerciantes.

Quando a percepção da sua verdadeira natureza tocou o leãozinho, quando sua herança de força e enorme poder lhe foi

## TENHA UMA VIDA INSPIRADA

revelada, ele não conseguiu voltar para a sua antiga vida. Seria incapaz de voltar ao redil, nunca mais iria se contentar com sua natureza de carneiro, com a vida pela metade que conhecia. Ele sentiu sua monarquia, seu poder sobre tudo o que havia no grande mundo que se abria à sua frente, sobre todas as coisas que antes o aterrorizavam.

Quando você se convencer, sem dúvida nenhuma, de que possui um poder latente em seu interior, vastas possibilidades que jamais haviam sido contempladas, será impossível voltar a se satisfazer com a metade de vida que tinha antes. Sua nova natureza se rebelará contra uma descida para um plano mais baixo onde seu Eu menor e mais fraco vivia anteriormente.

Talvez você tenha sido criado sob condições que o mantiveram na ignorância sobre suas próprias possibilidades até acontecer alguma coisa que lançou uma nova luz sobre sua verdadeira natureza. Você então descobriu que não era o tímido carneiro que imaginava ser antes do despertar do leão que havia em seu ser.

Procure todas as experiências possíveis que aparentemente poderão abrir sua verdadeira natureza e libertar uma força que você desconhecia. Às vezes, um espetáculo musical ou uma grande peça de teatro é capaz de libertar algo que já existia no espectador. Ele sai do teatro consciente de um alargamento de sua percepção gerada pelo despertar de forças latentes no seu interior.

Suponhamos que uma moça possuía um grande talento artístico e musical latente em seu interior, do qual não tinha consciência nenhuma. Ela sempre morou em uma zona rural, em uma fazenda onde nunca teve oportunidade de entrar em contato com o mundo das artes. Sua única atividade musical era a participação no coro da igreja. Então a moça muda para a cidade, onde passa a ouvir música clássica, assistir a óperas e concertos, grandes

## AUMENTE O PODER DO SEU SUBCONSCIENTE
## PARA ALCANÇAR UMA VIDA MAIS PLENA E PRODUTIVA

shows de cantores internacionais. Uma nova estrada é aberta em sua natureza, surge uma desconhecida paixão que afasta todos os seus antigos ideais de trabalhar com agronomia e seus planos para o futuro são modificados. A moça encontrou em si mesma uma nova força que dali em diante governará sua vida.

Agora suponhamos que um rapaz tivesse como projeto de vida entrar na faculdade e voltar à sua cidade natal depois de se formar para trabalhar com o pai na administração dos negócios da família. Todavia, à medida que ia avançando nos estudos e com a inspiração e estímulo dos professores, seu mesquinho horizonte se abriu, novas forças e talentos foram libertados, levando a grandes descobertas sobre sua verdadeira natureza que mudaram completamente suas ideias para o futuro.

Uma das grandes vantagens da educação formal e experiência adquirida é que elas nos ajudam a descobrir cada vez mais os nossos talentos ocultos, que são inesgotáveis. Não importa quantas descobertas sucessivas fazemos em nós mesmos, parece não haver diminuição do restante. De fato, a vida humana aparenta ser um tipo de funil. Entramos no mundo pela extremidade mais fina e, à medida que prosseguimos, nossos horizontes vão se ampliando, porque ficamos na parte mais larga do funil constantemente avançando para o infinito. Nada parece limitar nosso crescimento e evolução possíveis.

Muitas pessoas passam pela vida sem que sua natureza seja aberta porque não procuram ocasiões para o crescimento. Não se dão ao trabalho de entrar em um ambiente capaz de despertar suas ideias e estimular sua ambição.

Os homens e mulheres que estão tentando extrair o máximo de sua vida jamais pensam em parar de crescer. Estão sempre caminhando para frente, porque sua meta está constantemente se afastando deles enquanto se tornam maiores, mais amplos e

# TENHA UMA VIDA INSPIRADA

mais eficientes. Só param em certas estações para tirar algumas coisas de sua bagagem, que não são mais úteis para o seu avanço e poderiam até prejudicá-los.

Se você pretende chegar aos seus recursos ocultos, estimular seu crescimento e poder, precisa estar constantemente se aperfeiçoando em algum aspecto, seja aumentando sua inteligência por meio de observações argutas, do continuado estudo de pessoas e objetos, ou pela expansão do seu horizonte mental e espiritual, se afastando do seu antigo e pequeno eu e aumentando sua esfera de ação na área de serviço e ajuda aos mais necessitados.

Pense nas câmaras secretas de possibilidade que foram abertas em grandes multidões por meio dos discursos de grandes líderes. Não tenho dúvida de que milhares de pessoas que atualmente vivem entre nós são homens e mulheres melhores, advogados, médicos e políticos melhores por causa dos inspirados discursos feitos há uma centena de anos, como os de Lincoln, por exemplo.

Não conheço outro meio de autodescoberta tão poderoso como um livro inspirador e edificante, e é uma ótima ideia manter uma obra desse teor perto de nós, porque nossos ideais vão se desvanecendo se não forem constantemente estimulados pelo alimento mental adequado.

Ouvir um grande orador é algo que pode causar uma vibração no âmago de nosso ser, despertando novos impulsos, novos poderes e determinação. Muitos indivíduos descobriram novas dimensões em sua alma apenas ouvindo os sermões de um grande pregador. Talvez até você mesmo já teve essa experiência, que pareceu abrir áreas da sua natureza que normalmente teriam permanecido ocultas para sempre. Nós vamos ficando maiores conforme vamos aprendendo a conhecer nossos talentos e faculdades. Quanto mais elevados forem nossos propósitos, quanto mais nos aprofundarmos em nossos recursos inesgotáveis, mais estaremos

## AUMENTE O PODER DO SEU SUBCONSCIENTE
## PARA ALCANÇAR UMA VIDA MAIS PLENA E PRODUTIVA

descobrindo partes do nosso eu oculto, mais estaremos ampliando nossa visão. A vida, então, se torna um progresso perpétuo.

Como eu disse anteriormente, conheço muitas pessoas que só tomaram consciência das suas possibilidades depois de atingirem a meia-idade. Foram subitamente despertadas pela leitura de um livro estimulante, um sermão inspirado ou uma palestra reveladora, ou mesmo reencontrando um amigo de infância, um indivíduo com altos ideais, que as compreenderam e incentivaram.

Se você fosse capaz de entrevistar uma multidão de fracassados, descobriria que eles falharam porque nunca conseguiram fazer parte de um ambiente estimulante e encorajador, porque sua ambição nunca foi incentivada ou porque não foram suficientemente fortes para irem contra situações deprimentes, viciadas e desanimadoras. A maioria dos indivíduos que encontramos nas penitenciárias e instituições de caridade é constituída de lamentáveis exemplos da influência de um ambiente que em vez de estimular o que tinham de melhor, incentivaram o pior.

Seja como for a sua vida, faça todos os sacrifícios necessários para se manter em uma atmosfera que possa despertar sua ambição, estimular sua autodescoberta e favorecer sua evolução. Tente se manter perto de pessoas que acreditam em você, que o compreendem e estão dispostas a ajudá-lo nos seus avanços. Essa pode ser a diferença entre um grandioso sucesso e uma existência medíocre. Junte-se aos que estão tentando fazer algo e ser alguém no mundo, indivíduos com grandes metas e forte ambição. Mantenha-se unido aos sinceros e determinados. Sim, a ambição é contagiosa e estando com eles você também se envolverá no clima que domina o seu ambiente. O êxito dos que estão empenhados em subir o encorajará a lutar com mais força do que conseguiu ter até agora.

Existe um enorme poder numa bateria de indivíduos que estão se esforçando para atingir metas elevadas, uma grande força magnética que o auxiliará a atrair o objeto da sua ambição. É muito estimulante conviver com pessoas cujas aspirações correm em paralelo com as suas. Mesmo que você careça de energia, que seja naturalmente preguiçoso, indolente ou inclinado a "levar a vida no mole", será impelido para frente pelo constante atiçar dos mais ambiciosos.

## Resumo do capítulo

- É infinitamente melhor cometer erros do que jamais agir com base no próprio julgamento. Pessoas que estão sempre pedindo opiniões e conselhos dos outros podem até ter muitos talentos ocultos, serem formadas em universidades etc., mas há algo nelas que impede o seu avanço. Falta a elas o poder da autopropulsão. Invariavelmente, são seguidores e agregados dos outros, mas dispensáveis. Neste nosso mundo moderno, a demanda é por liderança, independência, autoconfiança e ousadia — as qualidades dos vencedores.
- Para gostar do seu modo de ser você tem de ser honesto. É impossível agir com desonestidade e não ser condenado diante do tribunal da consciência. Não importa o tamanho do desvio da verdade ou integridade, não importa o quanto foi pequeno o logro ou a mentira (se é que estes possam, em qualquer instância, ser considerados pequenos), você esteve querendo mexer no ponteiro da bússola e, se persistir em seguir essa direção, nunca conseguirá chegar ao porto desejado.
- "Levantar e extrair o triunfo da derrota." Esse é o segredo do sucesso de cada vida nobre e corajosa que já existiu. Talvez no seu passado exista uma amarga desilusão e ao olhar para ela você sinta que foi um grande fracasso ou, no mínimo,

que esteve sempre afundado na mediocridade. Entretanto, se, apesar dessas adversidades, você se recusou a ser derrotado, a vitória o está esperando mais à frente do seu caminho.

- Se for preciso, liberte-se de tudo o que passou, mas jamais perca o contato com você mesmo. Não deixe sua autoconfiança esmorecer. Ela é sua pérola mais preciosa, mais importante para você do que a própria respiração. Agarre-se a ela com toda a sua força.

- "O que mais preciso", disse Emerson, "é alguém que me faça fazer o que posso. *Fazer o que posso*, esse é o meu problema. Não o que um Napoleão ou Lincoln podiam fazer, mas o que eu posso fazer. Faz uma enorme diferença se eu extrair o melhor ou o pior de mim, se vou usar dez, 15, 25 ou 90 porcento da minha capacidade."

- Nós nos tornamos maiores à medida que vamos aprendendo a conhecer nós mesmos e nossas faculdades. Quanto mais as cultivarmos, mais nos aprofundaremos em nossos recursos, mais descobriremos sobre nosso eu oculto e mais crescerá nossa visão. A vida vai se tornando um perpétuo sucesso.

- Não importa como é sua vida, faça qualquer sacrifício que for necessário para se manter em um ambiente que estimule ambições, que o incentivará a procurar seu próprio desenvolvimento. Mantenha-se perto de pessoas que acreditam em você, que o ajudarão a descobrir seus talentos e o incentivarão a procurar o seu melhor. Fique junto dos que estão tentando fazer alguma coisa para serem alguém no mundo — pessoas com metas elevadas e grandiosa ambição. A ambição é contagiosa. Você será impregnado pelo espírito que domina o seu ambiente. O sucesso dos que o cercam e estão tentando subir para novos patamares o incentivará a lutar com mais firmeza, mesmo que não seja esse o seu costume.

# CAPÍTULO 9
## Os resultados da prece

Uma vida feliz, satisfeita e bem-sucedida deve fluir de uma mente equilibrada e simétrica, que tem um sentido de absoluta segurança e fé inabalável no Grande Criador, que é o poder que provê e sustenta.

Uma sensação de incerteza ou desconforto, uma falta de atitude ou de equilíbrio na vida é fatal para uma vida feliz. Devemos nos enraizar na verdade de ser e ter uma fé inesgotável na ideia de que somos parte de uma Grande Mente que cria e governa tudo o que existe. É insubstituível a sensação de absoluta segurança quando sabemos que nada será capaz de nos tirar de órbita, que nenhum acidente em terra, ar ou mar, nenhuma doença ou discórdia pode nos afastar da nossa união com o Grande Poder. Quando esse nível de segurança é atingido, o medo desaparece, a incerteza e a ansiedade se afastam e todas as nossas faculdades funcionam em harmonia. Quando sabemos que nada poderá tirar de nós nosso direito de nascença, nada prejudicará nossa completa realização, e também que cada passo corretamente dado leva obrigatoriamente ao triunfo, que cada ato sensato, cada gesto de bondade crescerá para dar flores e frutos, podemos fazer com serenidade o melhor possível para nós.

Qualquer que seja a religião que professamos, a crença de que existe um poder mais alto que nos criou e continua nos guiando é essencial para uma vida bem integrada. Sem a fé nesse Poder Maior, no Deus Eterno, não há meios de atingirmos uma vida mais plena.

Neste capítulo discutiremos como a fé em Deus nos sustenta quando enfrentamos a adversidade e nos inspira quando estamos em nossa fase mais produtiva. Explicarei como, aceitando Deus como sócio em nossa vida e nossos empreendimentos, multiplicaremos nossas chances de êxito financeiro. Ensinarei como, por meio da prece, podemos chegar ao Eterno e apesar de Deus não falar diretamente conosco, como acontecia nos tempos bíblicos, Ele nos impregnará com Seu espírito e Sua beneficência.

Existe algo em nossa consciência mais profunda que nos diz que não somos apenas produtos do acaso, que em algum lugar existe uma certeza, que medo, ansiedade e insegurança não são uma parte necessária da vida. Há um instinto em nós que nos diz que somos inseparáveis da Única Grande Mente, que somos unos com ela, que fomos criados segundo sua imagem e semelhança, e que nosso mais importante propósito de vida não pode conflitar com o propósito maior de Deus. Instintivamente, percebemos que tem de haver uma unidade com todas as coisas do universo, que é possível encontrá-la e que o melhor meio de encontrá-la é confiando nesse grande poder.

A fé implícita fará muito mais por nós do que o raciocínio e nos levará o mais infinitamente próximo dessa unidade. Quando conseguirmos tocar o poder, quando sentirmos pela primeira vez o frêmito da grande força que vem do coração da verdade do ser, não mais nos afundaremos em dúvidas, não mais nos contentaremos com o superficial, o temporário, o material. Assim que a alma experimenta o sabor do seu alimento nativo, quando sente a vibração da pulsação do infinito, ela não aceita mais rastejar pelo mundo.

Quando nos damos conta de que somos divinos, quando entendemos que somos parte do Eterno Princípio que é a essência

## OS RESULTADOS DA PRECE

da realidade, nada é capaz de nos tirar do nosso equilíbrio físico ou mental. Ficaremos centrados na Verdade Eterna, entrincheirados dentro dela, protegidos dos ataques do medo, ansiedade, preocupações e acidentes, porque conquistamos a consciência de que somos parte da Eterna Verdade.

A sensação de que estamos em contato com o poder que criou e sustenta o universo, de que nada é capaz de nos afastar da divina presença, nos dá um profundo sentimento de segurança e paz. Quando acordamos pela manhã, renovados e revigorados, sentimos que estivemos ligados à divindade que nos criou, que atravessamos a fronteira dos sentidos e entramos na presença de um infinito poder e infinita vida; que fomos criados de novo. É por isso que quando estamos cansados e desanimados, ansiamos por voltar à divina presença em nós para sermos refeitos, para saciar nossa sede na fonte da vida.

Jamais atingiremos nosso poder mais elevado enquanto não aprendermos que nosso princípio é indestrutível, imutável como as leis das ciências. Se todos os livros de matemática no mundo fossem destruídos pelo fogo, a soma de dois mais dois continuaria a ser quatro. O princípio em si, a lei, não seria afetada. Por isso, não devemos nos deixar perturbar por qualquer coisa que possa acontecer em nossa vida, porque manteremos nossa tranquilidade, nosso equilibro mental enquanto enfrentamos a adversidade. O Criador não cometeu erros. A maior de suas criações não foi colocada à mercê do acaso.

A serenidade de espírito, a tranquilidade mental, é uma das últimas conquistas da cultura e deriva de uma perfeita confiança na força do universo, que tudo controla. No momento em que nos conscientizarmos de que somos uma parte de uma grande causa, de que fomos feitos para dominar e não ser dominados, enfrentaremos todas as situações com mestria em lugar de receio.

## AUMENTE O PODER DO SEU SUBCONSCIENTE
## PARA ALCANÇAR UMA VIDA MAIS PLENA E PRODUTIVA

Quando chegamos à plena realização de nossa divindade, não podemos ser derrubados de nossa base, nossa paz não será perturbada por nenhum dos acontecimentos constrangedores que perturbam os que ainda não se elevaram para exercer toda sua força de domínio ou que ainda não aprenderam o segredo do poder.

A prece é o método que usamos para materializar os desejos de nosso coração e ela nos proporciona o contato com a presença e poder divino dentro de nós. O poeta James Montgomery escreveu: "a prece é o desejo sincero do coração... quando ninguém, senão Deus, está por perto" e "aproxime-se de Deus e Deus se aproximará de você."

Alfred Lord Tennyson, poeta e músico, disse: "Muito mais coisas do que se pode imaginar são tecidas pela prece." E mais: "fala com Ele, porque Ele ouve. Ele está mais perto de ti do que tua respiração, mais perto de ti do que tuas mãos e teus pés."

Na Bíblia, lemos que os discípulos observaram Jesus orando e, quando ele terminou, um deles pediu: "Senhor, ensine-nos a orar." Esse discípulo, cujo nome não conhecemos, expressou a aspiração de todos nós. O pedido foi dirigido a um mestre da espiritualidade e das verdades e princípios psicológicos, que conhecia, compreendia e aplicava os poderes que foram concedidos aos seres humanos — a capacidade de gerar ou "dar à luz" um modo de vida melhor e mais pleno. Como escreveu James Montgomery: "Um Mestre que reconhecia e sabia se apropriar de uma parcela maior da Divindade que está dentro de todos nós."

Dentro do conceito e evolução da prece, tanto em termos gerais como clássicos e teológicos, ela é classificada em quatro tipos:

*Petição ou Súplica*: Para reconhecermos e enfrentarmos nossas necessidades temos de entender que precisamos mais que do intelecto para obtermos auxílio e apoio.

*Confissão*: Para reconhecermos que somos menos do que perfeitos, que somos falíveis e temos a capacidade de cometer erros.

## OS RESULTADOS DA PRECE

Nós nos conscientizamos de que somos dependentes de um Poder Maior.

*Adoração*: O reconhecimento de que existe um Poder e uma Presença Maior, que nos conhece e nos ama, que está disposto a nos curar, ensinar e prover.

*Ação de Graças*: O louvor do Poder mais elevado no sentido de que Ele está acima e além do conhecimento do nosso intelecto. A Ação de Graças é feita tanto com a mente como com a alma — é a *mais elevada* forma de prece. Além de agradecer, ela nos assegura de nossa proximidade com o amor de Deus.

Os estudiosos dizem que em tempos ancestrais as preces da humanidade eram dirigidas às forças e influências da natureza que se mantinham afastadas e distantes do indivíduo. Os nossos ancestrais fizeram dessas forças os seus deuses. Com a passagem dos milênios, a tentativa de agradar os deuses tornou-se ritualizada e as preces passaram a ser oferecidas através de um intermediário: um sacerdote, xamã, líder comunitário, alguém que supostamente possuía um conhecimento superior ou um relacionamento especial com os deuses. Essas práticas ainda prevalecem e continuam contribuindo para a separação entre mente e coração.

Houve uma longa transição entre a prece feita por intermediários e a experiência mística e pessoal que pessoas esclarecidas e místicos iluminados, os chamados mestres da sabedoria ou doutores da igreja, nos trouxeram. Há muitos milênios começou a ser enfatizada a ideia de que a religião deve ser a compreensão individual, próxima e presente do nosso relacionamento com a verdade.

Com o aumento da nossa consciência e reconhecimento, torna-se possível entender nossa unicidade e unidade com a Eterna Presença, vivenciar o seu amor, interesse e orientação, uma experiência que não pode ser explicada. É por isso que a Presença de Deus é chamada de mistério. O propósito desse tipo de prece é nos ajudar a lembrar o que fomos e a nos tornarmos tudo o que fomos designados para ser.

*"Senhor, ensine-nos a orar."*

Em resposta ao pedido dos seus discípulos, Jesus apresentou uma fórmula — um modelo de prece prático que incorpora os quatro tipos que vimos acima, um modelo ou molde eternamente válido e que continua sendo pertinente para cada um de nós neste instante, neste lugar, no aqui e agora.

Chamada popularmente de Pai Nosso, ela também é conhecida como "A Grande Prece", porque eleva, inspira e permite a cada homem, mulher ou criança enfrentar os problemas do mundo e libertar e expressar o potencial de grandeza que existe em todos nós.

O Novo Testamento também ensina: "Tu, porém, quando orares, entra no teu quarto e, fechando tua porta, ora ao teu Pai que está lá, no segredo; e o teu Pai, que vê no segredo, te recompensará." E mais: "nas vossas orações não useis de vãs repetições, como os gentios, porque imaginam que é pelo palavreado excessivo que serão ouvidos. Não sejais como eles, porque o vosso Pai sabe do que tendes necessidade antes de lho pedires. Portanto, orai desta maneira: 'Pai nosso que estás nos céus, santificado seja o teu Nome, venha ao teu Reino, seja feita a tua Vontade na terra, como no céu. O pão nosso de cada dia dá-nos hoje. E perdoa-nos as nossas dívidas como também nós perdoamos aos nossos devedores. E não nos exponhas à tentação, mas livra-nos do mal.'"

Em seguida, há um adendo de vital importância: "Pois, se perdoardes aos homens os seus delitos, também vosso Pai vos perdoará; mas se não perdoardes aos homens, o vosso Pai também não perdoará os vossos delitos." (Mt 6, 5-15)

## OS RESULTADOS DA PRECE

A grande maioria das pessoas que foram criadas na tradição cristã decorou essa grande prece já na primeira infância. Se lida ao pé da letra, é o modelo máximo para fazer uma petição e costuma ser recitada na maioria dos santuários cristãos. Todavia, apesar de ser uma prece cristã, ensinada pelo próprio Jesus, na verdade é uma oração universal que atende às necessidades de pessoas de todos os tipos de fé religiosa.

Gosto muito de um comentário inspirado e excepcionalmente sábio feito por uma mulher, Corinne Heline: "A Bíblia gera alguma coisa quando tomada literalmente; gera mais, quando entendida alegoricamente e o máximo quando interpretada simbolicamente." O Dr. Emmanuel D. Calamaro escreveu: "A Bíblia exige interpretação, pois não é um livro de fatos. Ela é uma revelação subjetiva, uma revelação das verdades Eternas."

James Montgomery, que dedicou sua carreira e ministério à interpretação das escrituras, chamou a Bíblia de "um manual psicológico e espiritual, um guia para se ter uma vida mais plena e produtiva". Isso vale para todas as Bíblias do mundo e, mais especificamente, para o Pai Nosso. Com o devido respeito a todas as formas de adoração, o Pai Nosso é um guia metafísico para emoções, uma fórmula para a ação mental. Ele nos explica as etapas a serem seguidas, mas não pode ser considerado produtivo sem a introdução ensinada: "tu, porém, quando orares, entra no teu quarto e, fechando tua porta, ora a teu Pai que está lá, no segredo; e o teu Pai, que vê no segredo, te recompensará."

O propósito da prece é expandir a mente — alcançar uma mudança na conscientização, que é de onde "vem a nós". Um truísmo metafísico é que qualquer mudança em nossas circunstâncias e ambiente é e tem de ser precedida por mudanças na conscientização — em nossas crenças, opiniões, atitudes e conceitos de Deus, da vida, de nós mesmos e dos outros. "Seja feita a vossa vontade."

## AUMENTE O PODER DO SEU SUBCONSCIENTE
## PARA ALCANÇAR UMA VIDA MAIS PLENA E PRODUTIVA

Em qualquer momento, nosso ambiente é um reflexo perfeito do estado da nossa consciência. O propósito da prece é, quando necessário, mudar e alterar nossa visão da vida.

O que nos impele a orar? É a sensação de que algo em nossa vida pessoal precisa ser mudado e melhorado. O propósito da oração não é modificar, ajustar ou alterar pessoas, objetos, condições ou implorar por algum tipo de melhoria. O propósito da oração é obter uma mudança construtiva e uma melhoria na conscientização para subirmos a uma dimensão mental mais elevada, uma outra "Morada na Casa do Pai." "Morada" e "dimensão" têm idêntico significado. Oramos para atingirmos uma nova e mais alta dimensão da consciência e não da nossa existência. A prece favorece uma mudança psicológica e emocional, nos liberta de medo, carência e ansiedade para entrarmos na coragem e confiança. Quando homens e mulheres vêm me consultar, é comum me perguntarem: "tenho um problema grave e muito difícil de resolver, perderei minha casa se não pagar as prestações atrasadas até a próxima sexta-feira. Como eu poderia não estar morrendo de medo?"

É por isso que a Bíblia nos ensina a "entrarmos no nosso quarto e fechar a porta." Isso significa irmos para o lugar onde o Altíssimo está, no segredo, em nosso santuário interno, onde ficamos sozinhos e entramos em contato e comunicação com o Pai, onde conversamos com Deus. Enquanto deixamos nossa mente focalizada no problema e possíveis resultados dele, não poderá haver mudança para melhor.

Entre no esconderijo do Altíssimo, entre em contato com Deus, a realidade que não podemos ver, mas percebemos e sentimos, o Espírito de Deus dentro de nós. A mente é nosso agente criativo perfeito e onde quer que seja focalizada, ela demonstrará seu poder. A mente é o servo mais importante do espírito.

## OS RESULTADOS DA PRECE

Não podemos ver nossa mente, apesar de ela ser nossa vida. Nossos cinco sentidos só percebem o mundo exterior, manifestado, e os problemas que nos assolam. Entrar no quarto ou em um lugar secreto significa desviar a atenção das evidências trazidas pelos cinco sentidos e entrar no reino do puro sentimento em nosso interior. Aí estão a vida sem forma, a mente não diferenciada; o Espírito das Escrituras — *Espírito* significa animação, entusiasmo, emoção; o lugar secreto onde gozamos da sensação da prece atendida. Como nos sentiríamos ao ver nossas preces atendidas neste momento, aqui e agora?

Vivenciaríamos uma onda espontânea de satisfação, uma elevação do espírito e não precisaríamos nem deveríamos separá-la do espírito de Deus dentro de nós. Esse é o efeito de um desejo e imaginação dirigidos de maneira construtiva. Podemos nos tornar tão distantes das evidências dos cinco sentidos que nossa atenção é completamente afastada da dificuldade ou problema. Isso é a mudança na conscientização e ela não pode ser vista nem descrita, somente sentida. Condicionamos nossas mentes e corações. Na mente infinita (inteligência) que os místicos chamam de "Divino", tudo o que podemos desejar e conceber está esperando por nossa atenção, pronto para emergir das profundezas da mente. "Meus caminhos estão acima dos seus. Meus caminhos estão tão acima dos seus como os céus estão acima da terra... Ninguém mais pode encontrar os meus caminhos."

No seu "quarto", no seu tabernáculo interior, está, agora mesmo, no aqui e agora, tudo o que você pode ou poderá necessitar. O que o Pai vê no segredo do nosso quarto, vivenciamos abertamente em nosso ambiente. Lembre-se de que antes de ensinar o Pai Nosso, Jesus nos instruiu sobre a necessidade de entrar bem fundo em nossa mente.

## AUMENTE O PODER DO SEU SUBCONSCIENTE
## PARA ALCANÇAR UMA VIDA MAIS PLENA E PRODUTIVA

O "Pai" não descreve uma pessoa, mas a vida — a energia e vitalidade — para a qual dirigimos nossa mente. A mente, por mais maravilhosa e sábia que possa ser, nada cria. "O Pai interior faz as obras." Nossa mente é um instrumento — uma caneta com a qual escrevemos no nosso livro da vida. Por isso, se não gostarmos do que escrevemos, temos total autoridade para reescrever ou apagar. Em termos literais, metafóricos e espirituais, somos todos autores.

As preces são atendidas por causa de nossa conscientização e emoção, e não pela repetição de fórmulas ou rituais. Nossa mente nos permite tocar e despertar o "Pai" interior e o Pai, que é inteligente e criativo, faz tudo o que for preciso para haver a manifestação. A não diferenciação é a regra. A vida assume a forma, aspecto e qualidade dos nossos pensamentos e emoções.

O "nosso" que está nesse *Nada*, não definido e não condicionado, surge como *Algo* com a forma, aspecto e qualidade que determinamos com nossa mente e emoções. Nesse sentido, somos todos "irmãos e irmãs".

Nós — *Nosso Pai* — é nossa capacidade de conceber o que somos e queremos. No instante em que afirmamos "estou com problemas", o Nada sem forma responde vindo à tona e manifestando-se em Alguma Coisa. Da mesma forma, no momento em que declaramos "eu sei que existe uma resposta", o Nada começa a criar algo maior do que podemos imaginar. O conhecimento de que pertence ao Pai o poder de criar que está no interior de nossa mente e coração é a maior e mais extraordinária sabedoria que podemos possuir.

O "quarto", o esconderijo interior, onde a vida permanece, esperando para se manifestar, é um dos significados de Céu ou Paraíso. Por isso, a prece ensinada por Jesus dá a localização do Pai: "que estás no céu". O Céu é o estado rarefeito, a essência do poder

## OS RESULTADOS DA PRECE

criativo. A terra é um estado com formas definidas, manifesto. A mente é o intermediário entre os dois — no céu da nossa mente, assim como na terra, nossa vida objetiva. Quando aceitamos que tudo está dentro de um infinito (a Mente Divina), incondicional e não condicionado, descobrimos um novo céu, uma nova terra. "Santificado seja o Teu Nome." No Livro do Êxodo, o nome de Deus é EU SOU — não o que eu poderia ser, o que poderia ter sido ou provavelmente serei, mas EU SOU, aqui e agora. O "Mágico da Fé" — EU SOU.

"Santificar" é tornar sagrado dentro do santuário de nossa mente, onde conseguimos fazer uma avaliação da inteireza ou Unidade de tudo. Poderemos descobrir que as aparências — sentidos e evidências — criam argumentos ou conflitos. Por algum tempo, acreditamos fortemente, "com todo o coração", em nosso ideal, que é igualmente rico em fatos que se contradizem. Santificar o teu nome mantém nosso estado mental íntegro e intacto.

Lembre-se e seja lembrado milhares de vezes por dia de que a presença e poder criativo — o "Pai" — tudo sabe, tudo vê, tudo compreende e está pronto e disposto a atender suas preces e manifestar através dos seus atributos e características de personalidade. Nunca se esqueça: "seja feita a tua vontade assim na terra como no céu."

Viva com a sensação e atitude de que "Deus sabe, Ele cuida de mim e agora está criando e materializando a resposta, e ela é infinitamente superior a qualquer resposta que eu poderia conhecer". Exista, viva e movimente-se nessa percepção e assim estará santificando o nome e descobrirá uma sensação de paz inundando sua mente e coração, que vai muito além de toda a compreensão humana. Ela não pode ser descrita por meras palavras. Só é sentida

## AUMENTE O PODER DO SEU SUBCONSCIENTE
## PARA ALCANÇAR UMA VIDA MAIS PLENA E PRODUTIVA

no fundo do nosso ser. A mente, em paz e repouso, apesar de não ser percebida pelos sentidos, é "o teu reino."

O Pai Nosso é a prece de um rei e não a petição de um mendigo. É a prece da suprema conscientização do agora, que permanece tão magnífica e altamente evoluída hoje como era ao ser ensinada há 2.000 anos.

O Reino de Deus não é uma utopia à qual chegaremos em um futuro indeterminado. O reino está aqui.

"Todo o poder é dado ao Filho", diz a Bíblia. Nós somos "o filho" — os herdeiros do reino interior. "Tudo o que tenho é teu." Precisamos assumir nossa soberania — nossas faculdades controladas e dirigidas — e focalizá-la no nosso ideal, na Presença e Poder interiores. Essa tem de ser nossa convicção, apesar de não podermos vê-los ou observá-los. Nosso ideal está assumindo forma, aspecto e substância, "na terra como no céu". O poder e glória de Deus se tornam a experiência de todos os seres humanos.

Nosso Pai conhece nossas necessidades antes e bem mais completamente do que nós. Nas Escrituras, o "pão" representa muito mais do que um alimento físico. Precisamos do pão do Espírito, que é alimento para a alma. Precisamos dividir ideias de bondade, coragem e beleza, e ensinar os modos de percorrer o caminho da paz. Dividirmos alegria, benevolência, cooperação e afabilidade.

Não vivemos apenas do alimento físico. Coma o pão do céu e novos modelos de vida serão manifestados "aqui na terra". Nossas dívidas e ofensas são perdoadas. Nossas dívidas e vícios têm a mesma origem — velhos hábitos, que podem até ter sido úteis em sua época, mas não nos servem mais. A prece é feita para chegarmos a uma nova conscientização habitual e não para nos modificar apenas no aspecto físico.

## OS RESULTADOS DA PRECE

Sempre que somos tentados a voltar aos velhos hábitos de medo, dúvida e impaciência devemos entender que foram eles que nos tentaram e não Deus. Deus não tenta ninguém. Um Deus desse tipo nada mais é do que uma ideia errada em nossa mente.

Perdoemos a nós mesmos e todos os outros seres humanos. Temos de nos dar um modelo de vida completamente diferente. Todos nós já sofremos mágoas, indiferença e desonestidade. As mágoas psíquicas podem e têm de ser perdoadas. Ficarmos nos alimentando de raiva, rancor, desprezo etc. é uma garantia de que esses sentimentos negativos continuarão existindo na terra. A maioria das pessoas age e volta a agir com base em suas próprias mágoas. Ora, essas próprias pessoas se comovem profundamente quando veem uma criança com uma grave deficiência física e não sentem raiva, amargura, ressentimento ou mágoa em relação a ela. Por isso, temos de perdoar os que têm uma deficiência mental ou emocional, que agem na ignorância das leis espirituais. Responsabilidade é saber, aceitando que nosso Pai só pode nos dar o que criamos em nossa consciência. Na verdade, é um egoísmo iluminado perdoar, desistir da raiva e aceitar a paz. O adendo que está nos versículos subsequentes à Grande Prece é de vital importância, como já salientei. Quando perdoamos, nosso Pai também nos perdoa.

"Teu é o reino, o poder e a glória para sempre." Essa é a sentença final, que às vezes é omitida na oração do Pai Nosso. Sim, o poder está no Espírito de Deus.

# Resumo do capítulo

- Uma sensação de incerteza, desconforto, uma falta de estabilidade, de equilíbrio na vida, é fatal para uma vida feliz.

## AUMENTE O PODER DO SEU SUBCONSCIENTE
## PARA ALCANÇAR UMA VIDA MAIS PLENA E PRODUTIVA

Devemos nos enraizar na verdade de ser e sentir uma fé inabalável na ideia de que somos uma parte da Grande Mente que cria e governa tudo o que existe.

- A oração é o método que usamos para nos conscientizarmos dos desejos do nosso coração através da presença e poder de Deus dentro de nós.

- O propósito da prece é nos auxiliar e assistir nas nossas lembranças e nos tornarmos tudo o que está previsto para nós.

- O propósito da prece é expandir a mente — atingir uma mudança de consciência, segundo a qual "tudo nos vem". Um truísmo metafísico é que todas as mudanças em nossas circunstâncias, ambiente, são e devem ser precedidas por mudanças na nossa conscientização.

- Enquanto nossa mente está centrada no problema e completamente envolvida nele, não pode haver mudança para melhor. Entre no esconderijo do Altíssimo — Deus em nós. Ele é a realidade, que não podemos ver, exceto pelo sentimento, pela conscientização de que o Espírito de Deus habita nosso interior. A mente é o mais importante servo do espírito. Não podemos vê-la, porque nossos cinco sentidos só percebem o que está no mundo exterior, manifestado, e nos problemas que nos assolam. Entrar no quarto ou lugar secreto é tirar nossa atenção das evidências trazidas pelos cinco sentidos e entrarmos no reino da pura emoção que está dentro de nós. O lugar onde a vida não tem forma e a mente é indefinida. É nesse lugar secreto que vivenciamos o estado de espírito e a emoção da prece atendida.

- Viva na emoção e atitude gerada pela frase: "Deus sabe, cuida de nós e agora está criando e manifestando a resposta, que é infinitamente superior a qualquer uma que eu poderia dar."

## OS RESULTADOS DA PRECE

"Exista, viva e movimente-se" nessa conscientização, santifique o nome e você sentirá uma onda de paz inundando sua mente e coração.

- Perdoemos a nós mesmos e a todos, criemos para nós um modelo de vida totalmente novo. Todos já fomos vítimas de desprezo, maldade e desonestidade. As mágoas psíquicas podem e devem ser perdoadas. Alimentarmo-nos mentalmente de raiva, rancor, maldade, ressentimento é uma garantia de que esses sentimentos negativos continuarão a existir na Terra.

# CAPÍTULO 10
## Como pensar com autoridade

Você é o que pensa o dia inteiro. "O homem é o que pensa em seu coração." Tenha um saudável e completo respeito pelos seus pensamentos. Sua saúde, felicidade, sucesso e paz de espírito são principalmente determinados pela conscientização do poder do pensamento. Tenho certeza de que já ouviu dizer que pensamentos são coisas e que eles geram a si próprios. Seu pensamento é uma força definida. Quando você tem o pensamento está, de fato, libertando o poder latente desse pensamento para produzir uma ação.

Por isso, pense em coisas puras, belas, justas, honestas e virtuosas, pense no que deve ser louvado e medite sobre as boas qualidades. Essa deve ser sua régua, seu metro espiritual. Se você ler qualquer coisa em um livro, assistir a um programa de rádio ou televisão, uma peça teatral e neles encontrar algo que não está de acordo com seu modo de pensar habitual ou dentro da medida de sua régua espiritual, ele é falso e deve ser rejeitado. Quando você pensa de acordo com suas próprias diretrizes, está pensando de verdade, partindo do ponto das eternas verdades, das verdades de Deus que jamais mudam.

Você deve acreditar decididamente no seu pensamento, não o vendo apenas como alguma coisa que está na sua cabeça, mas algo que tem um poder próprio. Agindo dessa forma, você fará com que suas preces sejam eficazes. A macieira está na semente;

## AUMENTE O PODER DO SEU SUBCONSCIENTE
## PARA ALCANÇAR UMA VIDA MAIS PLENA E PRODUTIVA

o carvalho, dentro da bolota. Não se pode dar vitalidade a uma semente, porque ela tem sua própria matemática, química, mecânica e tipo de expressão. Também não se dá poder ao pensamento porque ele é o poder. Tome consciência desse fato e você viverá livre das tensões e ansiedade. Pense tendo plena confiança em que o poder do seu pensamento é a ação de Deus em você. Isso é o que chamamos de "emoção" ou "sentimento". A emoção é interesse. Você pode pensar com interesse, que é o pensamento que vem do coração, o pensamento feito com compreensão, com plena certeza, porque sabe que a semente dá origem a uma planta da sua própria espécie.

Darei um exemplo para demonstrar o poder do pensamento. Se um hipnólogo diz a um paciente em transe: "vou tocar seu pescoço com este ferro em brasa", você pode ver uma bolha se formando diante dos seus olhos no lugar que foi tocado pela ponta de um lápis.

Pensar com confiança no poder do seu pensamento é Deus agindo em você. Avance para frente e para cima reconhecendo a supremacia do poder espiritual, a autoridade do seu pensamento. Essa é a maneira de obter resultados. O resultado pode vir em um sonho, em uma fórmula, se você for um cientista, às vezes, como aconteceu com Einstein, cujo conceito da criação do universo veio como um lampejo enquanto ele cochilava. Muitos detetives, quando pretendem resolver um crime, estudam o caso atentamente, meditam sobre ele e depois o afastam de sua mente, sabendo que a resposta virá a seu tempo, de alguma forma que logo será reconhecida. Eles têm certeza de que a mente subconsciente sabe quem cometeu o crime, onde o criminoso pode ser encontrado, quem foi seu cúmplice etc. Os detetives acalmam sua mente racional e entregam suas perguntas ao subconsciente. Antes de ador-

COMO PENSAR COM AUTORIDADE

mecer, pensam na solução que estão buscando. Frequentemente, quando acordam de manhã ou enquanto saem para o trabalho, a resposta como que salta do subconsciente, dizendo-lhes onde deverão ir e como poderão encontrar o criminoso.

Portanto, pensar é algo como pescar a resposta na mente mais profunda. Entretanto, esse tipo de pensamento não tem nada a ver com o processo do pensamento que o mundo conhece porque, na verdade, a maioria das pessoas não pensa, não compreende o que é o pensamento. O que chamam de pensamento é a reação ao ambiente. A maioria das pessoas pensa com as ideias dos outros. Pensam o pensamento dos políticos, de um jornalista, de um avô ou avó. Não tem nenhum pensamento digno de nota em sua cabeça. Leem uma manchete de jornal e começam a pensar seguindo essa linha de raciocínio, que não é o seu. Isso não é pensar. Você pensa quando luta com dois opostos e, por meio do seu raciocínio, chega a uma conclusão, da qual pode dizer: "Esta é a verdade".

Tome consciência de que a Infinita Inteligência que habita no seu interior sabe a resposta para qualquer problema que possa existir no universo e, se for chamada, logo atenderá, porque sua natureza é responder. Saiba também que seu subconsciente responderá, dando-lhe a resposta correta, que, de uma maneira ou outra, será prontamente reconhecida. Todavia, se você tem uma ideia de sucesso e ao mesmo tempo pensa que vai fracassar, na verdade não está pensando. Não existe um princípio, uma lei do fracasso; só existe o princípio do sucesso. O infinito teve e sempre terá êxito nas suas criações, sejam elas estrelas, planetas, árvores ou animais. Portanto, há uma lei do sucesso no universo. Mesmo se falharmos duas, três ou cinco vezes num empreendimento, não podemos dizer que fracassamos, porque não existe um princípio do fracasso neste mundo.

## AUMENTE O PODER DO SEU SUBCONSCIENTE
## PARA ALCANÇAR UMA VIDA MAIS PLENA E PRODUTIVA

A crença no princípio do sucesso é o principal degrau no seu caminho para o sucesso, para o triunfo, porque o Todo-poderoso lhe dará apoio e o compelirá para ter êxito. Algumas pessoas falam sobre doenças e outras apenas reagem. Se você conversar sobre dores físicas no escritório, muitos de seus colegas se sentirão afetados pelas suas palavras. Se falar sobre doenças terríveis, como infecções por hantavírus ou ebola, perto de mães com filhos pequenos, elas entrarão em pânico. O medo, como as doenças infecciosas, é contagioso e se dissemina com muita facilidade.

Quando ouvimos falar de furacões ou terremotos, alguns de nós podem reagir, afligindo-se com qualquer vento que começa a soprar. O que acontece é que o pensamento afetou nossa mente superficial e reagimos de acordo com o que ouvimos porque não sabemos quem somos nem para onde vamos. Não sabemos como pensar. Quando sentimos medo, pensamos que estamos pensando, mas não é verdade, porque no verdadeiro modo de pensar não existe medo, preocupação ou ansiedade. Quando há alguma trepidação em nossos pensamentos, não estamos pensando. É a mente das massas, a mente da raça humana que está pensando dentro de nós e trazendo confusão para a nossa vida.

No verdadeiro pensamento não existe medo. Você separa sua mente do medo, afasta o medo do seu objetivo. O medo é uma reação a um falso conceito, medo é ignorância, é fé na coisa errada. Medo é fé no mal em lugar de fé em Deus, ou, como alguém já disse, é Deus de cabeça para baixo. Medo é um conglomerado de sombras sinistras. O medo é um pensamento em sua própria mente. Não existe um princípio do medo, uma lei que rege o medo. Há, sim, o princípio do amor. Há o princípio da beleza e não da feiura. O princípio da felicidade, não da tristeza. Há o princípio da vida, não da morte; da verdade e não do erro; da honestidade e não da falsidade. São esses os princípios eternos que ninguém é capaz de mudar.

Quando acreditamos que coisas externas têm poder sobre nós, somos algo como escravos, servos, imbecis. Precisamos aprende que temos poder sobre nosso ambiente e acreditar que as verdades de Deus são nossas verdades também. "Eu e meu Pai somos um só." Um somado a Deus já constitui uma maioria. "Se Deus é por nós, quem poderá ser contra nós?"

Sabe como um imenso número de pessoas pensa? Elas voltam para a aceitação infantil dos conceitos ensinados pelos seus pais. Pode ser que seu pai tenha sido uma pessoa dogmática e tirânica quando você era criança. Ele talvez tenha dito: "Você tem de ir à missa todos os domingos e toda noite deve se ajoelhar e pedir perdão pelos seus pecados." Agora, adulto, você odeia todas as religiões, afirmando que não passam de máfias. Pensando assim, você está se vingando do seu pai, mas não tem consciência disso e não sabe o que o faz pensar assim. É uma reação inconsciente. Talvez acredite que está pensando, mas não é real. Você nunca pensou de verdade.

"Metanóia" é o nome que se dá à mudança de uma ideia. Trata-se de uma palavra grega que remete ao arrependimento. "Arrependam-se, porque o reino dos céus está próximo." Em outras palavras, arrepender-se significa pensar de novo, pensar os pensamentos de Deus, pensar a partir das verdades eternas, do que sempre foi verdade. Não tem nada a ver com pensar a partir da opinião de seres humanos.

Você deve aprender a pensar por si mesmo, e não a partir do ponto de vista de seus pais, avós ou outros membros da família. Permanecendo no tema da religião, talvez tudo que eles o ensinaram sobre religião fosse a má interpretação deles do verdadeiro

## AUMENTE O PODER DO SEU SUBCONSCIENTE
## PARA ALCANÇAR UMA VIDA MAIS PLENA E PRODUTIVA

significado das Escrituras. Nunca pense partindo do ponto de vista de uma avó ou avô. Uma velha religiosidade não é suficiente para você. Ou será que está dizendo: "Mamãe não gostaria de me ver buscando a verdade?"

Pensar de maneira espiritual é pensar os pensamentos de Deus, sem interferência das ideias dos seus pais. Eles talvez pensem de modo diferente, mas continuam merecendo seu amor, seu carinho. Você poder dizer: "mãe, eu não penso mais como vocês. Agora tenho uma nova visão, um novo conceito da vida." Abençoe seus pais e deixe-os acreditar no que querem acreditar.

Um garotinho disse ao seu pai: "Eu odeio os russos!" O pai, aproveitando a oportunidade para ensinar ao filho, disse: "Qual é o russo que você odeia?"

A Bíblia nos ensina: "Ama teu próximo como a ti mesmo." Mas, antes, devemos amar Deus. "Amarás o Senhor teu Deus de todo o teu coração, de toda a tua alma e de todo o teu entendimento. Este é o maior e o primeiro mandamento." E Deus é o Espírito Vivo dentro de você, o Princípio Vital que está no seu interior. Ele é a suprema causa, o soberano, a única presença, o único poder, a única substância. Não existe um outro poder. Não pode haver um outro poder porque um cancelaria o outro e haveria o caos. Deus é infinito.

Um cientista lhe dirá que o infinito não tem começo nem fim. Não pode haver dois infinitos, não se pode multiplicar nem dividir o infinito. Portanto, existe um Único Poder que se movimenta como uma unidade e no qual não há divisões nem conflitos. Uma parte do Espírito não pode estar em antagonismo com outra.

Na Bíblia, "amar" é honrar e reconhecer. O reconhecimento é a percepção de que Deus é supremo e onipotente. Dê a Ele toda a sua devoção. Não conceda poder ao sol, a estrelas, árvores, pedras

## COMO PENSAR COM AUTORIDADE

ou pedaços de madeira. Não diga também que o ar da noite ou o vento fazem mal à saúde ou que existem entidades malévolas à solta.

Portanto, acredite na bondade de Deus e no amor de Deus. Creia que o Deus em você não pode adoecer e assim você estará aumentando a sua imunidade. E, se você abriga em seu subconsciente falsas crenças que lhe foram transmitidas pelos seus pais, mude seu modo de pensar. Deus não o manda ter raiva dos seus pais ou do modo como eles o criaram, mas somente se afastar de suas ideias erradas, sua falta de entendimento. Quando você sente raiva de alguém, está assassinando amor, paz, alegria, beleza e paz de espírito na sua alma, o que poderá resultar em doenças como câncer, tuberculose, artrite e muitas outras. A raiva, o rancor e o ódio vão fermentando no seu interior até atingirem um ponto de saturação e precipitação, dando origem a uma grande tragédia. Então, você diz: "Por que isso aconteceu comigo?" A resposta é simples: Porque você esteve cometendo assassinatos em seu coração dia e noite.

O ódio mata a benevolência. O ciúme e a inveja matam a alegria e a paz de espírito. Na Bíblia, "odiar" significa evitar, desaprovar, ter uma aversão contra, desgostar. Se você odeia, está em uma situação insustentável. O importante, contudo, é que você pode virar as costas para os seus erros. Se a Verdade o chamar, siga-a sem hesitação e despreze as verdades menores.

Se você é uma pessoa de sentimentos nobres, detesta a pequenez. Se você quer paz de espírito, evite o ressentimento. Se quiser ter amor em seu coração, deteste a má vontade. Rejeite a má vontade. Nunca sinta rancor de ninguém. Pelo contrário, deseje a essas pessoas todas as bênçãos do céu, porque a raiva, o rancor e o ressentimento são venenos poderosos. Amar Deus sobre todas as coisas não significa desonrar seus pais e familiares, mas apenas ter consciência de que quando você está enfrentado tribulações, quando existe alguma doença resultante de ensinamentos errados, tem de ter uma aversão pelo problema, ou seja, não deverá lutar com esse problema, mas procurar uma solução. Afaste sua atenção dele e tenha plena consciência de que o Salvador está no seu interior e cada um de nós é seu próprio salvador.

A infinita inteligência está no seu interior. A Bíblia diz: "Eu me rejubilo em Deus, meu salvador." Existe um Único Deus e foi Ele que o criou e por isso conhece profundamente o funcionamento de seu organismo e de sua mente, e tem resposta a todas as suas perguntas. Não procure Deus com o problema, vá a ele com a resposta. Contemple a resposta que você deseja com a atenção de um cientista e ela se tornará realidade. Persevere, porque os que perseveram serão salvos. Ser salvo significa encontrar a solução para um problema. Você se volta para a infinita inteligência com plena confiança e afirma que ela o guia e orienta, e, assim, mentalmente, você abandona o estado de espírito negativo. Ou seja, você rejeita a sugestão ou circunstâncias negativas. Então você segue a sabedoria, porque a mente não pode conter duas propostas contraditórias em um mesmo momento.

Depois de 1850, surgiu um novo conceito, uma nova técnica e nova linguagem. Nessa época, Mesmer começou a curar pessoas passando ímãs pelos seus corpos e chamava esse tratamento de magnetização do indivíduo. Era como se um fluido magnético emanasse dele, uma força capaz de modificar a mente e o organismo dos seus pacientes. Ele não sabia exatamente o que estava fazendo, mas, sem dúvida, obteve curas extraordinárias.

Mais tarde, Freud explicou o acontecido, mostrando o poder do inconsciente, ou mente subconsciente. Medos, repressões, pensamentos e emoções reprimidas não trazidas à luz causam doenças etc. O poder da sugestão de que os ímãs de Mesmer podiam curar influenciou a mente subconsciente, que efetuou a cura.

Você é um ser mental e emocional, e não apenas um corpo. O corpo é uma ideia. Você não vive em seu corpo, vive em sua mente. Você tem uma infinidade de corpos. Você pode sair ou ser tirado do seu corpo agora mesmo e descobrirá que pode pensar, sentir, ver, cheirar e viajar independentemente do seu organismo físico.

Os antigos teólogos diziam que a moralidade dependia do que fazemos com nosso corpo. Quem não fumava, não bebia ou não era adúltero era considerado uma pessoa boa ou virtuosa. Por isso, estabeleceram uma série enorme de regras sobre a alimentação, roupas, hábitos, casamentos, sexo etc. Alguns sacerdotes pregavam que o homem não devia jogar cartas, que as mulheres tinham de usar vestidos compridos, cobrir a cabeça ou raspar os cabelos, que dançar, assistir a um espetáculo ou participar de qualquer diversão eram pecados. Ideias desse tipo são uma exibição de pura ignorância. Quantas pessoas sofreram, tornando-se inibidas e frustradas, quantas mulheres se tornaram frígidas, quantas chegaram a se tornar casos psiquiátricos!

Sim, você é mais do que apenas um corpo, é o templo do Deus Vivo. Está aqui para modificar seu modo de pensar e manter essa mudança. Ao mudar seu modo de pensar, você modifica o seu destino. Arrepender-se não significa vestir luto, cobrir a cabeça com cinzas ou fazer longas confissões ao sacerdote, mas pensar de novo ou repensar, palavra que deriva do latim, "re", que é o prefixo para "repetir" e "pensare", que é "pensar". Você tem de aprender a pensar com base nas coisas verdadeiras, belas, nobres, dignas de Deus. Só assim irá pensar de verdade.

## AUMENTE O PODER DO SEU SUBCONSCIENTE
## PARA ALCANÇAR UMA VIDA MAIS PLENA E PRODUTIVA

Não existe fim para o seu progresso, para a sua glória. Sua consciência constrói o seu corpo físico e você está fazendo seu corpo a cada segundo do dia. Milhares e milhares de células velhas estão constantemente morrendo e novas células estão nascendo. Estudos realizados em 2005 no Karolinska Institute de Estocolmo, na Suécia, mostraram que o tempo de vida médio de todas as células do organismo é de sete a dez anos. Seus pensamentos se tornam células, tecidos, músculos e ossos, e, se forem construtivos e espirituais, promovem curas extraordinárias. O Milagroso Poder Curador flui dentro do seu organismo, tornando-o íntegro e perfeito.

Seu corpo não pode ser obrigado a roubar, você rouba com sua mente. A ideia do roubo veio à sua mente. Um homem que rouba um banco começou o crime roubando o banco em sua mente. Ele planejou, imaginou-se entrando no edifício, escolhendo o melhor caminho, também pensou nos obstáculos que poderia enfrentar, como escapar ileso e assim por diante. Esses pensamentos se aprofundaram no seu subconsciente e este o impeliu a praticar a ação porque nossas emoções profundas nos compelem a agir de acordo com elas.

Lembre-se, mais uma vez, de que o que você grava no seu subconsciente é materializado por ele. Por isso seria maravilhoso só imprimirmos amor, paz e harmonia em nossa mente mais profunda para sermos compelidos a expressar harmonia, amor e paz. Por exemplo, se várias vezes por dia meditarmos sobre o que é nobre, belo e verdadeiro, em coisas dignas do pensamento de Deus, seremos compelidos a amar muito mais os nossos cônjuges. Seremos compelidos a falar com eles com gentileza, porque somos o que pensamos o dia inteiro, criando assim um ambiente de tranquilidade e compreensão.

## COMO PENSAR COM AUTORIDADE

Quando você toma uma decisão, seu corpo a aceita sem discutir. Ele não tem como causar erros. Se você mentalmente quiser cometer um erro, ele o obedecerá da mesma maneira. O ser humano é noventa por cento subconsciente, o que nos remete aos icebergs, cuja maior parte fica submersa no oceano. Apenas dez por cento do nosso ser está na superfície. Quando andamos, nadamos, digitamos ou jogamos, é o subconsciente que está agindo. Estamos atuando de maneira automática, porque essas ideias, pela repetição, ficaram impressas na mente mais profunda. É por isso que quando passamos a focalizar nossa atenção em ideias belas e construtivas, formamos um hábito, um modelo que, com a repetição, passará a agir automaticamente. A prece é um hábito, um bom hábito.

Se você nunca consegue tomar uma decisão com sua mente consciente, é como se estivesse dizendo "eu não vou decidir" e "eu aceito o que vier". Então, está dentro da mente da raça humana ou mente da massa, ou na lei das médias que acredita na infelicidade, doença, tragédia, morte, explosões, catástrofes etc. Apesar de haver algo de bom nesse inconsciente coletivo, a maior parte dele é negativa. Quando você afirma "eu aceito o que vier", a mente da humanidade vai impingindo ideias erradas em sua mente, até atingir um ponto de saturação que leva a uma precipitação sob forma de explosão, incêndio, furacão, maremoto, ataque fulminante do coração, ou outra tragédia qualquer. Então você começará a gritar "por que foi acontecer comigo?" ou "por que eles morreram no desastre de avião?" ou ainda "por que a bomba do terrorista foi explodir onde eles estavam?". Sim, se você não for senhor do seu próprio pensamento, a mente da massa pensará por você e creio que já entendeu o quanto ela pode ser prejudicial. Se você não for constante em suas preces, as ansiedades, temores, dúvidas, dores e inveja do mundo penetrarão em sua mente e você será igual a

## AUMENTE O PODER DO SEU SUBCONSCIENTE
## PARA ALCANÇAR UMA VIDA MAIS PLENA E PRODUTIVA

uma casa abandonada, invadida por ratos, baratas e cupins, cujos tetos estão para cair, as paredes mofadas e descascadas, e os fios elétricos espalhados pelo chão. Por acaso você acha que vai ter alegria, felicidade, paz, abundância e que sua vida será um mar de rosas se sua casa, que é sua mente, não é limpa, renovada pelas preces, pelas meditações? Lembre-se de que o preço da liberdade é a constante vigilância. Você precisa se acostumar a manter sua mente ocupada com as verdades de Deus 24 horas por dia, porque tem de estabelecer barreiras contra todas as falsas crenças e conceitos que existem no mundo.

Se você fracassar em dirigir seu subconsciente com pensamentos construtivos, estará entregando-o à lei das médias e guardando mais entulho no seu interior, tornando-se uma pessoa medíocre, ineficaz. Talvez os outros o chamem de "bonzinho", porque você frequenta a igreja, paga seus impostos, é gentil com os vizinhos, participa da sua comunidade e ajuda instituições de caridade... é só uma pessoa dentro da média, comum. Como diziam os antigos, não é bom o suficiente para ir para o céu, nem mau o bastante para o inferno. O inferno, é óbvio, significa restrição e servidão; céu significa a paz de espírito. Quantas centenas de pessoas boas que você conhece que, de fato, não servem para nada?

Quem não pratica a Presença de Deus em sua própria casa, em seu próprio coração, enfrenta muitos problemas. Não estou falando em teorias. Você pode dizer: "sou católico" ou "protestante" ou "evangélico" ou "judeu" ou "muçulmano" ou "cientista cristão" ou "adepto do Novo Pensamento", e muito, muito mais, mas essas afirmações são absolutamente sem sentido. A única coisa que importa neste universo é o que você acredita profundamente em seu coração, seu matrimônio espiritual com a Verdade, suas convicções.

## COMO PENSAR COM AUTORIDADE

Podemos dar uma bela palestra ou escrever uma linda dissertação sobre a verdade ou leis da mente, mesmo estando cheios de medo, ódio, inveja e rancor. Apesar das boas palavras, são essas emoções que vão se tornar manifestas em nossa vida, mostrando o que realmente acreditamos sobre Deus, a vida, o universo e a humanidade. Milhares de pessoas professam religiões que unem os fiéis por meio do medo. Não, devemos nos unir pelo amor de Deus, nos unir à Presença de Deus em nós. Então, não seremos dominados por crenças, dogmas e rituais, e sim dominados por Deus, o que nos faz produzir saúde, felicidade, paz, prosperidade e todas as outras bênçãos da vida.

Você acha que as pessoas pensam? Quantas pessoas você imagina que realmente pensam? Talvez uma em dez mil seja um real pensador — talvez nem isso. Considere que você é a soma total do seu modo habitual de pensar, tanto consciente como inconscientemente. "O homem é o que pensa no seu coração." O coração é sua mente subconsciente. As ideias, crenças e opiniões alojadas no seu subconsciente têm vida própria e surgem no mundo exterior como forma, função, experiência e eventos.

Você pode mudar sua mente subconsciente alimentando-a com modelos que promoverão uma existência muito revigorante em nosso mundo. Isso é orar. A prece é a interação harmoniosa entre a mente consciente e o subconsciente. Quando elas trabalham em uníssono, em harmonia e concordância, você tem saúde, felicidade, prosperidade e paz na sua vida diária. Se a relação entre as duas mentes for discordante, se não houver uma relação harmônica entre elas, surgem a doença, o sofrimento, os crimes, guerras e tudo o que existe de negativo no universo.

O mesmo vale, em escala menor, para o que acontece no lar de uma pessoa. Quando marido e mulher vivem brigando, as finanças

## AUMENTE O PODER DO SEU SUBCONSCIENTE
## PARA ALCANÇAR UMA VIDA MAIS PLENA E PRODUTIVA

vão mal, a saúde está em decadência, suas vidas, como um todo, são infelizes. Isso pode ser transposto para um país, uma nação. Se não houver harmonia, não há progresso. E, para haver progresso, é preciso que a mente consciente seja ativada espiritualmente, para que no subconsciente não haja acúmulo dos entraves trazidos pela mente da massa humana, do inconsciente coletivo.

Fazer uma prece é escolher ativamente uma ideia espiritual e sentir a sua realidade. Então ela se transforma em uma lei de ação no nível subconsciente. Há uma enorme diferença entre uma ideia espiritual e a ideia comum. O modo comum de pensar não é decisivo e parte da opinião humana. Se você se determina a pensar em temas espirituais, suas ideias são criativas e quando se aprofundam no seu subconsciente elas são ampliadas, porque a mente mais profunda é como uma caderneta de poupança onde os depósitos são sempre remunerados.

No meu livro *O poder do subconsciente*, eu explico a lei do pensamento e ensino como pensar com autoridade. Explico tudo sobre o funcionamento da mente subconsciente e o seu uso na prática. Desde as épocas mais primitivas até o presente, os seres humanos sempre oraram e obtiveram satisfação com isso. Eles faziam preces para um poder maior, embora não soubessem exatamente o que era. E, quanto mais oravam mais o bem aparecia em sua vida, o que os incentivava a rezar mais.

Atualmente temos uma compreensão diferente do que é a prece. Sabemos que é uma escolha deliberada de uma ideia, plano ou propósito feita pelo consciente, ou mente racional, e que temos de nutri-la, sustentá-la e viver com ela, envolvendo-a em amor e alegre expectativa. Sim, o que você espera, você cria. Depois, automaticamente ela se tornará, pela lei da mente, uma ação do subconsciente e se tornará realidade.

## COMO PENSAR COM AUTORIDADE

Não existe um princípio do mal neste mundo, só um princípio do amor. Bem e mal são movimentos de nossa mente, nada mais. Podemos, por exemplo, usar a energia atômica em atividades úteis, como levar a eletricidade para milhares de pessoas ou para impulsionar um navio, ou usá-la para matar, destruir e lesar. As forças da natureza e as da nossa mente não são más. O que importa é o modo como as usamos. Se usarmos nosso poder interior de maneira construtiva e harmoniosa, o bom resultado é atribuído a Deus, Alá, Brahma etc. Se ele for usado destrutivamente, falamos em Satã, Demônio, Maligno e assim por diante.

Existe um único poder. Ele pode ser bom ou mau dependendo do uso que fazemos dele. Se pensarmos o bem, o bem se seguirá. Se pensarmos o mal, o mal se seguirá. A vida é uma dualidade, mas não por causa do bem e do mal. Ela é dual no que diz respeito à interação do princípio masculino e feminino em cada um de nós. Mas o que cria nosso destino são nossos pensamentos e emoções.

O consciente e o subconsciente atuam em sincronia quando se unem. Se concordarem sobre uma ideia, seja qual for, ela se torna realidade. Portanto, você pensa com autoridade quando pensa sabendo que pensamentos são coisas e que cada semente gera uma planta da sua própria espécie.

Quando você está profundamente interessado e envolvido com alguma coisa, está pensando com autoridade e emoção, e isso cria o seu destino. O subconsciente produz o equivalente da ideia que você implantou nele. Isso é orar, e a prece não é algo nebuloso. Deus está em toda parte, no interior e no exterior. Muitas pessoas se sentem pouco à vontade com esse ensinamento porque preferem rezar para um velho de barbas brancas sentado entre as nuvens, cercado por serafins, querubins e coros de anjos

261

cantando e dançando ao som de harpas em volta do trono. Essa maneira de pensar reflete uma completa imaturidade, é lógico. Isso é coisa de criança.

Não existe nenhum trono de ouro no céu. Deus está dentro de nós. Deus é Espírito, não tem forma nem ocupa espaço. Devemos adorar Deus em Espírito e Verdade. Não se adora homem ou mulher. Quem adora um ser humano ou qualquer criatura do mundo não tem Deus, está adorando um falso Deus. Não se adora um ser humano neste universo. Não se adora Jesus, Moisés, Buda, nem ninguém, porque isso é errado. Devemos adorar unicamente Deus. "Amarás o Senhor, teu Deus, e só a Ele servirás. Ouve, ó Israel, o Senhor, teu Deus, é o único Senhor, o único poder." Não há outro. Se você dá valor a qualquer outro poder, está completamente enganado.

A força criativa está em todos os lugares e não é encontrada em maior quantidade no espaço sideral nem na mais profunda fossa abissal da crosta da Terra. Ela está onde você está, onde todos nós estamos. O indivisível está dentro de você, dentro de todos os seres humanos. A divina inteligência sabe o que fazer e como fazer. Deus está dentro de você e Ele é a infinita vida, infinita inteligência, ilimitada sabedoria e ilimitado poder.

Você é um canal de entrada e de saída para tudo o que existe. Se vive apregoando "eu tenho livre-arbítrio" e em seguida afirma "não consigo parar de beber ou fumar" ou "não consigo emagrecer" ou "não consigo manter minhas finanças em dia" e assim por diante, está negando a Presença e Poder de Deus em você. Nesse instante, está falando como um ateu, porque é como se estivesse dizendo "a Infinita Inteligência não sabe como vencer esse vício" etc. Ou "Deus não tem o poder de me curar".

## COMO PENSAR COM AUTORIDADE

Pare de ser ateu. Pare de negar o Poder de Deus dentro de você. Se disser: "Estou bloqueado, estou acabado", está pensando com base na mente da massa, na lei das médias. Está afirmando que Deus não é onisciente nem onipotente. Se deseja se livrar de um vício, uma compulsão, se quer ou precisa emagrecer, por exemplo, basta tomar uma decisão. Você pode decretar qualquer coisa e ela acontecerá em sua vida. Talvez você seja preguiçoso demais para fazê-lo. Aprenda a pensar a partir da possibilidade e não da probabilidade. Você quer mesmo alguma coisa? Diga sim à vida. Cante a beleza do que é bom e pare de se lamuriar sobre o mal, o errado. Há pessoas que dizem "não consigo ficar curado". Quem disse isso? Você. E você é o único pensador que existe em sua mente. É por isso que você não se cura. Por mais médicos, curadores, terapeutas holísticos que você consultar, se continuar acreditando que não vai se curar, ninguém poderá fazer nada por você. Comece a pensar simplesmente: "vou me curar", "posso ser curado" ou "é possível eu me curar porque com Deus tudo é possível". Assim você estará realmente pensando. Seu subconsciente executará a ideia que você escolheu. Se sua mente racional e o subconsciente concordarem, seu cérebro e seu coração estarão concordando, e, por isso, tudo o que você desejar com certeza e emoção será materializado em sua vida. É possível você obter todo o dinheiro que quiser, a saúde que quiser, a cultura que quiser.

Deus é a força máxima, muito maior do que furacões, terremotos, vulcões, maremotos, armas nucleares ou biológicas, qualquer outra coisa que possamos conceber. Creio que posso dizer que milhões de pessoas concordam com isso, mas sua existência é uma sucessão de derrotas. São indivíduos frustrados, infelizes e neuróticos. Os hospitais, sanatórios e presídios estão cheios de pessoas que acreditam em ensinamentos religiosos, na Bíblia e no

## AUMENTE O PODER DO SEU SUBCONSCIENTE
## PARA ALCANÇAR UMA VIDA MAIS PLENA E PRODUTIVA

Corão, por exemplo, mas não demonstram em que acreditam. Muitos que dizem: "Oh, sim, creio que Deus é Todo-poderoso", estão falando a partir do intelecto e não com base em uma verdade viva. Falam como se estivessem hipnotizados. Concordam com esses dogmas, crenças e ensinamentos, falam sobre eles, leem sobre eles, debatem sobre eles, mas, como muitos outros que afirmam conhecer tudo sobre metafísica e esoterismo, talvez sejam as pessoas mais frustradas, neuróticas e infelizes do mundo.

Entenda que você tem de demonstrar no que acredita. A fé sem obras é uma fé morta. As obras da fé devem estar refletidas na sua mente, seus relacionamentos, sua carreira e suas finanças. É possível aprender a ser uma pessoa espiritualizada. Você está sempre inspirado? Tem um brilho especial no olhar? Está dançando ao ritmo de Deus, está constantemente alegre, pronto a ver a beleza das coisas da natureza, a rir do que é engraçado, a rir de você mesmo várias vezes por dia? Sim, é possível aprender a crescer, expandir e evoluir.

Não tente se prender ao que você crê ser verdadeiro, porque isso o faz ficar bloqueado, empacado, circunscrito a você mesmo, causando sua morte espiritual. Não procure rotular o que você pensa sobre o amor, paz, beleza, alegria e inspiração, porque ninguém pode rotular o que é real. Se um dia encontrar o verdadeiro amor, paz, beleza, alegria e inspiração não saberá reconhecê-los. Jogue seus rótulos pela janela e diga ao vê-los: "Quanto demorei para encontrá-los! E pensar que eu os procurava no exterior quando estavam dentro de mim." E vocês não teriam me encontrado se não já estivessem dentro de mim.

Pare de dizer "eu estou buscando o sentido da minha vida". Procurando o quê, se tudo está dentro de você? Seu pensamento é

Deus. Quando você descobrir o poder criativo, encontrou Deus. "No princípio era o Verbo, e o Verbo estava com Deus." A palavra é a expressão de um pensamento. É inútil procurar fora de você. Pare de falar e use o seu poder interior. Muitas pessoas falam e falam sobre Deus, mas não se aprofundam o suficiente para encontrá-lo em si próprias. Se você disser "Deus é paz" e deixar o pensamento de paz ser o dominante em sua mente, encontrará a tranquilidade e terá alegria em vez de tristeza. Será próspero e bem-sucedido, não haverá carência de nenhuma espécie em sua vida. Será saudável, porque acredita que Deus não pode adoecer e, por consequência, sua saúde será sempre perfeita. Portanto, se você está doente, solitário, frustrado e amargo, há algo de errado em sua mente. Você não acredita em Deus porque o que você crê sobre Deus, crê sobre você mesmo. Se acreditar na bondade de Deus, na alegria de Deus, no amor de Deus, na harmonia de Deus, você terá uma vida encantada pela magia divina.

O mundo há muito estuda a anatomia, fisiologia, sociologia e os vários aspectos físicos da humanidade, mas tem esquecido de estudar os aspectos mentais e espirituais do ser humano. É preciso estudar a humanidade como um todo.

Tudo o que nos dá conforto em nossa vida é produto da mente humana. Todos os prédios, estradas, ruas, viadutos de uma cidade foram gerados pela mente humana. Todos os aparelhos que usamos, todas as invenções começaram como uma ideia na mente. O mundo inteiro veio da mente de Deus e a mente de Deus é a mente da humanidade, porque só existe uma Única Mente. Você precisa pensar no que deseja, também tem de sentir sua realidade. Pensar com o coração é ser capaz de se interessar profundamente pelo o que está sendo pensado, de se concentrar nele. É assim que o pensamento é transformado para se tornar realidade, isso é pensar com autoridade.

Suponhamos que você está pensando em saúde, mas acredita que algum microrganismo tem o poder de infectar seu organismo ou que o câncer pode se espalhar por todo o seu corpo. Ora, agindo assim, está declarando que há poderes maiores do que o poder de Deus, o que é tolice, pura ignorância. Deus o criou e você é perfeito. Deus é Todo-poderoso.

"Eu sou o Senhor que te cura." Existe uma única presença curadora. Apegue-se a essa crença, com a certeza de que não existe um princípio natural de doença, não existe um princípio de medo. O pensamento sobre doença não tem nenhuma autoridade por trás dele para apoiá-lo, para dar-lhe sustentação. Ele é um erro, uma falsa direção da mente, uma sombra mental, um falso pensamento. O poder curador habita em seu interior e está sempre pronto para ajudá-lo.

Modifique suas crenças, acredite que a tendência da vida é curar, sanar, e que o poder de Deus está em seu interior. Assim, você estará pensando com autoridade e terá uma forte convicção sobre a supremacia do Poder Espiritual que o fará deixar de dar atenção às coisas externas. Isso é fazer aliança com Deus.

Eu já disse várias vezes que a maioria das pessoas não sabe pensar e é a pura verdade. Onde fica a mente? De onde saem os pensamentos? Alguns dizem que ela está localizada no cérebro, mas, se pegarmos um cérebro humano e o colocarmos numa prateleira, ele não pensará sozinho, é lógico. Podemos pensar, sentir, cheirar, apalpar, ouvir e viajar para terras distantes enquanto nosso corpo físico está adormecido. Podemos trazer informações e recados de um lugar situado a milhares de quilômetros do local onde estamos.

Esse "algo" indefinível que chamamos de mente ou pensamento não é apenas "alguma coisa", mas algo muito real. A mente jaz oculta no meio da matéria e movimenta essa matéria dando-lhe qualquer forma que possa ser desejada. Por trás do cérebro está o pensador; por trás do universo está o pensador. Sir James Jeanes, um grande astrofísico laureado com inúmeros prêmios, dizia que o melhor modo de descrever o universo é enxergá-lo como um pensador matemático, pensando de maneira matemática, ordenada e sequencial. O universo do pensamento é um ato do pensamento. Não há nenhuma novidade nessas afirmações. Há 7.000 anos, os Upanishads já ensinavam que Deus pensa e mundos aparecem.

Esse pensador está dentro de cada um de nós. Você é o único pensador no seu universo e o único responsável pelo que pensa. Ninguém, nem seu cônjuge, chefe, professor ou vizinho é responsável pela maneira que você pensa. Deus vive, se movimenta e tem o Seu Ser no seu interior.

Tenho certeza de que você conhece o poder do pensamento. Quantas vezes viu pessoas se ruborizarem de prazer, vergonha ou raiva? Quantas vezes viu outras empalidecerem, ficarem brancas como cera por causa de um susto? Há casos em que os cabelos de um indivíduo se tornaram instantaneamente brancos em consequência de uma experiência chocante. Muitas criaturas já sofreram derrames ou enfartes por causa de uma má notícia. E o que falar sobre a gastrite resultante da preocupação? Os médicos já constataram que o ódio e o ciúme podem desencadear uma colite ou até anemia, pressão alta, câncer e muitos outros distúrbios, e afirmam que cada pensamento tem sua expressão orgânica correspondente.

As emoções negativas ficam fervilhando no nosso subconsciente e precisam encontrar uma válvula de escape. Portanto, aparecem em nossa vida sob a forma das mais diferentes enfermidades. Precisamos mudar isso. Temos de ver a bondade de Deus aqui e agora, na terra dos vivos e não esperar por ela em um futuro distante. Queremos harmonia onde existe discórdia, amor onde existe ódio e alegria onde existe tristeza, saúde onde existe doença. Assim, se você estiver com um problema físico, uma conjuntivite, por exemplo, pergunte-se "por que meu subconsciente está escolhendo meus olhos como bode expiatório? O que estou tentando não ver ou excluir de minha vida?". A resposta, sem dúvida nenhuma, virá. A cada dia que passa você estará vendo melhor, tanto em termos espirituais, como mentais e físicos. Afirme que seus olhos são olhos de Deus e que você só pode ver gloriosamente e que eles refletem as glórias, belezas e profundezas do Eterno. "A luz que ilumina cada homem que vem ao mundo é uma lâmpada aos seus pés, uma luz para lhe mostrar o caminho." Uma crença alojada no subconsciente funciona de maneira automática. Portanto, inunde sua mente com as verdades Divinas, com o belo, justo, puro, virtuoso. Você pode controlar sua mente e usar pensamento para escolher o que deseja e trazer para a sua vida milhares de bênçãos, espirituais e materiais. O rio da paz de Deus pode inundar sua mente e coração, todo o seu ser. Deixe Deus ser o pensador em sua existência por meio de você.

## Resumo do capítulo

- Pensar com confiança no poder do pensamento é a ação de Deus em você. Avance para frente e para o alto reconhecendo a supremacia do poder espiritual, a autoridade do seu pensamento. Esse é o meio de obter resultados.

## COMO PENSAR COM AUTORIDADE

- A maioria das pessoas não pensa. Elas não entendem o que é o pensamento e o que chamam de pensar é apenas uma reação ao ambiente. O pior é que a maioria pensa com as ideias dos outros, com os pensamentos de políticos, jornalistas, dos pais ou avós. Elas leem uma notícia em um jornal e começam a pensar com base nela. Isso não é pensar. Você pensa quando se debate entre dois opostos e, pelo raciocínio, chega a uma conclusão divina, dizendo: "Esta é a verdade."

- Se você é nobre, detesta a pequenez. Se deseja paz de espírito, evita rancores e ressentimentos. Se quer amor no coração, não aceita a má vontade. Você não tem raiva de ninguém e, pelo contrário, deseja a todos as bênçãos do céu e assim não deixa o veneno do rancor tingir sua alma.

- Lembre-se, tudo o que você grava no seu subconsciente é materializado por ele. Por isso, seria maravilhoso imprimir amor, paz e harmonia, porque assim você seria compelido a expressar amor, paz e harmonia em sua vida. Também, se você adquirir o hábito de meditar em coisas belas, verdadeiras, nobres e dignas de Deus no mínimo três vezes por dia, será compelido a amar e respeitar seus entes queridos e o seu próximo. Será compelido a falar com cordialidade com todos, porque você é o que pensa o dia inteiro.

- Quem não pratica a Presença de Deus no próprio lar, no próprio coração, está sempre se defrontando com problemas. Não estou falando de meras teorias. Você pode dizer: "sou católico" ou "protestante", "evangélico" ou "muçulmano" ou ainda um "cientista cristão" ou adepto do Novo Pensamento, e muito mais. Isso, porém, não significa nada. O que importa é o que você acredita no fundo do seu coração, o seu matrimônio emocional, suas convicções e aliança com Deus.

- A prece é a interação entre sua mente consciente e subconsciente, uma interação harmoniosa. Quando elas atuam em uníssono, em acordo e harmonia, seu mundo se enche de saúde, felicidade e paz. Se houver discórdia entre as duas, uma desarmonia, o resultado será doença, morte, infelicidade, guerras, crimes e tudo o que existe de negativo no universo.
- Se você pensar o bem, o bem se seguirá; se pensar o mal, o mal se seguirá. A vida é uma dualidade, mas ela não se deve ao confronto do bem com o mal. A vida é dual devido à interação entre o princípio masculino e feminino dentro de nós. Seus pensamentos e emoções criam seu destino.
- Você é o único pensador em seu universo, é o responsável pelo que pensa. Ninguém neste mundo é responsável pelo seu modo de pensar, seja seu cônjuge, chefe, vizinho, pai ou avô.

Este livro foi composto na tipografia
Adobe Garamond Pro em corpo 11/15, e impresso
em papel Polen Soft no Sistema Cameron da
Divisão Gráfica da Distribuidora Record.